★ 群星
闪耀时

苏亚雷斯自传

超越界限

Luis Suárez
CROSSING THE LINE

[乌拉圭] 路易斯·苏亚雷斯 著

俞青 唐梦秋 钟健 译

北京出版集团公司
北京出版社

著作权合同登记号

图字：01-2015-8426

Luis Suárez CROSSING THE LINE

by LUIS SUAREZ WITH PETER JENSON AND SID LOWE

Copyright©2014 Luis Suárez

This edition arranged with HEADLINE BOOK PUBLISHING LTD. (HODDER HEADLINE) through

Big Apple Agency,Inc.,Labuan,Malaysia.

Simplified Chinese edition copyright:

2016 The New World Champion Co.Ltd.

All rights reserved.

图书在版编目（CIP）数据

苏亚雷斯自传：超越界限 /（乌拉圭）苏亚雷斯著；
俞青，唐梦秋，钟健译. — 北京：北京出版社，2016.5
ISBN 978 - 7 - 200 - 11969 - 5

I. ①苏… II. ①苏… ②俞… ③唐… ④钟… III.
①苏亚雷斯 — 自传 IV. ①K837.825.47

中国版本图书馆 CIP 数据核字（2016）第 057229 号

苏亚雷斯自传
超越界限
SUYALEISI ZIZHUAN
［乌拉圭］路易斯·苏亚雷斯 著
俞青 唐梦秋 钟健 译
＊
北 京 出 版 集 团 公 司
北 京 出 版 社 出版
（北京北三环中路 6 号）
邮政编码：100120

网 址：www. bph. com. cn
北 京 出 版 集 团 公 司 总 发 行
新 华 书 店 经 销
北京旭丰源印刷技术有限公司印刷
＊
710 毫米 × 1000 毫米　　16 开本　　15.25 印张　　205 千字
2016 年 5 月第 1 版　2016 年 5 月第 1 次印刷
ISBN 978 - 7 - 200 - 11969 - 5
定价：59.80 元
质量监督电话：010 - 58572393
责任编辑电话：010 - 58572511

位于蒙得维的亚的"街头足球场"，我在这片"球场"上踢球长大。这是这条街现在的样子，从柠檬树一直走到尽头是女子监狱

乌雷塔俱乐部，我在这里经历了第一次转会争斗。在经历短暂的关于我应不应该将球衣套装归还的争辩之后，我转会去了民族队

在民族队踢球时。我会一辈子支持这支球队，因为它是给了我人生中第一份职业合同的俱乐部

我在欧洲的第一家俱乐部——荷兰的格罗宁根俱乐部。球迷们为我的进球欢呼，随后却烧了我的球衣

在令人震撼的阿姆斯特丹足球场中，与索菲和德尔菲娜的合影。阿贾克斯球迷在我与利物浦签约后为我奉献的送别会令我永生难忘

在对阵特温特进球之后的庆祝

身穿著名的红白球衣奉献精彩的演出

在荷兰杯决赛中击败费耶诺德是阿贾克斯的一个新高度，我用荷兰语发表的著名队内激励演说又一次创造了奇迹

与埃因霍温中场奥特曼·巴卡尔之间的疯狂一刻导致我受到了禁赛7场的惩罚

"苏亚雷斯之手"。在我的童年时代,我一直是一个不错的守门员:球朝着站在门线上的我飞过来,我还能做什么

与我的偶像以及朋友"疯子"塞巴斯蒂安·阿布鲁在2010年世界杯上

在与加纳的比赛中得到的红牌使我的世界杯旅程结束了。感谢门将的扑救，乌拉圭得以继续前行

在33场比赛中打入35个球之后，我从马丁·约尔手中接过荷甲金靴奖杯。在我的职业生涯中，只有少数几个教练带给我的影响超越马丁

在安菲尔德加入肯尼国王的阵容。与当时新签约的安迪·卡罗尔一起站在利物浦历史上最出色的7号身边

2011年在阿根廷夺取美洲杯是一种无法言说的感觉。看起来就好像整个乌拉圭都渡过了拉普拉塔河来看我们比赛

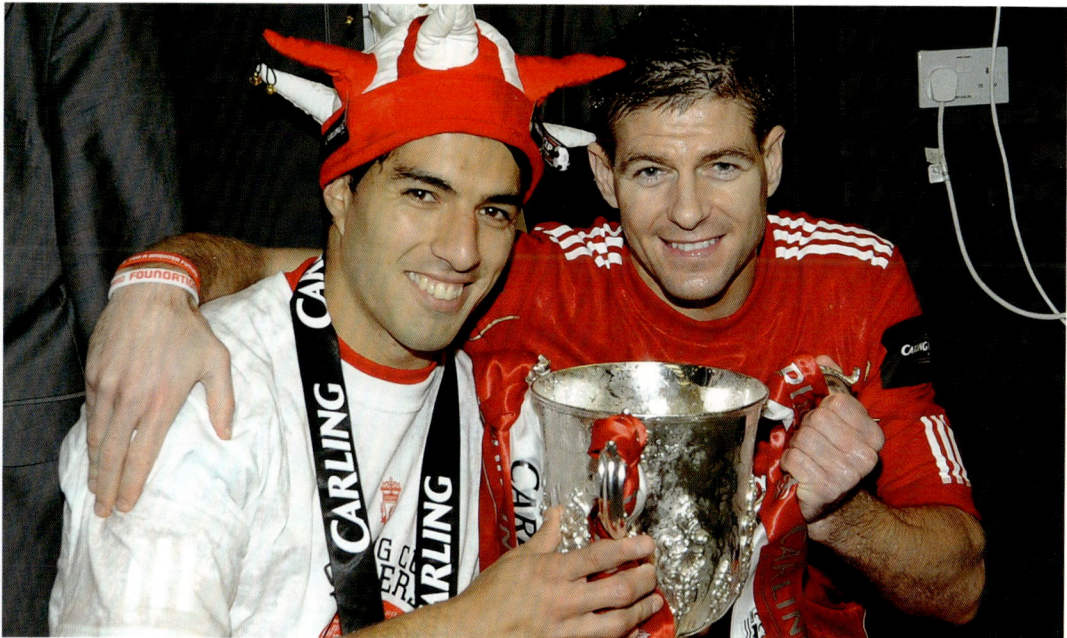

神奇队长。和杰队在一起庆祝我们赢得了联赛杯冠军。我从青少年时代起就一直视他为偶像，而现在我家的墙上还挂着一件他亲笔签名的球衣

与埃弗拉的争执。我并没有挑起争端，甚至对即将到来的事情都知之甚少

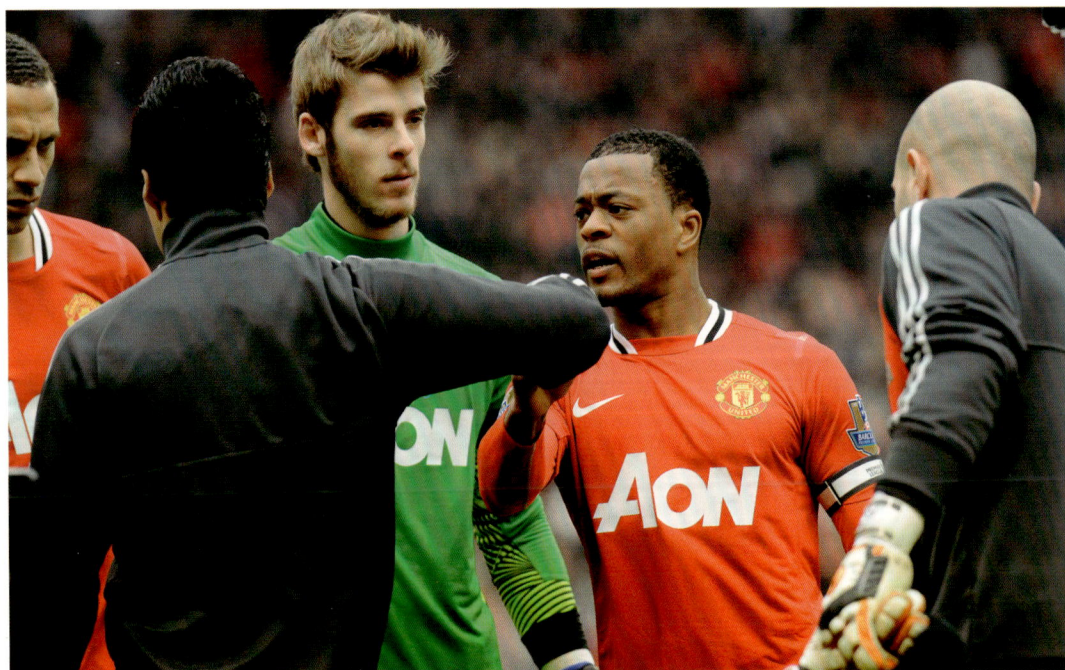

从未实现的握手。我有着任何与他握手的理由，但是最后我仍旧成了那个坏人

能够在利物浦戴上队长袖标对我来说是一项巨大的荣誉

我的两个漂亮的孩子——德尔菲娜与本杰明

身穿7号球衣的德尔菲娜和本杰明

在安菲尔德给本杰明和德尔菲娜炫耀我的"金桑巴"奖杯

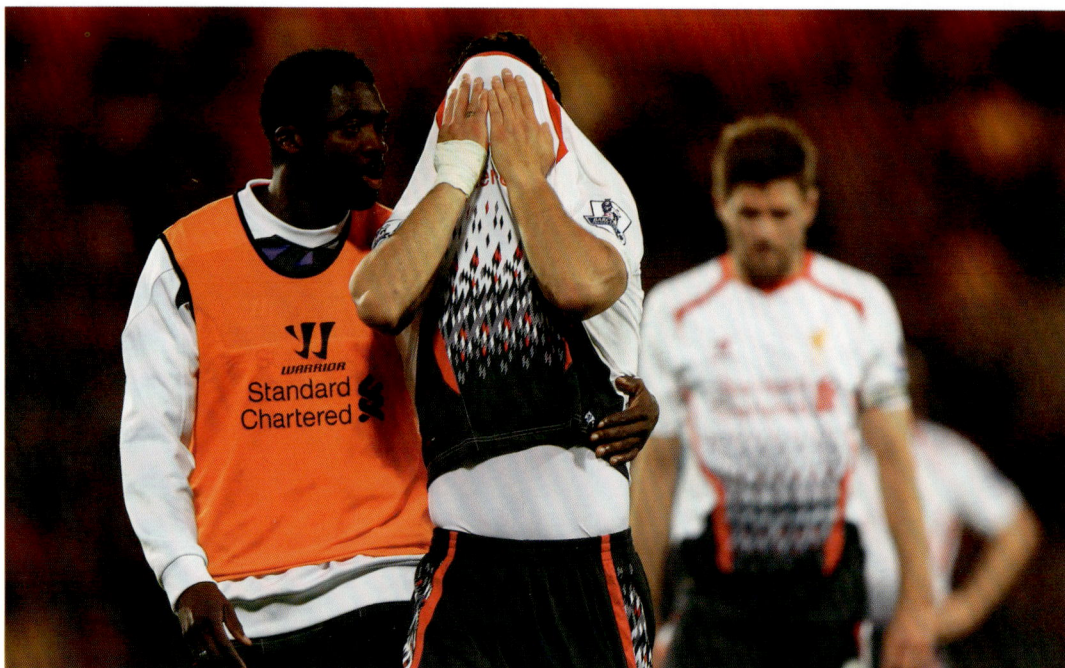

在塞尔赫斯特公园球场的终场哨声响起之时，我只想消失。科洛·图雷在球场上陪伴着我

对阵英格兰时的第二个进球。"当你进球的时候，你其实已经快不行了，你连站着都有点儿勉强。"沃尔特在赛后这么告诉我

在我打进对阵英格兰时的第一个进球后，我拥抱了沃尔特·费雷拉，他为我的健康复出做出了辛勤工作

不可思议的乌拉圭球迷即使在我被迫离开巴西之后仍旧支持着我

在咬了意大利后卫基耶利尼后不久，戈丁为我们进了球，然后我们晋级了……但是，我却要回家了

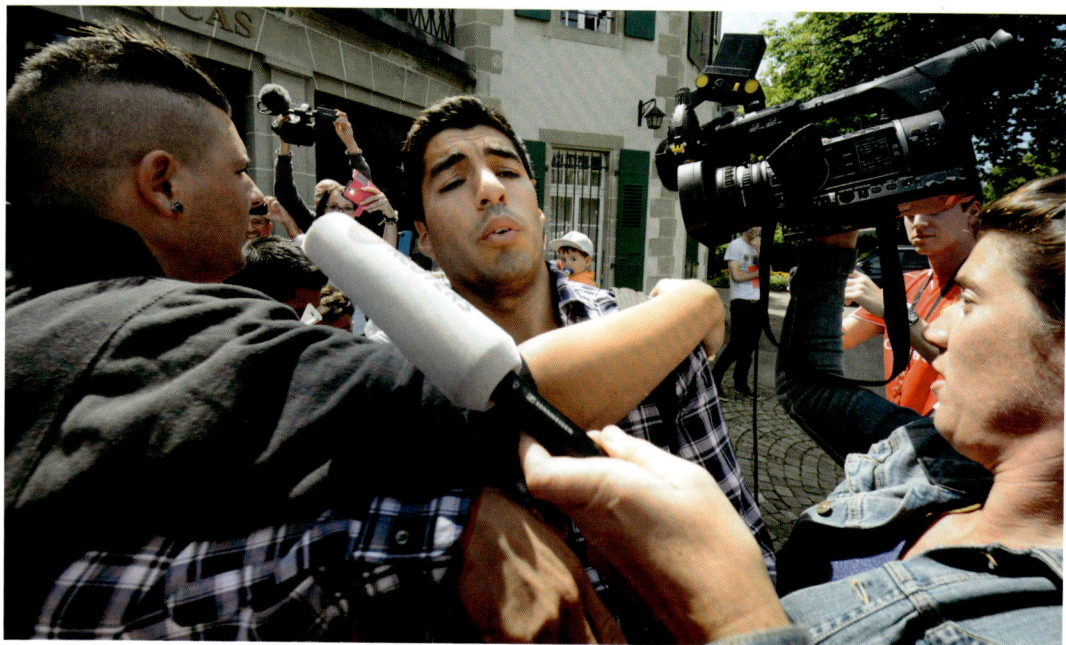

在重重困难之下挣扎着进入了仲裁法庭。这一切都值得，因为他们取消了FIFA（国际足联）对我下达的"不允许参加任何与足球相关活动"的惩罚

终于作为巴萨球员亮相

与我的新队友们在一起

我在巴萨的处子赛，对手是墨西哥俱乐部莱昂

献给索菲、德尔菲娜和本杰明，

我爱你们。

事情发生后，我立刻知道这件事将会带来什么样的影响。

在戈丁进球后，我大声喊了一句："进球啦！"但是我的内心深处却充满了无助感，好像一切事情都与我无关似的。对于他的进球我感到很愉快，我也很高兴我的队友们将会晋级到下一轮淘汰赛，但是我不想再做过多的思考——因为一旦我开始思考，也就意味着我不得不接受我做了什么，以及这个行为将会带来的后果。

我让所有人失望了。我的教练奥斯卡·塔巴雷斯（绰号"大师"），在更衣室里表情非常凝重，因为他知道接下来将会发生在我身上的事情。我无颜面对我的队友们。我也无颜面对我的"大师"。我不知道要怎么向他们表达自己的歉意。"大师"告诉我，赛后的采访中记者不断向他问起赛场上发生的意外，他的回答一律是他什么都没有看见。

队友们试着安慰我，他们说可能情况并没有那么糟糕。但是我不想听到任何关于这件事的讨论。距我真正离开巴西的时间还剩下两天，但是在我的脑海中，我知道自己已经离开了巴西。

第二天，我照常参加了训练。那个时候，我还处于无意识的抗拒状态中，我拒绝去思考任何事情，更不用说主动道歉并且承认我需要心理方面的帮助。

就在训练课临近结束的时候，"大师"将我喊了过去，他说他有关于我的消息。"这是我这辈子对我的球员说过的最糟糕的一段话。"他吐字艰难地向我转达着关于我的新闻。在那一刻我想着我的禁赛可能是 10

场、15 场或者多达 20 场，但是接着他说道："你的国家队禁赛是 9 场。"这听上去不是非常糟糕，但是他显然还没有说完，"并且你不能进入任何足球场馆。你现在必须得离开。你不能待在任何与足球相关的地方。"

我想留下为队友们加油呐喊。即使我不能上场，我也希望可以用微小的努力来做出补偿。但是国际足联派了专员到酒店通知乌拉圭领队爱德华·贝尔萨：路易斯·苏亚雷斯必须马上离开乌拉圭国家队。他们对待我的态度比对待罪犯还要恶劣。你可以惩罚一名球员，你可以禁止他上场比赛，但是你真的可以禁止他留在队友身边吗？

9 场国家队禁赛是意料之中的。但是被迫早早离开巴西并且不能进入任何足球场馆，唯一阻止我哭泣的原因是当时我正站在教练的面前听他转述这些信息。

之后，国家队召集了所有成员在酒店开会。我想在午餐时对他们说些什么，但是我做不到。我本来想要站起来告诉他们要勇敢，要坚强，不要放弃，努力拼搏，但是我真的做不到。

如果对我的处罚只限于 9 场乌拉圭国家队的禁赛——其实我之后才逐渐认识到，这 9 场禁赛意味着我将错过 2 次国际赛事，以及 2 年内都无法在国家队出场，这其实是令人非常心碎的——如果处罚只包括禁赛的话，我会试着挑战这个处罚，同时我也会理解和接受这个处罚。但是除了禁止我代表国家队出战外，国际足联还禁止我代表利物浦出战，要知道我在英国得到的禁赛处罚从来没有影响过代表乌拉圭国家队出战。还有，禁止我去现场观看我 9 岁和 10 岁的侄子们的少儿足球比赛，更有甚者，禁止我进入全世界范围内的任何一座足球场馆，禁止我去工作，直到国际仲裁法庭对我的处罚做出不同的解释之前，这一切对我来说都显得不可思议，我惊讶于国际足联的权力竟然如此之大。

在我之前，就算是在场上踢断其他球员的腿，又或者打断别人的鼻梁，正如 1994 年世界杯上毛罗·塔索蒂对路易斯·恩里克的犯规那样，国际足联都没有对他们实施如此严厉的惩罚。国际足联声称他们之所以严肃处理这件事情，是因为它发生在"全世界人民的眼皮子底下"。齐内丁·齐达内在 2006 年世界杯决赛上给了马尔科·马特拉齐一记重重的头槌，但是他只得到了 3 场禁赛的处罚。

可能我是一个容易被抓住的目标吧。不过我必须严肃地承认一件事情：是我让自己成了众人盯紧的目标。我犯下了错误，这是我的失误。并且确实是第三次发生这样的事情了。我需要与专业人士合作解决这个问题，我需要帮助。

2013 年，因为咬了布拉尼斯拉夫·伊万诺维奇而被禁赛 10 场后，我曾经质疑过英足联的双重标准，因为他们完全没有考虑过在这场意外中，没有任何人受到严重的伤害。咬人造成的伤害比起一次可怕、鲁莽的犯规造成的伤害要轻得多。有时候，英国足球界对自己的黄牌数是欧洲最少这件事颇感自豪，但是，有时候如果有球员的腿被踢断了，那名踢断别人腿的球员甚至不会得到任何黄牌或红牌。当英超可以说自己是拥有最少的威胁职业发展的伤病的联赛时，他们才应该感到非常自豪。

我不认为自己曾经真的想过要去伤害其他职业球员。我知道咬人这个行为令很多人觉得惊世骇俗，但是与其他犯规行为比较起来，咬人还算是比较无害的，或者至少我卷进的事件里咬人所造成的伤害程度都较轻。当伊万诺维奇在安菲尔德卷起袖管朝主裁判展示我咬人的印记之时，实际上已经没有什么很明显的痕迹存在了。我所有的咬痕都不像泰森在霍利菲尔德的耳朵上留下的那样严重。

但是，多说无益，这并不能帮助我改写已经发生的事情。

当我回到家时，电视上正在播放 2010 年我给埃因霍温队中场奥特曼·巴卡尔留下的咬痕照片，看到这张照片时，我忍不住哭了出来。我刚刚迎来了女儿德尔菲娜的诞生，但是一想到她将看到我做过的这些错事时，就令我感到沮丧。我的妻子索菲当时坐在看台上，距离使得她还不知道发生了什么。但是当她看到影像记录之后，她问我："天哪，你那个时候到底在想些什么？！"

那时，我开始尝试着为自己寻找这个问题的答案。

比赛中肾上腺素的数值通常都会比较高，脉搏也非常快，并且有的时候你的思维并不能完全跟上你的动作。压力持续增加，而且很难找到释放的阀门。2010年的那次事故，我首先感觉到的是强烈的挫败感，因为我们当时正与对手处于打平的阶段，那场比赛对我们来说非常重要，我们那个时候正在经历问题重重的一段时间，这些问题最终导致我们的主教练马丁·约尔被解雇了。我对我自己感到气愤，对当时的情况也感到气愤。我想在那天做出所有正确的事情，但是不管我做什么，我都感觉自己做错了。强压在心头的挫败感，以及觉得我是让情况变得如此糟糕的主要责任人，这样的情绪终于达到了一个令人无法忍受的临界点。

这同样是2013年那次事故背后的推动因素。我们必须得击败切尔西才能保留进入欧洲冠军联赛的机会。虽然结果不是由一场比赛所决定的，但是失败意味着一切都结束了。我踢了一场糟糕透顶的比赛。我一次愚蠢的手球送给了对方一粒点球，而我可以感觉到机会在我的指尖逐渐流逝。我可以感受到自己的紧张和挫败感，我在场上对自己说："你怎么可以在场上显得那么笨拙？！"或者责问自己："你怎么可以错过这次机会？！"

在对基耶利尼咬下那一口的几十秒前，我有一次让乌拉圭1：0领先的绝佳机会。如果我打进了那个球，如果布冯没有做出那次扑救，那么接下去的一切都不会发生。我不会做出任何举动，不会！

但是，我没有抓住那次机会。

压力逐渐增大，在我心中，恐惧和愤怒不断进出："我们要被淘汰了，而这都是我的责任。"这种感觉令人窒息。当时的你应该无法冷静地判断你正在做的与即将做的事将会造成多大影响。我不是要美化我的行为——没有人可以美化这种行为——我只是想解释为什么这些事情发生了。我仍旧尝试着向我自己解释，并且试图理解当时发生的事情以及背后的原因。

在赛后心跳恢复正常之后，我可以很简单地回头审视当时的情况并且问自己："你怎么可以这么愚蠢？那时还有 20 分钟的比赛时间。"但是在赛场上时，你的肾上腺素一直增高，紧张的氛围有增无减，你甚至不能清楚地知道比赛还剩下多少时间。你根本不知道任何事。我当时所想的只有一件事情："我没有办法进球，我们要被淘汰了。"

可能有些处于当时情境下的球员会说："好吧，我们要被淘汰了，但是我在与英格兰的比赛中打了两个精彩的进球，我是球队的巨星。"或者我可以要求教练把我换下场："我的膝伤好像又开始疼了，我在上一场比赛中进了两个球，我尽力了。"但是，我不是那样一个人。我渴望得到更多。这种感觉很难解释。在你做了那么多之后，你不会想要在那一刻停止，你想要得到更多，你无法接受失败的结果。这不是因为我想要赢，而是我需要赢。对失败的恐惧将我笼罩在了云雾之中，我甚至忘记了有超过 2 万双眼睛正注视着我这个显而易见的事实，我做的任何事情都将被每一个人看到。我的脑袋短路了。逻辑在那一刻荡然无存。

同样毫无逻辑的是我的行为——咬人。在 2013 年，乌拉圭和智利的一场比赛中，当智利队中一名球员拽住我的私密部位时，我的反应是揍了他一拳。我并没有因此得到任何惩罚，我甚至没有被禁赛。很显然，打别人一拳这个反应被视为正常的、可以接受的行为。我那次的行为也并没有引起大众的口诛笔伐。在 2013 年的事故后，我给伊万诺维奇打了电话，他告诉我警察来找过他并询问要不要对我提出指控，他拒绝了。我对此非常感激，因为如果他决定起诉我的话，这场闹剧将会上演更长一段时间。揍人一拳这种事情马上就被人忘记了，没有任何夸张的戏剧上演。那么，我为什么要选择毁灭性最大的一条路——去咬人呢？

想要完全解释这个脑袋短路的现象有点儿麻烦，因为我的"脑袋短路"不仅仅发生在我感到焦虑的时候，当我在球场上做了些非常聪明漂亮的事情后，我同样也会陷入到这样的情形中去，可是我不想失去这样的情绪。我曾经在打进一些球以后，花了很长时间去思考我是怎么做到的，但这非常费劲。我踢球的时候，总感觉有一股无意识的力量在推动着我，不管是推向好的方向还是坏的方向。我想要释放出我的紧张和压力，但是我又不想失去我在比赛中的爆发力，更不要说减弱我的高强度踢球风格了。

在伊万诺维奇事件后，利物浦派遣了一位体育心理辅导专家来巴塞罗那拜访我，我们花了两个多小时讨论了我的感受以及事件发生时我脑子里所想的事情。他提出可以为我提供服务，还说如果我愿意的话，可以定下时间与他再见一面。我当时很抗拒这个提议。我拒绝的一部分原因是认为这样的治疗会让我在球场上变得过于冷静。比如说，要是下次有人传球给我，但是球传得有点儿过头，我不去追那个球而是任由它在草地上滚动着，那时该怎么办呢？我是那种在球场上不顾一切的人，我可以为了阻止一次在第九十分钟的界外手抛球而让自己用尽力气。这是我踢球的方式，我不想失去这样的风格。

在一定程度上，作为一名前锋经常性地会在场上感到急躁易怒以及处于紧张的状态。至少在场上的 90 分钟比赛时间里，你的周遭充满着令人烦躁的事情。我知道"烦躁的"这个词用在这里听上去有点儿奇怪，但是这是最适合的形容。当防守球员从背后贴上并且推搡我的时候，我会觉得非常烦躁。这种情况其实很正常，因为我背对着球门，肯定也背贴着防守球员，但是这种情形令我烦躁。当我错过进球机会时，我会觉得很烦躁。球场上的所有事物都是激起我烦躁情绪的刺激体。有时候如果我刚开始做出的几次触球都很顺利的话，那么我会觉得情况良好，但是如果前几次触球都不甚理想的话，我会开始问自己："你今天是吃错药了吗？"而且我知道，当有人撞到我身上的时候，我极有可能会对那人的行为做出激烈的反应。

防守球员们当然也知道这些。在英超联赛中，当我碰上诸如约翰·海廷加这名现效力于埃弗顿的前阿贾克斯后卫的时候，又或者是碰上当时由马丁·约尔执教的富勒姆阵中的菲利普·森德罗斯的时候，我清楚地知道他们会怎么对待我。森德罗斯会在开赛后差不多 5 分钟球不在我脚下时踩我的脚踝背面。然后他会说："啊，对不起啊。"那个时候我的想法是："我懂，马丁·约尔肯定告诉过你我是什么样的性格，然后告诉你要怎么做才能激怒我。"

这种烦躁感从一定程度上来说是我工作中的一部分。但是当这种烦躁感在重大比赛中由于我糟糕的表现而逐渐累积增多的时候，潜在的危机就有可能一触即发。那天与切尔西的比赛中，我表现得极其糟糕。在巴卡尔事件中，对阵埃因霍温的时候我也表现得很糟糕。然后在与意大利的比赛中我错失了一次重要的进球机会，而这意味着我的祖国将要离开世界杯决赛圈的舞台。每一次当我的烦躁值冲出界限之时、当我无法承受过重的压力之时，我都会做出反应。

对于没在球场上踢过比赛的人来说，或者从来没有参加过足球这项运动的人来说，他们可以很轻易地说："你不应该失去理智啊！"但是压力会促使你做出无法想象的事情：暴饮暴食、无故节食、举止怪诞。其实在有些比赛之后，我会忍不住问自己："为什么我总是觉得压力那么大，我只是想要好好踢足球并且让自己高兴啊。"但是压力还是没有消失。我发现自己很难不用戏剧性的眼光看待重要的大赛。我仍旧想付出 100% 的努力，仍旧想在乎比赛中的一切，但是我只想认真比赛，而不希望自己像以前一样生活在高度的紧张感之中，这是我想达到的目标。

在第三次咬人事件后，我可以说我的状况其实有了进步并且我冷静了许多，可能这听上去有点儿荒诞，但是我变成熟了。在我的孩童时期，我曾经因为用头槌攻击裁判而被罚下场。那一次我跑了 50 米去找裁判争论一个判罚，我立刻被出示了一张红牌，当时我想也没想就给了裁判一记头槌。我对于这件事毫无自豪感。

我与索菲的关系在生活中给予了我巨大的帮助。我经常说，我的家里住着一位世界上最棒的心理辅导师。其实在很长一段时间里，她都一直在建议我去找一位专业的人士谈谈，她认为自己给我的帮助还远远不够。

在咬了基耶利尼那一口后，我回到了我们位于蒙得维的亚的家，那段时间我不想与任何人说话，我将门窗紧闭、窗帘拉起，那个时候我感到非常抑郁，并且不想去思考到底发生了什么事情。在度过那段灰暗的时光后，索菲和我离开了城市去了乡间小镇，从那个时候开始，我才逐渐愿意和人谈论这些事情，也是从那时起，我才终于接受了现实，并明白了我到底需要去做些什么。索菲责怪自己没有在之前对我态度强硬一些。她对我说："所以，你拖到现在终于决定听我的了？"这一次，她的语气听上去非常强硬，我意识到已经没有第二种选择了，于是我决定主动做出改变。

我搜索了很多资料，并且找到了正确的人选。如果我没有离开利物浦的话，我会去找那位来拜访过我的心理学专家，或者如果我已经知道自己将会去巴萨的话，我会在俱乐部内寻求帮助，但那个时候我正处于不知前程的情况下，所以我自己找了一位专业人士来帮助我。向人阐述我的心理状况对我来说仍旧是一件非常私人的事情，但是我感觉得到他们正在帮助我理解我自己，他们让我意识到我不需要将所有事情都埋在心底；他们也让我意识到，当我在球场上时我完全不需要给自己增加无谓的心理压力。

我已经感觉到与专业人士交谈这件事对我的帮助了。但是我还是不能轻易地说："看起来我可以做到不再有失态的举动了。"但是，如果将来又有相似的事情发生了该怎么办呢？我必须得理解，克服心理障碍将是一个长期的过程。我现在有时间去参加这些治疗，我开始对自己的内心有了更好的理解，我开始了解我在当时的情况下可以做些什么，并且学习如何控制自己。我也逐渐理解寻求心理帮助是一件很正常的事情，既然我可以为自己找一位治疗膝伤的专家，我为什么不可以找寻心理学方面的专家来帮助我呢？

现阶段我最高兴的一件事就是对自己很坦诚。能够对所有人说"我不会再做这样的事情了"是一回事，因为这是社会规则；但是真正让自己理解这句话的意思，并且接受事实情况却完全是另一回事，而这正是我在做的事情。这感觉上去就像是我终于可以对自己说："路易斯，你必须得意识到你急需与某个人谈谈这件事，这样你才能找到处理这种情况的方法。"

我已经在学习如何处理这些堆积起来的压力，我以前喜欢将事情埋在心底，而不是与人分享我的思绪，就算是对与我开诚布公的妻子，我有时候都会有所保留，她可是我的灵魂伴侣啊。但是我现在明白了，如果你将这些压力释放出来的话，那些紧张的感觉就会离开你的身体，你的思绪也会变得明朗起来，你会感觉很好。不要把所有事情都积压在心底；不要独自一人承受。

当我和我的心理医生们谈话时，他们都会用同样的问题作为开头："为什么？"

"为什么，路易斯？你为什么要这样做？"我仍旧不能完全解释我行为的理由，但是我正行走在了解自己内心世界的正确道路上。

随着时间的流逝，国际足联给予我的惩罚的荒谬性变得越来越明显。我们必须得谨慎地计划每一件事情，以防止记者或者球迷拍到我在做与足球有任何关联的事情的照片。我还得考虑如果有一张我在健身房锻炼身体的照片流出的话，我要做出何种解释。

不能公开与巴萨签合约这件事情也是一项困难的任务。俱乐部与我签约这件事情得到了国际足联的同意，但是我们必须得私下签约。这件事情需要精密的计划，以确保没有任何人看到我们，或者是不能泄露任何一张照片。那一天，巴萨安排了三辆不同的车等在诺坎普三个不同的出口处同时离开，因为我们获知媒体已经被惊动了。我已经习惯了我所有的事情都变成了秘密行动。有一天，当我藏在我岳父的车里准备离开家的时候，狗仔队抓住机会给我照了相。除了由于国际足联的惩罚而导致我不能做的事情以外，由于所有人对我的每一步行动的高度关注，我又失去了做其他很多事情的机会。

转会巴萨这件事情，与一年前计划转会阿森纳非常不同。利物浦更乐意与巴萨做生意，因为他们知道巴萨不会与自己讨价还价。而且，从利物浦转会阿森纳和从利物浦转会巴萨是两个完全不同的概念。我将永远不会对在利物浦多待了一年感到后悔。如果我在2012—2013赛季就离开利物浦的话，那将会是一个巨大的错误。如果我没有听杰拉德的劝告的话，我可能已经犯下了这个巨大的错误了。在夏天快要结束的时候，我回到了梅尔伍德训练基地收拾我的个人物品，我与杰拉德谈到了这件事情，他告诉我："你做出了正确的选择，你等到了正确的时机。"这让我回忆起了那次在梅尔伍德训练基地健身房里的谈话，那个时候关于我去阿森纳的传闻愈演愈烈，那天他对我说："留下来，在这个赛季好好表现，再多给利物浦一年的机会，明年这个时候，你就会听到来自拜仁慕尼黑或者皇家马德里或者巴萨的转会请求了，到那个时候你可以选择你想去的地方，因为届时你将会拥有在这三家俱乐部立足的实力。"

我热爱英国足球，我也会一直想念英国的生活，但是当你的梦想触手可及之时，你不可能选择放弃它。离开在利物浦的家的时候，我们忍不住泪如雨下。许多记忆如潮水一般向我们涌来。我的妻子开始哭泣，我的女儿不停说着："我会想念我在利物浦的家的，我会记得我生日那天，我会记得我房间里堆满的玩具。"那是一个伤感的时刻。

我学会热爱自己待过的所有俱乐部，但我不认为我是一个会向俱乐部献媚的人，我不会说什么我加入的每一个俱乐部都是我的梦想之地这样的话语。许多球员都会对许多俱乐部说出这样的话："这是我一直梦想着的时刻。"但是，我们现在说的是巴萨，我很难否认这是梦想成真的一刻。有一个我在孩童时期被乌拉圭电视台采访的视频，在这个视频中，我清晰地说道："未来有一天，我想在巴萨踢球。"一名乌拉圭记者也提醒我说，在我18岁左右为乌拉圭民族足球队效力的时候，我经常会背着一个带有巴萨队徽的帆布背包去参加训练。

每当我去巴塞罗那看望索菲一家的时候，我们总是会一起去诺坎普看比赛。我见证了那场巴萨5：0大胜皇马的国家德比中皮克经典的高举着手臂五指张开的庆祝。我也看过伊涅斯塔在与西班牙人的同城德比中打入的那粒制胜进球，帮助巴萨1：0取胜。我还经历了梅西戏耍卡纳瓦罗的那场国家德比，那一次卡纳瓦罗匆忙地回到本队禁区内想要阻挡梅西的进球，但是他只来得及撞到自家门柱上。我也目睹了巴萨4：1战胜阿森纳的欧冠比赛，那场比赛中梅西独中四元。

我去看过巴萨的比赛，但是我从来没有想到自己有一天会代表他们参加比赛，而且在我禁赛期间，就算我被允许与球队一起训练，我仍旧不敢相信眼前的一切。当巴萨在季前赛的甘伯杯中让我正式亮相的时候，我还感觉我只是被邀请来参加比赛的客人，或者是我赢得了什么比赛的优胜奖一样。索菲问我："亮相仪式怎么样？你感觉如何？"我告诉她："事实上，我觉得我像是被邀请去参加一场临时友谊赛一样。"当我走出球员通道来到赛场上的时候，我确实是这么想的。

当我终于可以与球队一起训练的那天，我的出场方式也不是很传统。巴萨新任主教练路易斯·恩里克将所有球员叫到了一起，然后跟他们说："你们看，他们终于把苏亚雷斯从关塔那摩监狱里给放出来了，今天他将开始和我们一起训练……"所有人都为"囚犯"终于得到释放而鼓起了掌，而我尽力做到不在脸上显露出因成为众人焦点而产生的尴尬神情。

但是我可以与俱乐部以及教练想要找回的东西产生共鸣——那种态度，那种想要赢得一切的态度。教练能够从我身上看到这些特质对我来说非常重要，并且他对于我能为球队贡献这些特质非常有信心。

人们总是将我描述为问题球员，但是如果他们与我的队友们交谈一下的话，会发现几乎没有人这么看待我。我确实会像任何球员一样与队友发生争执；我与队友争执过很多次，但是我们争论的话题永远是与足球相关的。那种唯我独尊的态度和严重的嫉妒心从来没有在我身上出现过。巴萨知道，在态度这方面我完全不会造成问题。我来到这里是为了完成教练交给的任务，为支持者们奉献上他们想要的东西，也是为了与我的队友们共同取得成功。

又有人开始问了："战术上可行吗？"恩里克知道我可以胜任他想让我踢的任何位置，正如罗杰斯当时叫我做的一样。我永远为了最大化球队的利益而思考，我知道我在场上应该出现在什么地方。当梅西从后场推进时，他会想要和站在中路的球员做出配合；而内马尔是一位非常灵动的球员，他喜欢从宽阔地带内切进入禁区，又或者是在禁区内持球跑入宽阔地带；我作为禁区内的支点将会为所有人带来良好的"收益"。我没有说我会像一个传统9号那样踢球，但是因为梅西和内马尔天生的运动方式，我可以预想到我将最终长期"占领"那块区域。

有些人说，我们三个人的组合将会重演当年瓜迪奥拉手下的埃托奥—梅西—亨利组合，内马尔将是新亨利，而我则是新埃托奥。从某种角度来说，这个想法很有可能是正确的。

巴萨的足球风格与我在阿贾克斯经历的风格有些相似，罗杰斯的利物浦也与巴萨有相似之处——从后场推进，将球控制在地面，许许多多快速的短传配合，只触球一到两次就将球传出。这是经典的阿贾克斯流派，也与利物浦上赛季的风格非常相似。事实上，今年巴萨的风格是这两者的结合——源自于阿贾克斯或者说"荷兰学院"的传控风格，以及利物浦的快速推进风格。

当我第一天参加巴萨的训练时，我的感受和我第一天参加阿贾克斯、利物浦以及格罗宁根的训练时一模一样，都充满了尴尬。你不知道你应该干什么，不知道该跟谁打招呼，也不知道该怎么称呼别人。在最初的几天里，我显得非常羞涩，但是事实上现实远没有我想象的那么糟糕，因为巴萨的球员们实在是太棒了。

在正式参加巴萨的训练之前，我不知道要抱有什么样的期待。巴萨的训练会不会充满了魔力和巨星色彩？事实上，根本没有这些事情。我看到的只是一群极其专业的职业球员为了夺得奖杯，在一位非常优秀的教练指导下辛勤工作，球员与教练之间也有着非常良好的关系。路易斯·恩里克是一位年轻的教练，而且他既能和你开玩笑，也能严肃地与你讨论工作，他对这两件事情保持着极其健康的平衡。

伊涅斯塔在我第一天参加训练的时候拉着我的手给我详细介绍了巴萨内部的事情，因为他是我在队中最熟悉的一个人。然后很快我就探问到，梅西和马斯切拉诺都爱喝马黛茶，这是一种在乌拉圭特别流行的草药泡的茶，这对我来说可是个好消息。第二天，我带了一大瓶马黛茶去工作。我觉得如果我第一天就带着去上班的话，会显得很冒失，但是第二天我觉得这么做很舒适自然。

阿尔维斯对我说他很高兴我能加盟，因为这样的话他就不再是队内唯一的"坏男孩"了，这让我忍不住笑了起来。这些事情都帮助我逐渐融入了巴萨。

虽然还需要很长一段时间我才能在赛场上与梅西和内马尔合作，但是我很快就在训练场上与他们一起踢球了，另外还有哈维、伊涅斯塔、布斯克茨以及拉基蒂奇在训练场上与我做伴。他们在狭小的空间中能对足球做出的事情令你觉得非常不可思议。著名的 Rondo[①] 传球训练，在一开始对我来说有些困难。你必须得适应皮球的快速传递，不然你根本连球影都看不到。但是我知道，除了需要适应巴萨的风格之外，他们签我也是因为我独特的性格以及我在球场上能够做到的事情，所以我还得确保我能为球队贡献我的特长。

巴萨前任体育总监苏比萨雷塔曾经被问过，在签了像我这样的球员之后巴萨怎么还能够自称"不仅仅是一家俱乐部"。当时他的回答对我很重要。他说："我们接纳所有类型的人，即使他们有不完美的地方。人们会做正确的事情，有时候也会做错误的事情，但是人拥有知错能改的能力……我可以肯定路易斯将会为俱乐部带来积极、正面的影响。"

---

① Rondo：3 至 10 名球员围成一个圈互相传递足球，1 至 2 名球员站在圆圈中央尝试将球从其他球员脚下抢断。

巴萨知道他们会受到各种指责，但是他们顶着流言蜚语仍旧选择与我签约，这对我意义重大。

在我转会期间，有许多无稽之谈围绕在这件事情周围。我读到一篇新闻说"巴萨要求苏亚雷斯签署一份禁止咬人协议"，就好像我真的会同意做这么荒谬的事情一样。每一个签约的球员都同时会签署一份行为准则。媒体报道的消息让人看上去似乎巴萨真的会在我的行为准则里加上所谓的禁止咬人条款一样。当然，如果他们真的这么做了，我还是会毫不犹豫地签下我的名字，但是我的自尊心还没有堕落到这种程度。

在我去做体检和签新合约的那天，我对俱乐部主席讲述了一个当年的小故事：在我的青少年时代，我会在假期到巴塞罗那看望索菲。我们常常在诺坎普周围闲逛，因为那个时候我们没有钱买票去参观博物馆或是购买俱乐部的任何纪念品。但是，在某一天，有个人留下了一扇打开的门——这是一扇通往足球场内部的巨大的门。我对索菲大声喊道："快看那儿！有人忘记关门了。"她很担心我们会被工作人员抓住，然后被赶出去，但是我说："不会的，快点过来。"差不多两分钟后，我们就进入了球场内部。我为自己照了一张相，随后我们就悄悄地溜了出去。当索菲与我共同参加正式签约仪式的时候，俱乐部的某个总监开玩笑道："索菲，很高兴看到你也在这里！我们得谈谈关于2004年你没付钱就游览了诺坎普这件事了，你看，账单还等着你结算呢。"

当我还是乌拉圭民族队中冉冉升起的希望之星时，索菲就一直陪在我身边造访诺坎普，当时我还在梦想着有一天可以在欧洲大展拳脚。世界杯后的艰难时期，她也一直陪伴在我的身边。在我与巴萨签约之时，也是她在我的身边——10年前，当我第一次离开蒙得维的亚的时候，我向她发誓，我一定把去加泰罗尼亚首府踢球这件事作为人生目标。10年后，我终于到达了梦想之地。要想讲述我的故事，就必须得从她开始。讲述我们怎么相识相知，以及10年前因为迫切想要和她在一起的想法而第一次将我带到了名为巴塞罗那的城市。

目录
CONTENTS

当时她 13 岁，我也才 15 岁。10 多年后，她成了我的妻子。

第 *1* 章　这是一个爱情故事

外面狂风大作，暴雨倾盆而下，索菲全身都湿透了。而我则一身干爽地端坐在游戏机厅里玩着游戏。我怎么可能知道她会在我们第一次约会的时候站在商场门口淋着雨等我呢？

索菲的父母周末不在家，他们带着她的弟弟去参加足球赛了，所以我对她说我们应该趁着他们不在出去约会。她本应该在阳光下坐在巴士站等我，但是乌云说来就来，大雨随之倾盆而下。离她最近的电话亭在车来车往的繁忙马路对面，这意味着她得等很久才能穿过马路去到对面。她最终穿过了马路给我家打电话，想知道我到底在什么地方，在这个过程中她全身都淋湿了。

当时是我姐姐接的电话，她告诉索菲："什么？没有，他不在家。他告诉我们说他要去和女朋友约会。"

所以说，当时的索菲觉得自己被耍了，被一个已经有女朋友的混蛋给耍了。

我姐姐提到的"女朋友"其实就是索菲。我对索菲，是所谓的一见钟情。

我们是通过当时也在乌拉圭民族俱乐部青年队踢球的共同朋友认识

的，民族俱乐部是当时蒙得维的亚最大的足球俱乐部。我曾经在每次见到她的父亲时都礼貌地问好，希望可以给他留下良好的印象。我觉得她当时肯定这么看待我："为什么这个奇怪的小子老是向我爸爸问好呢？"

我和她曾经在迪斯科舞厅讲过几次话，但是这次在商场的见面是我们的第一次正式约会。最后，她为了烘干自己的衣服而走进了商场，这时我出现了，我当时非常无辜地问她为什么来得这么晚，还有为什么她全身都湿透了。

那场暴风雨来得非常突然，雨势也越来越大，她弟弟的球赛也随之被取消了，在索菲给她姐姐打电话报告情况的时候，她姐姐说："快点回家，爸妈正在回家的路上。"

当时她13岁，我也才15岁。10多年后，她成了我的妻子。

我小时候没有现在这么内向。以前当我去她家玩的时候，我总是一进门就跑到她家冰箱前拉开冰箱门找吃的，这曾经一度让她觉得很尴尬。又或者，当她的妈妈购物归来之后，我经常会偷偷瞄她妈妈的包并且大言不惭地问她们："你们给我买东西了吗？"她觉得我不知羞耻。但是幸运的是，她妈妈觉得我很有魅力。

索菲不仅仅在我天不怕地不怕的时候认识了我，她也在我一贫如洗的时候认识了我。她的家在蒙得维的亚的近郊，我曾经必须去找民族俱乐部的总监之一威尔逊·皮雷斯要40比索（约等于1英镑）来支付看望索菲所需的来回车钱。如果哪天威尔逊凑巧不在的话，我会去骚扰另一位总监——何塞·路易斯·恩斯珀斯托来帮助我凑齐路费。

我有时会在赛前要求非正式的奖金，我会对他们说："如果我进球了，你们能给我20比索吗？"这点钱足够我坐车去索菲的家了。我不担心回到球队的事情，到了她家之后再考虑也不迟。通常他们都会大笑着把钱给我，而我则会拿着钱坐上巴士从蒙得维的亚前往索菲位于索利马的家。我必须得通过某种方式筹钱。我不能问我的妈妈要钱，我更不能向我的兄弟姐妹要钱，但是有时候我妈妈多赚了点钱的话，我的大姐就会帮我出车票钱。

威尔逊和何塞·路易斯都对我非常好。我现在都还和他们保持着联系，我和他们之间的友谊最令我感动的地方是，他们一直在不计回报地帮助着我。

当时在城内有一个人会出钱收购旧的电话卡，而如果你碰巧手上有旧电话卡的话，你就可以卖给他。得知此事之后，我会留意路过的每一个电话亭，搜集各种电话卡，然后卖给这个人。有时候我妈妈也会帮我收集电话卡。

就当时的情况来说，索菲的父母完全可以将我这个外人眼中的小混混拒之门外。如果我的女儿在13岁的时候，带回家一个15岁左右、看上去像街上小流氓一样的男孩的话，我应该不会很温和地对待他。但是索菲的父母不仅接纳了我，而且他们真的是发自内心地喜爱我。当索菲的父亲出差的时候，我会帮助她的母亲做家务活，比如说给锅炉生火。有时候，当我和索菲因为某些小事吵架的时候，她的妈妈甚至会维护我。我想他们可能很认可我花了那么多精力就是为了见上索菲一面吧。这个来自蒙得维的亚的小男孩，穷到连来索利马的车票都买不起，但是他仍旧找到了其他方法来探访他们的女儿。我想他们应该也意识到，如果没钱买车票的话，我就是靠走路也一定会来看索菲的。在曾经的某些日子里，我的钱只够买单程票，那个时候我就会一大早去街上搭便车，因为第二天我必须得回到球队参加训练。

索菲将我从堕落的生活里拯救了回来。在我遇到她之前，我染上了出去鬼混到很晚的坏习惯，这让我将球队训练的事扔到了一旁。有时候，我会带着疲劳的状态去参加训练，并且注意力极其涣散。我一直觉得后悔，特别是当我看到，在我享受灯红酒绿生活的时候，队中那些努力训练的队友们都得到了晋升一级的机会，我就会感到非常后悔。但是我很快又沉溺到坏习惯中去了。在我十三四岁的那个赛季，我在37场比赛中只打进了8个球，那个时候民族队管理层通知我他们想让我离队了，因为他们知道我总是在夜里出去鬼混，并且我违反了我应该恪守的行为准则。当时是威尔逊说服了他们再给我一次机会，他很严肃地跟我说，不许浪费这次宝贵的机会。索菲为我展示了另一条道路。如果没有威尔逊和索菲的话，我的足球生涯将会在那一年戛然而止。

我的朋友们经常在街上见面，或者是去迪斯科舞厅跳舞，这让我也想效仿。我知道这对我的生活没有益处，但是当你还是一个青少年的时候，你仅仅是个孩子，你并不知道其实你已经站在人生的十字路口了。事实上，我能够选择正确的道路大部分都是索菲的功劳；如果我当年没有遇见她，我不知道自己的人生会变成什么样子。

在我 16 岁那年，我已经完全将重心放在自己的足球事业上了。我那个时候经常是星期六比赛完就去索菲家过夜，然后和她共度周日。如果我没有认识她的话，我的周末应该会变成和不太好的人鬼混在一起。我可能会做和现在完全不同的事情，最后变成完全不同的一个人。

索菲的成长环境和我的大相径庭。我们一家是从萨尔托来的，那是乌拉圭国内一个较小的镇子，那里有很多的空地，大概在我 7 岁那年，我们一家人被迫从萨尔托离开去城里讨生活。接着在我 9 岁的时候，我经历了父母的离婚。那个时候我经常去街上鬼混。在我位于蒙得维的亚的住所和索菲的家之间，有着乌拉圭最危险的几个社区。当我和索菲都长大一点儿后，我们会一起坐车来往于两家之间，她很惊讶我竟然对这个城市如此知根知底。她会问我："但是你是怎么知道这些地方的呢？"在我小时候，我和我的兄弟们总是在那些街道上走来走去，因为这是我们去参加足球训练的必经之路。

我的母亲桑德娅，总是尽量挤出时间来陪伴我们出入这些街区，但是她的工作非常忙，她在特鲁斯克鲁塞酒店的公车站洗手间里当清洁员。我的父亲鲁道夫，有时候会来看我的比赛，但是他没有办法来参加我的训练课，因为他的工作时间也很长。我的父亲曾经是一名士兵，当他离开军队之后，他就只能找到什么工作就做什么工作了。起初他在当地的一个饼干厂里工作，之后他成了一名小区保安，当他没钱交房租或者没有地方住的时候，他就睡在他工作的公寓楼的楼道里。我知道我父母讨生活的艰辛，所以我很感激他们为我们兄弟姐妹做的一切。只是，我们家的环境有时候非常无序和混乱，索菲家的环境比较起来就稳定多了，她们家很有秩序。

我也并没有认真念过书，我对上学的概念就是去课堂里坐着。我是一名糟糕的学生。我从来没在课堂里花费精力，我也从来没有想过要好好学习；我根本不在乎这件事。我只知道在课堂上调皮捣蛋。

索菲曾经问我："你怎么还在读中学一年级？"

我当时留级了，得重新念一遍中学一年级，这也就意味着我比班上其他人都要大两岁。最后我不得不去念夜校以保证自己赶上进度。我经常是下午去球队训练，然后晚上就去上课，至少在夜校里我成了最年轻的那一个。索菲不理解我对学习的态度，她成长的环境中，学习是一件必要的事情。她经常会教我做家庭作业，然后她总是跟我说："你根本不笨，你就是懒惰！你完全做得来这些题目。"这是第一次有人这样鼓励我。我妈妈尽力监督我的学习进度，但是她有一大帮孩子要照顾，她能做的只有那么多。

有时，从学校回到家以后，我妈妈会问我："你好好念书了吗？"

"念了。"

她还能问些什么呢？她没时间问更多的问题了。

索菲想要帮助我。她想告诉我人的一生是充满着机遇的。我的生活不仅仅有足球，还可以选择念书。她不只是建议我好好学习，她是要求我必须学习。我那时要把所有家庭作业交给她看。索菲很聪明，所以她可以帮我改正做错的地方。每当提到学业的时候，我都觉得非常尴尬，因为我的进度落后太多了，是她帮助我克服了这个困难。我发现了一个完全不同的世界，一个不仅仅是为了筹措路费贩卖电话卡或是在外面鬼混一夜的世界。在她的指导下，我开始认真学习。其实，我真正的目的是想要赚很多钱，然后在我和索菲的约会中看起来风度翩翩，并且能够为索菲买很多礼物。

我不只是想要每天坐巴士去看她，我还想给她时不时带点小礼物。至于风度翩翩这件事，我身上总共就那么几件衣服，我肯定做不到与当季时尚接轨了。

在民族队，球员必须得自己去球场报到，然后俱乐部会派大巴士载着所有人去45分钟路程外的训练场训练。然而如果你住得够远的话，俱乐部会为你出双程巴士费。我想到了利用这个制度，于是我跟他们说我搬家了，如果计划顺利的话，我就能得到免费来往于索菲家和我家的机会了。这个计划如果成功的话将会非常完美——因为我去看望索菲的来回车票都会由俱乐部出钱，这样的话，我就能省下点钱给索菲买小礼物了。但是，这个"诈骗"计划失败了。

在她即将要举家搬往欧洲的消息传来时，我的第一想法是，以后看望索菲的过程将会变得更加困难了。

我当时感到非常绝望。

我感觉到我的世界正在一点点崩塌，而这其实不是我第一次感觉到自己生命中在乎的所有事情都被夺走了。从萨尔托搬到城里的那次经历对我来说已经够艰难的了，那时我不得不离开自己的童年好友们，搬到一个全是陌生人的城市里，然后我还得承受城里孩子对我口音的冷嘲热讽。接着，在1996年，我们的家庭由于父母的离异而分崩离析，和谐的气氛一瞬间就瓦解了，我们家所有人都经历了那种无助的毁灭感，这对我来说已经是超出个人承受范围了。现在我又遇到了这样的事情。我的家人都知道我在索菲那儿找到了自己的未来，我妈妈也很感激她与她的家人为我所做的一切，他们照顾着我，并且帮助我回到了正确的发展道路上。我家人都知道，索菲的离开会给我带来多么大的伤害。

索菲的父亲在乌拉圭一家银行上班，然而在2002年的经济危机中，这家银行倒闭了。这时她的爸爸想到他有一个哥哥在西班牙，随即他决定："那么我们就搬去西班牙吧。"

2003年10月，他们举家迁往巴塞罗那。索菲是我的一切，然而这一切都被人夺走了。和索菲说再见的那一年，我16岁，那个时候我真的以为这辈子都不可能再见到她了。她离开的前一天，她的家里聚满了亲朋好友，我们两个则偷偷溜了出去。我记得我们站在巴士站的时候，我对她说："我不能够相信这将是我们最后一次见面了。"

当时她根本不可能留在乌拉圭与我住在一起。她的母亲说过："你可以去学一项什么技术，然后考一个什么资格证书，到时候，我们就允许你回乌拉圭和路易斯待在一起。"她开始到处打听，取得什么资格证书所花费的时间最短，有人告诉她美发专业所花费的时间最短。所以她就决定要成为一名美发师。她不是真的想要成为一名美发师，她只是知道取得这个证书花费的时间最短，这就意味着她能以最快的速度回到乌拉圭与我团聚，她很聪明。

索菲上飞机的那天，我无法控制自己的泪水。她给我留了一本练习册，里面全都是她手写的歌词，我边哭边念着这些歌词。我当时觉得这是我们爱情的终点，也是我的世界末日。我连来往于蒙得维的亚和索利马的车票都几乎买不起，我要怎么样才能够凑足钱从乌拉圭去巴塞罗那找索菲呢？

从那一刻起，我每一天搜集旧电话卡再也不是为了凑钱买车票去看索菲了，而是为了凑齐足够的钱给索菲打电话。

她离开后一个月，我接到了她打来的电话，她在电话里告诉我她有多伤心，她说道："如果你今年年底不来看我的话，你这辈子都别想再见到我了！"她说我必须竭尽所能去巴塞罗那看她。我必须得尝试所有可能的方式。

在这里我必须得感谢我当时的经纪人，丹尼尔·丰塞卡，有了他的帮助，我才能够在年底去看望索菲。丰塞卡手下的球员中，我是最不起眼的那一个，但是他仍然为我支付了去看望索菲所需的路费，然后我大哥给了我差不多 60 美元让我在旅途中用。我当时根本不知道 60 美元到底是多少钱。我那时才 16 岁，而且那是我第一次一个人去欧洲。2003 年 12 月，我带着这点钱踏上了旅程，那个时候，我感觉这笔钱在口袋里发烫，感觉自己是世界上最富有的男人。这场旅行犹如烟花一般，短暂却记忆深刻，回想起来，我当时还有点儿懵懂，但是我现在明白了，在巴塞罗那与索菲一起度过的第一个跨年夜里，我明白了自己职业生涯和个人生活中最渴望的是什么：

我要去欧洲踢球，因为这样我才能和索菲在一起。

在乌拉圭有个足球俱乐部名叫利物浦足球俱乐部。他们的主场在蒙得维的亚。这个俱乐部始建于 1915 年，当时是由一群在神学院念书的学生组建的，他们当时用利物浦这个英国港口城市来命名自己的俱乐部，这是因为当时用来运输煤炭的船只都来自于利物浦。在 2005—2006 赛季开始之前，他们甚至把他们的客场球衣变成了全红色，来向利物浦致敬。

2006 年，有一些来自于荷兰格罗宁根俱乐部的代表来乌拉圭考察利物浦俱乐部的前锋埃利亚斯·菲格罗亚。他们比原计划的行程多待了一天，因为他们想考察另一名前锋：当年 19 岁的路易斯·苏亚雷斯。

他们最后才考察"苏亚雷斯"不是因为他的名字在格罗宁根球探们的考察名单上排得比较靠后，而是他根本就不在任何人的考察名单上。格拉特·富尔是当时格罗宁根的球探，而汉斯·尼基兰德是当时格罗宁根的体育总监。他们在蒙得维的亚交谈过的所有人都推荐了苏亚雷斯，说他踢球有多么的棒。他们觉得既然已经不远千里来到了乌拉圭，而那时也正好有苏亚雷斯的比赛，飞机票也是订的第二天，何不就看看这个苏亚雷斯到底有多好呢。那只是一次偶然的机会，但是一切都进行得很顺利。

格罗宁根的官员在被问到关于菲格罗亚的事情的时候，他们做出了这样的回答："不，我们想要另一名球员。"他们只看我踢了一场球，就这样轻易地在一名球员身上做出投资是非常不易的，显然他们看到了足够的证据。那场比赛是民族队对阵乌拉圭捍卫者的比赛。那场比赛是民族队争取联赛冠军头衔的决定性比赛，而那一天我拿出了那个赛季以来最好的表现，我也打进了一个球。我根本不知道看台上坐着格罗宁根的球探和体育总监，我甚至连格罗宁根的名字都没听过，但是我知道格罗宁根肯定比蒙得维的亚离巴塞罗那要近得多。

在本没有计划考察我的球探面前，我奉献了如此优秀的一场表现，还打进了一个球，这对我来说是一次极其幸运的机遇。正所谓天道酬勤，我认为我完全配得上这份好运气。

在民族队的各级梯队中攀爬是一条艰苦漫长的道路。我曾经差一点儿就要被球队开除，因为他们觉得我不够勤奋，那时对我来说是一次职业生涯中的大危机。但是如果没有威尔逊的干预的话，我可能已经被开除了。威尔逊为我争取来了第二次机会，但是如果没有索菲帮助我的话，我可能连宝贵的第二次机会都会白白浪费掉。然而，他们两个一直在那里帮助支持着我，在那之后，我的状态越来越好，球队觉得我已经有足够实力参加成年队的季前赛集训了，那时我只有16岁。通知我参加季前赛训练的电话在我第一次去西班牙看望索菲的时候打来了。

威尔逊和我结识了很长时间，他不仅了解我作为球员的状况，还了解我是那个为了要去看自己的小女朋友而向他借钱的小子。他的儿子也在民族队的青训系统中，但是他在我的身上看到了不一样的东西，于是他一直在指导我走在正确的道路上。通知我参加季前赛集训的电话是威尔逊亲自打的，他跟我说时任民族队教练的圣地亚哥·奥斯托拉萨（"巴斯克人"）希望我可以参加一队的季前赛集训。索菲不敢相信我千里迢迢飞去西班牙看她，现在竟然要缩短行程提早回乌拉圭。我对她说："我必须得回去，只要我成功进入民族队一队，我就会比任何时候都要有钱。那个时候我就可以轻松地来看你了！"

由于时间的关系，从西班牙风尘仆仆赶回乌拉圭之后，我只参加了

3 天的季前赛集训，之后我又回到了青年队，但是我不会抱怨——这只是从侧面展现了在民族队内的发展有多么困难。

之后一年，我又被一队征召参加了他们的季前赛集训，但是这一次我留在了一队。2005 年 3 月，时年 18 岁的我在解放者杯上完成了我的一队首秀，那场比赛中，我替补上场踢了最后 15 分钟的比赛。随后，当新赛季开始之时，我代表一队出场，在比赛进行了 5 分钟后，我就打进了一球。那一天索菲也在现场观看我的比赛，她是回乌拉圭来庆祝她的生日的。那一个赛季，我适应了代表民族队一队出场，但是帮助我前往欧洲的爆炸般高能表现暂时还没有出现，那个时刻还需再等待一段时间。

第一年，我错过了很多很多的进球机会。我的失误不断累积，直到有一天，人们开始辱骂我或者吹口哨讽刺我。他们叫我 "Pata Pala"，意思是铁腿，嘲笑我不会进球。其他人喊我 "Burro"，驴子的意思。但是我的教练，马丁·拉萨尔特仍旧为我辩护，他说即使不进球，我在赛场上做的工作都是非常优秀的。他告诉球迷们对我要耐心一点儿，并且鼓励我不要气馁，继续努力。在对阵河床竞技俱乐部的比赛中，我首发出场，那场比赛中我创造了 13 次机会，但是我也失去了 9 次进球机会。最终，我们 0∶0 和对手打平了，当然我仍旧是众人指责的对象——我是那个到处瞎跑不进球的臭小子。

不过，往积极的方面去想的话，能够浪费如此多的进球机会也意味着我确实创造出了很多次进球机会。我的状态一直是不停地追着球跑，不断寻找场上机会。我不想因为自己没有跑到位而失去进球机会。每一次当我觉得气馁的时候，我就会加倍奋斗重新让自己抬起头。我觉得那个时候大多数人都认为我将会成长为一名普通球员。即使是现在，我都会遇见一些人，他们会对我说："我曾经辱骂过你，曾经对你大喊大叫，也曾经认为你永远进不了球。"

但我在与乌拉圭捍卫者队的比赛中打进了重要的一球，并且让格罗宁根的球探们眼前一亮。现在，我踏上了我的欧洲冒险之旅。然而，现实毕竟不是童话故事，我不可能那么简单就突然出现在我的新俱乐部面前，然后在虚线上（合同上签名的部分）签上我的名字。

首先，我跟随我的经纪人丹尼尔·丰塞卡一起从蒙得维的亚飞往马德里，因为他手下的另一名球员，胡安·阿尔宾将要转会去西班牙赫塔菲球队。我们必须得在马德里停留几天，以保证胡安的转会可以顺利完成。其实在这一次旅程中，我并没有得到任何保证，这种对未来的不确定感也让这次旅行成了我人生中度过的最漫长的一次。一般来说，我都会在长途旅行中睡上一觉；但是那一次，我连眨眼都没敢眨一下。

来到马德里后就是漫长的等待。索菲在巴塞罗那当地一家麦当劳找了份兼职，她为了能够到马德里看我，差一点儿就辞职了。那个时候我们已经6个月没有见过面了，而当时我们之间的距离是那么近，我感觉我们几乎可以触碰到对方了。她想尽了一切办法去争取休假的时间，但是她的经理就是不允许她休假。最终，可能是她请求的次数实在是太多了，她的经理终于准了她的假。但是，等她拿到休假许可之后，已经没有飞往马德里的航班了。与此同时，我仍旧处于茫然的"囚禁"之中，我每天就坐在马德里的旅馆中呆愣地盯着窗外的风景，迷茫地等待着。终于，我们踏上了从马德里前往阿姆斯特丹的旅程，那一刻，转会格罗宁根这件事看上去近在咫尺。

其实，在这样的交易中，你的未来完全被别人掌控着。在乌拉圭，所有人都说："去吧！你一定会成功签约的。"我听从了这样的话，带着一腔热血踏上了旅程。格罗宁根是我当时唯一的选择，但是随着时间的推移，各种新的问题冒了出来。当交易进行得越来越深入之时，当经纪人牵涉得越来越多之时，越来越多的障碍就会出现。我被我的代表人告知，我将不会和格罗宁根签约，因为他们不愿意付出一定金额的费用，又或者是因为其他什么奇怪的原因。这笔交易中有经纪人，有这个人，有那个人，而且看起来不是格罗宁根那一方的问题，是其他方面的问题。我的代表人看起来已经决定放弃这笔交易了。

"路易斯，我们得离开了。"

"什么叫'我们得离开了'？我们要去哪里？"

他们说不要担心，我可能有加入赫塔菲和阿尔文一起踢球的机会，因为他们的教练，贝恩德·舒斯特正想购买一名额外的前锋。这个主意听起来更棒：虽然马德里不是巴塞罗那，但是我将会和索菲身处同一个国家。而且，如果我们现在就起程回到马德里的话，我还能安排时间与索菲见面。然而，当我刚刚开始幻想美好的未来之时，情况再一次发生了转变，去赫塔菲的美好愿望也成了泡影。最终，历经千辛万苦，我和格罗宁根签约了。

那总共是6天充满煎熬的日子——起初在马德里，随后在阿姆斯特丹，除了看电视和听指针行走的声音外，我只能无所事事地待在酒店房间里。我不会说荷兰语，这导致我哪儿也去不了，并且充满着紧张感。在阿姆斯特丹的时候，我一直给索菲发短信问她怎么告诉酒店我需要洗衣服，又或者怎么向酒店询问用餐的情况。她给我回复了两条短信：一条用英文写了我的需求，另一条则是用西班牙文音译的方式帮助我学习如何读那段英文句子。我在念"Yes, please."（是的，谢谢。）的时候，念成了"ies plis"（类似于"一诶死，普利斯"的读法）。我不懂这段短信的意思，酒店员工也听不懂我在说些什么。最后我不得不把手机递给他们，让他们自己读那条短信。我非常无助，我当时完全依赖着别人并且避免思考最糟糕的情况：交易不成功，不得不踏上回家的旅程，重新回到原点，再一次与索菲分隔两地。

在那个时候，我觉得我要么和格罗宁根签约，要么就完全失败。我认为民族队已经将我的所有权完全卖给了我的经纪人，这使得他成了我的新"主人"。所以如果我不合格罗宁根签约的话，我甚至不知道自己还能不能再一次回到民族队踢球，又或者他会尽他所能将我推销给另一家俱乐部。只要能待在欧洲，我会去任何一家俱乐部。而且如果交易真的因为区区 6 万欧元的问题而不能完成的话，我真的不知道我会干出什么样的事情。在那段时间里，我毫无力量，我的整个人生都被另一个人掌控着。终于，当我们从阿姆斯特丹前往荷兰北部的格罗宁根时，一切才算是尘埃落定了，已经没有什么事情可以阻止这笔交易的完成了。我终于松了一口气。

那时是 2006 年 7 月，在我的职业生涯中，我迈出了一小步，而我和索菲之间的距离则是缩短了一大步，虽然我们的距离不如想象中的那么近：我们一个在西班牙，一个在荷兰。所以现在，我们还得克服这一小段距离。在我与俱乐部签约 10 天后，我趁着假期去巴塞罗那看望索菲，我们讨论了该怎么面对现在的情况。她的妈妈和姐姐都回乌拉圭探亲了。我给她们打了个电话，我是这么说的："我要带索菲去荷兰玩。"

她的妈妈对我说："好吧，如果你要带她去，一定要好好照顾她。"

我不知道那个时候她有没有意识到我认真的态度。我甚至不知道那时我到底有多认真。但是当我和索菲在机场道别的时候，我脑子里想的都是"机不可失，失不再来"，我已经千里迢迢来到了欧洲，我不想就这么再一次离开她。我一秒都不想再离开她了！

"跟我走，"我说道，"就现在！"

"你疯了。我怎么能就这么跟你一走了之呢？我才 16 岁。我甚至没有买机票。我的爸爸又怎么办呢？"

"跟我走吧！我可以帮你买机票。"

然后就在机场里，她立刻给她爸爸打了电话，她说："爸，我要和'萨尔塔'① 去格罗宁根了。"

她的爸爸说："可以啊，你什么时候回来呢？"

最终，她没有回到巴塞罗那。她本来只应该在格罗宁根待到下个礼

---

① 萨尔塔是苏亚雷斯妻子一家对他的昵称，因为他的家乡是乌拉圭的萨尔托。

拜的，但是最终她留在了我的身边。当时，她将要和我一起登上前往荷兰的班机，就那样，没带背包，没带换洗的衣服，什么都没带，她就跟着我走了。我们去买了机票，而她就穿着来送我上飞机的衣服跟着我离开了巴塞罗那——她在一个多星期后回了一趟巴塞罗那，主要是去收拾她所需的衣物。终于，我们厮守在了彼此的身边。那是一次大胆的赌博，但是我觉得做出那个决定非常正确。在经历了无数次告别和分离之后，那一天，在巴塞罗那的机场中，我们一边做着又一次告别，一边想着："我们已经等待了那么久了，我们必须得大胆冒一次险，而且就是现在！"

加盟荷兰足球俱乐部对我来说是非常曼妙的一次足球教育，这也是影响我一辈子的教育。而格罗宁根是一切的开端。

当我在乌拉圭的时候，没有那么多人管理和指导我。那里没有专门的人员告诉我什么可以吃，什么可以喝。我到达荷兰的时候，我的体重超出标准 6 公斤。我那时才意识到我是个胖子。

当时的教练——罗恩·扬斯，他仍旧是我心目中最佳教练之一——他对我说："你的理想体重是 83 公斤——哪怕超过一点点，我都会将你开除。"

我那时根本不懂如何有效快速地减掉这些重量，所以我询问了俱乐部里的队友该怎么去减重。

我做的第一件事就是不再喝可乐。我以前一直不知道喝可乐会带来那么大的副作用。索菲建议我开始只喝水，然后我养成了只喝水的习惯，现在我根本喝不进其他类型的饮料。

第二次测体重的时候，我的体重是 83.4 公斤，罗恩放了我一马，就不追究这 0.4 公斤的超重了。他说他看到了我积极对待工作的态度。

那时我意识到，如果我要成功的话，我该做些什么。而那一次我也意识到，我可以自己帮助自己，我不需要别人天天监督管理我。我可以自己定下目标，并且自觉努力去达成目标。我有这样的自律性。

当我们最初到达荷兰的时候，我们两个都不会做饭。麦当劳叔叔成了我们的好朋友，除此之外我们还买了一个电烤炉来做牛排。每次用这个电烤炉做牛排的时候，我们的公寓里都是烟雾弥漫。当时，我们还觉得这牛排味道非常好，但是现在回头看看，我的天哪！我们是怎么把那些牛排吞下肚子的？！

索菲当时已经养成了比我要好得多的饮食习惯，而住在一起以后，这些习惯逐渐蔓延到了我的身上。她同样让我学会了做家务。我以前都和妈妈以及姐妹们住在一起，而她们总是会帮我整理床铺并且把家里打扫得干干净净。但是，来到荷兰之后，我和索菲只有彼此，这意味着我必须得承担起责任。我们在做饭和家务上分工合作，这让我们迅速地成长了起来。格罗宁根是个小城市，拥有大概20万人口，而其中有5万是学生。每一个人都用自行车代步。我们入乡随俗，大多数时候也骑自行车出门。

我们也在理财这件事上得到了深刻教训，在学习"净收入"和"总收入"这件事情上，我们付出了沉重的代价。当我和格罗宁根签约的时候我的想法是："你是从乌拉圭去欧洲。这意味着以后你将永远衣食无忧了。"但是，现实永远是残酷的，我的想象又一次太过于美好。我那时才19岁，我哪知道到底发生了什么事情。

代替我与俱乐部谈判的人没有告诉我一切细节。他们从来没有向我解释过这个是净收入，那个是总收入。我以为总收入是我拿回家的钱，而他们也一直让我这么想。事实上，我的想法完全错误。我被耍了，我明白了，在这笔交易中我完全是被人牵着鼻子走。

但是你的家人肯定认为既然你已经去了欧洲，你肯定变得大富大贵了。当我转会格罗宁根的时候，他们甚至觉得我将成为乌拉圭首富。我从来没向他们坦白过我的真实收入，他们也一直尊重我的隐私，但是有一些聚集在足球运动员家人身边的人是没有基本良知的。你的家人知道你的背景，知道你付出了多少才能有今天的成就，但是一心只想着占你便宜的人根本不关心这些背后的辛酸。

向我解释了净收入和总收入之间区别的人是布鲁诺·席尔瓦，他还向我解释了其他很多事情。布鲁诺在最初几个月里，是我和索菲在格罗宁根的救世主。我记得他是一名乌拉圭国脚，来自于乌拉圭多瑙河俱乐部——这也是一支在乌拉圭国内与乌拉圭捍卫者齐名的球队，名气与实力紧跟在民族队和佩纳罗尔队之后。我们以前经常聚在一起看乌拉圭甲级联赛，或者一起搞烧烤派对。我们没办法搞到正宗的乌拉圭牛排，所以我们想办法从一个巴西人那里搞到了一些巴西牛排。这位巴西人叫作乌戈·阿尔维斯·维拉曼，他在格罗宁根已经很多年了。他当时已经开始在当地的一间足球学校当教练，他是另一位对待我和索菲非常亲近的人，他总是在我们需要与俱乐部谈判的时候为我们当翻译。

布鲁诺告诉了我关于格罗宁根俱乐部的一切。这是一支处于联赛中游的球队，去年，他们在时隔14年后第一次得到了参加欧洲级别比赛的资格，所以这个赛季他们想要在欧洲赛场上让所有人认识这家俱乐部。他们新近落成的令人印象深刻的足球场可以容纳2.2万人，而且他们拥有良好的财政情况，所以我可以不用担心被欠薪。我们很幸运当时有乌戈和布鲁诺陪在我们身边，他们让一切都变得简单了许多。我们3个人的家庭经常会一起聚会。他们两个人以及他们的家人不管在场上还是场下都让我和索菲受益良多。他们对待我们的态度非常不可思议，特别是当时我和索菲还是两个什么都不懂的毛头小孩。他们根本不可能预知我会有一个美好的前程；他们对我的支持是毫无私心的。

在我来到荷兰后，布鲁诺正好处于养伤阶段。当索菲问他是不是一队球员的时候，他说是的，那时候我和索菲都觉得我们遇到了巨星——天哪，我们竟然碰到了一个格罗宁根队一队的球员！所有的一切都像是一场探险。

正如每一位善良的乌拉圭人一样，布鲁诺挚爱他的马黛茶。在我十八九岁还在乌拉圭的时候，我就会和我的爸爸或者队友们时不时地一起喝马黛茶。但是自从我离开了乌拉圭后，我变得比任何时候都要像乌拉圭人。其实要解释马黛茶到底是什么有点儿困难。我一直跟我利物浦的朋友们说，马黛茶类似于更苦的绿茶，你用滚烫的热水冲泡它，然后用一根金属吸管去喝它。如果你碰巧看到一群乌拉圭人，你应该能看到他们其中一个人会带着一大瓶热水，然后在往一个小杯子里倒热水，接着他会用吸管去喝杯子里的液体，最后他会把杯子传递给他的朋友们。我和布鲁诺一起享用了特别多的马黛茶。在认识布鲁诺之前，我不是很了解什么是 "cebar el mate" ①。我甚至不知道该怎么烧热水。我从布鲁诺那里学到了很多东西。

我刚到荷兰那一年，他 27 岁，我记得他鼓着腮帮子有点儿无奈地跟我说："我的职业生涯没剩下多少年了。"我当时想的是，我离他这个年纪还得有多少年啊，而现在，27 岁的我正在向你们讲述我的故事。

在离开乌拉圭后变得更像乌拉圭人的行为也展现为像举行宗教仪式般观看我钟爱的民族队比赛以及乌拉圭甲级联赛。起初我总是说："对了，在 8 点我需要看乌拉圭联赛，千万不要打扰我。"但是逐渐地，我开始对没法看全所有比赛这件事情习以为常，到最后，我变得只需要查一下比赛结果就满足了。一点一点，你与故乡的联系渐渐消失。从某种角度来说，这很令人伤感，你的一部分逐渐从你身体里流失，然而这是无法避免的。

乌拉圭国脚塞巴斯蒂安·科茨刚来到利物浦的时候，他也会说："哦，不行，8 点钟我要看乌拉圭联赛，我不能干其他的事情。"而我则会跟他说："这份热情持续不了多久。"我非常明白他的想法，因为我也经历过一样的心路历程。

我至今仍旧和布鲁诺保持着联系。他在我生命中扮演了非常重要的

①　Cebar el mate 是准备马黛茶的工序，包括填充茶叶、给水加热、冲泡茶叶等步骤。

角色。他现在已经回到了自己的家乡塞罗拉尔戈省，他还在踢球，但是在那之前他和我一起去了阿贾克斯。我在 2007 年 8 月转会去了阿贾克斯，布鲁诺在 2008 年 1 月也来到了阿贾克斯。阿贾克斯在签他之前曾经来向我征求过意见，当然我会为他说好话，告诉他们布鲁诺在格罗宁根为我们提供了多少帮助。不仅仅是他帮助了我们，他的家人也帮助了我们。

我们还在国家队做过队友。我不会将布鲁诺进入国家队这件事算作我的功劳，但是当他们问我布鲁诺怎么样的时候，我说他是一位非常棒的球员，听了我的话之后，国家队教练奥斯卡·塔巴雷斯去考察了布鲁诺的情况，随后就将他召入了乌拉圭国家队。布鲁诺感谢我的举荐，但是跟他在荷兰为我们一家人做的事比起来，我的这点帮助根本是微不足道的。当时他才刚刚认识我们没多久，然而他为我们提供的帮助是我这辈子都没有想象过的。

在我加入利物浦以后，布鲁诺在荷兰经历了一次艰难的肩部手术，那次手术的结果很糟糕。他说他"从天堂瞬间跌入地狱"，那次手术的结果就是那么糟糕。他现在可以很坦然地拿这件事开各种玩笑，但是那个时候情况非常紧急。他的伤口受到了感染，而且由于其复杂性，他处于非常危险的境地。

布鲁诺和其他我在足球圈里交到的好朋友一样，非常了解我的性格。如果我对他说："你看到我打进的那个球了吗？"他的反应会是："冷静点，小子，我还清楚地记得你第一个礼拜到荷兰时的样子呢。"他一直保持着给我发短信的习惯，他有时候会在短信里说："那个任意球，你应该多加点儿旋转。"他也告诉了我很多关于乌拉圭的事情，因为我很早就离开了萨尔托，我的认知只限于蒙得维的亚，而他则生活在塞罗拉尔戈，那里属于乡间。所以我和索菲学到了很多关于首都以外地区人民的文化和生活习惯。

在现代足球世界中很难交到真正知心的朋友，但是布鲁诺绝对是我人生途中遇到的一位知己。他现在仍旧像对待当年那个刚到格罗宁根懵懂无知的年轻小子一样对待我。我喜欢他这样的态度。我非常珍惜我们的友谊。

荷兰的足球水平非常出色。他们的球赛非常精彩，球场非常规整。我逐渐在场上找到了自己，特别是在我与主教练之间爆发了一次争执之后。那是2006年9月的时候。我们在欧联杯资格赛中与贝尔格莱德游击队狭路相逢，我们在第一回合的比赛中2∶4落败。我在比赛最后15分钟时替补出场，并且打进了一个球。在第二回合的比赛中，我首发出场，但是比分长时间定格在0∶0，扬斯在下半场进行到快一半的时候将我换下了场。我们马上要被淘汰了。我下场时带着很强烈的情绪。我不喜欢被换下场，而且那时的大雨对缓解情绪毫无益处。当时我还没有完全习惯荷兰的足球文化，比如下场时你必须得和球队教练握手。我做了一个手势，像是在说："我没法在这种情况下和你握手。"由于愤怒，我大力地在空中挥舞着双臂。看到我对他如此不尊重，扬斯非常恼怒地将雨伞扔到了地上，雨伞应声而断。

所以，0∶0都是我的错，雨伞断了也是我的错，可能下雨也是我的错。

那次与教练争执让所有人都觉得沮丧，但是我并没有等待太久就迎来了自己的救赎。在那次意外发生一周后，我们在与阿纳姆维特斯的比赛中，首先以1∶0领先，之后他们成功逆转将比分改写为1∶3。然后我们铆足了劲将比分追赶至2∶3，接着在第八十二分钟的时候，我为球队赢得了一个点球。我成功将球送入球网，将比分改写为3∶3平，这时比赛还剩下1分钟，我的点球看来成功将球队从失败的边缘拉了回来，得到了宝贵的1分。但是，故事还没有结束。在伤停补时阶段，从右边路来了一次传中，这次传中朝着禁区内站在后点的我袭来。我用右脚将球控制住，并把对方后卫和门将都引向了错误的方向，随后我用左脚将皮球送入了球门，这是一粒赢得比赛的进球，整个球场为之疯狂。

格罗宁根有一个传统，那就是只要你赢球了，你就得绕着球场向所有观众鼓掌致意。这场比赛我们是主场作战，而这也是我来到荷兰2个月来表现最出色的一场比赛。当时，在球迷的疯狂庆祝和摄像机的注视下，扬斯来到了我的身边将他的雨伞给了我。每一个人都知道上个礼拜我和扬斯之间发生的事情，因为他们谈论这件事情谈论了整整一个礼拜，这场比赛之前，他们还一直在炒作这件事。而此时，我开心地蹦跳着完成了绕场一周的致意，手里拿着教练的伞，咧着嘴开心地笑着。

　　比赛结束后，俱乐部为我们提供了晚餐，而那几个说服俱乐部和我签约的总监对布鲁诺说，他们本来对我能不能在格罗宁根成功觉得提心吊胆，但是现在他们很放心，看起来他们在我身上做出的投资是非常值得的。他们冒着巨大的风险与我签约，然而现在一切都值回票价了。如果你还记得的话，他们在乌拉圭只看我踢了一场球。那次"雨伞危机"改变了一切。我的出场时间变得越来越多，每一个人看起来都为我们高兴，而我和索菲也为自己的新生活感到高兴。那些身体状态差，或是差点被球队开除的老日子已经被我远远抛在身后了。格罗宁根的球迷们给予我的热情态度无与伦比，而我则用令他们开心的事情回报他们的热情。

　　在场下，我开始学习荷兰语，盼望着能够更好地融入荷兰足球文化。而在赛场上，我必须学会一件对我来说非常陌生的事情——在我被对方球员碰到后，不可以马上倒地。

　　乌拉圭足球文化与荷兰的很不同。在乌拉圭，如果他们碰到了我，我立刻就倒下是很正常的现象，每一个人都接受这种事情。他们都明白我肯定会这么做。刚到荷兰那段时间，我会因为这么做得到不该被判罚的点球。但是随着时间的推移，我逐渐连应该是点球的判罚都得不到了。在我去英格兰之后，情况也是如此。我不是为了得到倾向于我的判罚而选择"跳水"①，而是只要我感到被碰了一下，我就会摔倒在地。我

---

　　① 假摔，由于动作相似性又被人们称为"跳水"。

试着去适应不要太容易倒地，而这份适应在我去了英超后仍在继续。我必须得去适应：我的教练甚至让布鲁诺转告我，绝对不可以"跳水"，也不能经常顶撞裁判。我在荷兰是异类，我的行为与他们的做法完全不同。

我学习荷兰语是为了在训练课上可以与人交流，同时也是因为荷兰人会很感激你愿意花精力去学习他们的语言。我还会用荷兰语接受访问。不管我的荷兰语水平是高还是低，对他们来说最重要的是我愿意尝试。我可能应该像在荷兰的大多数外国人那样去学英语，至少在大城市是这样的。学习英语可能在我将来在英国面对几个特定的情况时也会有帮助。但是我选择了荷兰语，而且，现在一些来自荷兰的朋友起初都不敢相信我竟然会说他们的语言，让他们吃惊的感觉真不赖。

荷兰语课程花了一段时间才开始显示其影响，我一开始真的是一句荷兰语都不会说。罗恩有时候会让布鲁诺转达关于我的事情，随后布鲁诺会翻译给我听。我记得有一场比赛，我的表现很糟糕，然后在中场休息时，我的教练对我抱怨了几句踢得真烂这样的话，我回了他一句 "Si, la concha de tu madre" [1]。这句话在西班牙语中是非常粗暴的一句脏话，这句话是用来辱骂别人母亲的。

扬斯听到后，用完美的西班牙语回了我一句："不，不是我的母亲，是你的母亲。"

从那一刻起，我们都感觉到语言造成的障碍开始逐渐崩塌了。

我当时在场上的搭档是埃里克·内夫兰，他后来转会到了富勒姆，他的帮助让我获益良多。这名挪威前锋当时是格罗宁根的首席巨星，但是他在赛场上永不间断地帮助我；同样在场上不惜代价帮助我的还有我之后在利物浦的队友斯蒂文·杰拉德。

---

① La concha de tu madre 是南美洲一句辱骂他人的用语，concha 本意为贝壳、壳，在此处代指女性性器官。

我也要感谢格罗宁根将我带到了国际舞台上，因为它让乌拉圭国家队教练组的"雷达"探知到了我的存在，他们在 2 月（2007 年）将我征召进了国家队。我简直不敢相信这个机会。当我搬到格罗宁根之后，我觉得我肯定会被乌拉圭人民忘记。我也肯定得不到国家队的征召，因为我觉得乌拉圭国内应该没人知道我所在的俱乐部。当时，在我听到格罗宁根对我感兴趣的时候，我做的第一件事情就是回家和我弟弟一起打开 PlayStation①，在 FIFA 游戏中查找这个俱乐部都有些什么球员，事实是，我和弟弟对格罗宁根队中的球员名字闻所未闻。如果你在乌拉圭提到荷兰足球，他们只能说得出阿贾克斯、费耶诺德以及埃因霍温这3 家俱乐部的名字。而其他俱乐部对他们来说简直是天方夜谭一般的存在，他们甚至不知道阿尔克马尔和特温特，这两支球队可都拿过荷甲冠军。格罗宁根对我来说，就是那个闻所未闻的球队，就像 NAC 布雷达、罗达 JC，或者是 RKC 瓦尔维克这种球队一样——我连它们的名字都不会念，更不要说知道这些俱乐部的背景资料了。

我都没听过格罗宁根足球俱乐部的名字，我想国家队的技术人员们也肯定没听过这支球队。但是我错了。我在互联网上看到关于我的文章："路易斯·苏亚雷斯为格罗宁根打进了关键进球。"然后我想："好吧，如果我能在网络上看到这篇文章，在乌拉圭肯定也有人看得到这条新闻。"19 岁的我在格罗宁根认真踢着球，同年还被国家队征召。我的国家队首秀上，我在第八十五分钟的时候累积两张黄牌被罚下场，第二张黄牌是因为与裁判争执。那是一场与哥伦比亚队的客场友谊赛，比赛过程中，我一直在向裁判表达我对他某些判罚的不满，终于在比赛进行到第八十五分钟时，当值主裁判豪尔赫·埃尔南·奥约斯对我失去了耐心。塔巴雷斯对这件事很不满意，但是我仍旧完成了我的国家队首秀，

---

① PlayStation，是日本 Sony（索尼）旗下的索尼电脑娱乐（SCEI）家用电视游戏机，现已成为最出名的家游产品之一。

而格罗宁根在这之中扮演了重要的角色。

俱乐部对我感到很满意，而我也想报答他们的知遇之恩。我一般不会许下这个赛季要打进多少多少球的诺言，然而当俱乐部在球场中央在看台上众多球迷的注视下与我签订合约之时，俱乐部主席问我第一个赛季想打进多少个球，那个时候我还只是个毛头小子，那是我第一次转会，而且我还是众人瞩目的焦点，我能说些什么呢？我在脑子里粗略计算了一下，然后说："15个球吧……"但是我马上就试着用一个仓促的笑话把自己从圈套里解救了出来："15个球，但是期限是5年。哈哈哈！"

令人不可置信的是，赛季结束时我真的兑现了自己的承诺。我在常规赛中打进了12个球，然后我们的排名让我们进入了争夺下赛季欧冠资格的资格赛中，这意味着我们还有两场比赛要踢。我在资格赛的半决赛中又打进了2个球，接着我在决赛中又收获了1个进球。加起来，我总共打进了15个球。

我的表现是如此出色，以至于荷兰国内最大的俱乐部注意到了我，并且认为他们需要的前锋就是我这样的。当然了，一般在这种情况下，你对自己的俱乐部还是抱有忠诚感的，但是在更高的层面，你也必须忠于你自己的职业规划。所以，当阿贾克斯为我提出报价的时候，我没有办法放弃这样的机会。

从格罗宁根到阿贾克斯的转会非常困难。我做出了巨大的努力才得以离开。格罗宁根当年用140万欧元买下了我，而阿贾克斯对我的报价是500万欧元。我的收入将会比在格罗宁根的时候增加差不多6倍——当然，那个时候我已经搞明白了净收入和总收入的区别。

在荷兰有这样的一个条例，如果有一家大俱乐部取得了欧冠资格，而且将给予你比现在所得多两倍的薪酬的话，那么你现在所在的俱乐部必须得接受这份交易，将你出售给对方。阿贾克斯将支付给格罗宁根差不多3倍的价格。理论上，格罗宁根必须得让我离开，但是他们想将这件事情上诉到仲裁法庭去。我的经纪人告诉我："他们不想出售你，他们想要以智取胜。"

所以我必须得去法庭，然后听我的律师陈述这个案件的经过。这一切的问题都源自于阿贾克斯还没有成功拿到欧冠资格。

扬斯对我说："路易斯，他们不想出售你，但是我会试着帮助你。"

我告诉他，能够让荷兰最大的俱乐部对我青睐有加是千载难逢的一次机会，我不想错过这样的机会。我想，他完全明白我的意思。

"是的，我明白。但是那些总监们，他们不想让你离开。"

仲裁法庭的判决需要等待5天。与此同时，我还得照常参加训练。你应该可以想象得到球迷们会对我说些什么。那天早晨，俱乐部对我说，你的官司已经输掉了。那时我还有两个训练课要参加，但是我觉得我动弹不得，我的思绪已经飘到八千里外去了。

"路易斯，你还想不想训练？"扬斯问我。

我告诉他，不，在得到这样的消息之后，我根本无心训练。我感觉我什么事都不想做。我感觉我正在一点一点地沉沦。我只想回家，然后大哭一场。我实在无法相信俱乐部会对我做出这样的事情。

这时，俱乐部的技术总监亨克·费尔德梅特告诉我："回家去吧，你不用担心，我会帮你解决这件事情的，然后你会被允许离开这里。"

我在中午回了家，然后在当天下午5点的时候，我的经纪人丰塞卡给我打来了电话："路易斯，一切都解决了——他们愿意以750万欧元的价格将你出售。你必须得准备搬家去阿姆斯特丹了。"

然后我接到了来自格罗宁根某位总监的电话，电话里说："路易斯，恭喜你，你马上要转会去阿贾克斯了。谢谢你为我们做的一切。"

他们其实只是想让阿贾克斯的报价变得更高而已，而现在他们的愿望实现了。

在荷兰，任何时候只要有球员离队，他们都会为这名球员举办一场特殊的告别赛，让球迷们可以有机会和球员说再见。当然，"再见"并不是他们真正想对我说的话。他们朝我大声叫喊着"huurling"（财迷），他们指责我纯粹是为了金钱才离开的。

在 2008 年 4 月，我在荷甲的第二个赛季，那次我代表阿贾克斯回到格罗宁根踢比赛的时候，球迷们对我的憎恨情绪仍未消退。格罗宁根支持者们有组织地穿上了"反苏亚雷斯"的 T 恤，然后不停地朝我喊着"huurling"。赛场处处可见印有我和金钱符号的横幅和旗帜。

布鲁诺在 4 月的时候也离开了格罗宁根加入了阿贾克斯，他对我说："咳，别提过程有多艰难了。"

在格罗宁根的主场，球队大巴一般会在球场主入口处让球员下车，然后让球员们从主入口处步行进入球场，到达更衣室。但是这一次，他们必须得将巴士停在内场的外围，否则的话，我们可能就是竖着下车，横着进更衣室了。

在我们热身的时候，球迷们不停辱骂我，到处都有侮辱我的横幅。当我们从球员通道里跑出来准备开球的时候，一群人突然开始向球场内发起冲击，人们开始疯狂地涌入球场，因为看台上着火了。当时很多纸张被到处抛撒，还有人点燃了烟花，有一些纸张碰触到了烟花，接着就被点着了。很快，塑料座椅也开始着火。看台上不断冒起黑色的烟雾，人们受到了惊吓，恐惧感弥漫着整个球场。20 个人受了伤。我们得迅速回到更衣室，而且看起来有些格罗宁根支持者们的想法和我们不谋而合。

通往更衣室的走廊里站满了沮丧的格罗宁根球迷，他们对我叫喊着："路易斯，你为什么一定要离开？"然后，他们开始拜托我与他们合影留念，并给他们签名。他们上一秒还在球场里放火并且辱骂我呢，转瞬间他们就开始祝福我好运，然后向我讨要纪念品了。这件事情差不多总结了广大球迷们的激情——上一秒心中还怀有如此澎湃的愤怒之情，却可以在下一秒瞬间转变情绪。

索菲和她的爸爸也一起到现场看了这场球，他们无法相信眼前的景象。最后，这场比赛被推迟到了 4 天后。我进球了，但是我没有庆祝。

我在之后与格罗宁根相遇的三四场比赛中都打入了进球。当我在阿贾克斯主场进球时，我会庆祝，但是仍旧是用很克制的方式庆祝。格罗宁根球迷在我刚到荷兰时对我的支持我是永远不会忘记的，而且我永远感激他们将我带到了欧洲。

球迷们对我的感情在赛季末尾时逐渐改变了，我也预料到了这种改变。当我刚到俱乐部的时候，我得回乌拉圭去签署一些书面文件。索菲被独自一人留在了我们位于格罗宁根的公寓里。她不知道自己可以干些什么，所以她就去买了一些空白相册和最新的报纸，她想要做一本剪贴簿，里面会贴满照片和我的比赛记录。我们在格罗宁根期间，她一直坚持往剪贴簿里添加东西。我觉得她从一开始就记录下这些东西是很明智的，因为在我们将要离开格罗宁根之前的那段时间里，媒体上关于我的故事并不是很友善。

在格罗宁根的市中心有一座看起来像一只鸡一样的巨大雕塑。当我们刚到没多久的时候，我曾经跟索菲开玩笑说，他们总有一天会将我的雕像放在这个位置，用来取代那只鸡。当然啦，事情没有朝着这个方向发展。取而代之的是，他们烧了我的球衣。然而，我还是告别了我职业生涯中一个重要的里程碑——我在欧洲的第一家俱乐部，我为了能够离我的一生挚爱更近而加入的俱乐部。在我还是个毛头小子的时候，两件事拯救了我：足球和索菲亚·巴尔比（即索菲）。2007年，我们启程前往阿姆斯特丹，在那里我们将会正式开始我们俩的婚姻生活，我们还会迎来我们的第一个孩子；也是在那里，我成长为欧洲足球界最棒的球队之一阿贾克斯队的队长。

但是有一天，在训练的时候，他把我喊到了场边，然后告诉我他想让我成为队长。他从我的反应看出来，我从各个方面来说都不惧怕承担这份责任，然后在一次季前友谊赛之后，他向全队宣布，这个赛季阿贾克斯的新任队长将会是我——路易斯·苏亚雷斯。

第 2 章　荷兰学院

"不不不，你疯了吗，路易斯？千万不要再提那件事了。在荷兰，没有人做这样的事情。"

那是临近 2009—2010 赛季末尾的时候——也是我在阿贾克斯的最后一个完整的赛季——那时如果我们赢下了自己的最后一场比赛而特温特输掉了他们的比赛的话，我们就会成为荷甲冠军。而我忽然想到，我们为什么不能给特温特的对手提供一笔"奖金"呢？

这只是一个想法而已，并没有真的付诸实施，而且我也没有建议贿赂别人去输球，因为这么做才是真的诈骗。这只是为我们联赛冠军头衔的竞争对手的对手提供一点儿鼓励而已。但是我提出自己的想法后遭到了强烈的反对。荷兰人和乌拉圭人的想法完全不同，我马上就摒弃了这个想法。

特温特最后一场比赛的对手是 NAC 布雷达，他们赢下了自己的比赛。我们也击败了自己最后一场比赛的对手 NEC 尼美根，而我在那场比赛中梅开二度，这使我在那个赛季的 33 场联赛中打进了 35 个进球。我也在那个赛季为俱乐部打入了第一百个进球。但是，我们连着 3 个赛季与荷甲冠军头衔失之交臂。

我迫切地渴望赢得荷甲冠军头衔。我在阿贾克斯的职业生涯是一段美好的时光。从第一天开始，球迷们就对我无比热情。我和索菲在场下享受着阿姆斯特丹式的生活，而在球场上我唯一缺失的就是赢取冠军头衔。

　　在 2010 年输掉冠军头衔对我来说尤其难以接受，因为时任主教练马丁·约尔对我投入了巨大的信任，他甚至将队长的袖标交给了我，而赢得荷甲冠军将会是对他最大的回报。在马尔科·范巴斯滕离开后，约尔的到来犹如一股新鲜的空气。

　　约尔的执教风格与我在阿贾克斯的第一任教练亨克·滕卡特非常相似。如果时间可以倒流的话，我特别希望滕卡特可以多待上一段时间，但是当我加入阿贾克斯还不到一个赛季的时候，滕卡特就决定转投切尔西去做助教了。滕卡特将我带到了阿贾克斯，这意味着他信任我。他来自巴塞罗那，这意味着他的足球理念和我很契合。我在他执教的第一场比赛里就觉得很舒服，并且他也会说西班牙语，这让我在 2007 年刚到俱乐部后的一切事情都变得很容易。我在星期五与阿贾克斯正式签约，但是文件手续之类的工作来不及当场就完成，这使我没赶上周六的荷兰超级杯比赛，但是第二个星期的周二，我们有一场对阵布拉格斯拉夫人的欧冠资格赛，滕卡特毫不犹豫地直接就让我首发出场。我在我的联赛首秀和我的主场首秀上都打入了进球，与滕卡特一见如故的我在阿贾克斯的开端非常美好。

　　阿贾克斯的球迷们从一开始就站在了我的身后支持着我，他们很感激我为了能够加入阿贾克斯而与格罗宁根做出的斗争。在阿贾克斯，我有种回家的感觉。而有一位能与我心灵相通的教练使我收获了良好的开端。我还很快和加布里成为了好朋友，加布里是从巴萨转会过来的，现在我已经正式转会巴萨，我和加布里也将会在巴塞罗那重逢，他现在正在巴萨 B 队做教练。

　　加布里在滕卡特和巴萨的里杰卡尔德的执教下都踢过球，他告诉我这两个教练对球队的要求非常相似。如果滕卡特可以待得长久一些的话，我认为我们的合作将会非常美好，但是 10 月的时候，他收到了来自切尔西的一份合约，邀请他去当阿夫拉姆·格兰特的助理教练，所以他离开了。这真是令人惋惜——我失去了一位与我正在建立良好关系的教练。

阿里·科斯特作为代理教练带领阿贾克斯踢完了赛季剩下的比赛，我们输掉了最后一场比赛，错失联赛冠军头衔。科斯特是一名非常冷静和直接的教练，作为代理教练带领阿贾克斯的这个赛季对科斯特本人来说是一次很好的成长机会，他变得更成熟了。在他的手下，我学到了不少东西，但是在技术上，我并没有感到他给予我很多支持，事实上其他很多教练也给我这样的感觉。

在我加入阿贾克斯的第一个赛季结束后，俱乐部决定雇用一位名气响亮的教练。2008 年 7 月，俱乐部雇用了范巴斯滕。在与范巴斯滕合作的那个赛季里，我在出场的 43 场比赛中打进了 28 个球。这比起我第一个赛季的 42 场比赛的 22 个进球是一个进步，但是我们最终只获得了联赛第三名的位置，而我与范巴斯滕之间始终没有产生那种激烈的化学反应，照理来说他应该是我理想中的那个教练啊。

能够由一名伟大的球员来当你的教练这种想法令人兴奋不已，更不用说这个人是范巴斯滕这位历史上最棒的前锋之一了，我们的第一次会面令人感觉非常棒。他作为教练可以说要求很严格，我很喜欢这样的风格。如果他有任何意见，他会立刻说出来，而且他让所有人从一开始就要集中注意力。但是随着时间的推移，我渐渐发现范巴斯滕执教的方式并不是我喜爱的风格。他在战术上非常僵硬，而我并不能经常融入他想要打造的体系中去。

范巴斯滕特别热衷于组织我们在工作日进行场外集体活动。我是这么看待这件事的，我们是必须得在场上团结一致；但是我们不需要迷恋于在场下还要经常团结在一起。这样的团结，感觉是强加在我们身上的。我感觉他对我们的要求有点儿过分了。

我对他的执教方式并不赞同，他知道我的想法。他也知道我不是更衣室里唯一一个对此抱有反对意见的人——还有其他球员想要在工作日结束后回家陪伴家人，而不是与队友"建立亲密关系"。有一天，范巴斯滕组织我们一起去某个艺术工作室画画儿。这次活动创造出的唯一团结的想法就是："我们在干吗？"至少，我们所有人都这么想。

最近我碰巧在飞机上遇到了我在阿贾克斯时的队友达里奥·茨维塔尼奇，我们谈起了当年范巴斯滕执教的时光以及他要求我们做过的事情，差不多一半的时间里，我们只能无奈地大笑。那是一段不可思议的经历。

在范巴斯滕组织的"艺术课"上，我们会被随机给予一些单词，然后我们必须得将我们脑海中的第一想法用画画儿的方式表达出来。我们之中有5到6个人内心无比纠结地想要找到属于我们自己的精神凡·高。对我来说，这种风格的荷兰大师完全不适合我，我根本理解不了他的方式。

那个赛季我们没有拿到冠军，但是范巴斯滕仍旧坚信，组织我们在场下进行团体活动可以在场上创出和谐的团体氛围。我记得那一年，离赛季结束还剩下3个星期，阿尔克马尔已经赢得了2008—2009赛季的荷甲冠军头衔。这时，范巴斯滕竟然组织我们去球场外做寻宝游戏……是的，你没看错，就是寻宝游戏。

我的小队里一共有5个人，我们全都挤进了一辆狭小的雪铁龙2CV里，然后茫然地在阿姆斯特丹街头到处开车转悠寻找那些带"魔法"的神秘线索。与此同时，在35公里外，阿尔克马尔正在庆祝自己的冠军头衔。与这样的情况形成了鲜明的对比的是：他们在狂欢庆祝，我们开着小车在瞎转悠。

我与丹尼斯·博格坎普之间的关系要好得多。他时不时地会以助教的身份来到训练场，他有时候会加入我们的传球训练。与他一起训练，哪怕只是看着他训练都令人觉得吃惊。可以说我是看着博格坎普踢球长大的，他在阿森纳的时候是如此优秀的一名球员。我仍旧记得他在1998年对阵阿根廷时打入的那粒进球，那是我一生中最爱的一粒进球：他将一记长传球控制在脚下，带球突进，成功骗过罗伯托·阿亚拉，内切进入禁区，然后完美的一次触球，博格坎普打入了淘汰阿根廷的制胜球。

作为一名当年只有20岁或者21岁的小球员，能够与他这样的人一起训练实在是太超出想象范围了。弗兰克·德波尔有时候也会来一起参加训练，当他们拿出球开始玩起来的时候，我感觉周围的一切都进入了另一个时空。我看得出来他们这群人与我的等级完全不一样。范巴斯滕同样球技高超，当年刚执教阿贾克斯的时候，他也会参加到网式足球的训练中来。但是他给人的感觉不一样，他的行为举止并没有那种平易近人的气质。随着时间的推进，我和他之间的关系逐渐恶化，而且，奇怪的是，我进的球越多，我们的关系就变得越糟糕。

最终有人跟我说了范巴斯滕讨厌我的潜在原因，因为我马上就要打破他创下的某个进球纪录了。我记得在我马上就要打破他创造的阿贾克斯欧联杯进球纪录时，他将我排除在了那场欧联杯比赛的大名单之外。有可能这并不是他不喜欢我的原因，但是我确实一直在思考这件事是不是真的只是一个巧合。球迷们非常爱我，而我也尽职地做着自己的本职工作——进球。但是范巴斯滕总是盯着他觉得我做得不够好的地方。我们其实从来没有发生过激烈的争执，我只是一直都不能够理解他对待我的态度，而且我们俩之间无法发生化学反应。

或许是因为我不是一个典型的阿贾克斯式球员，我没有温良恭谦的脾气？那一年我拿了很多张黄牌，而范巴斯滕对于这件事感到很不愉快。可能只是因为我们两个人个性不合？又或者是他不喜欢我在场上踢球的方式？他喜欢那种干净整洁有条理的足球，技术与智慧并存的比赛方式。而我是那种会朝着对手发起进攻的球员，我会想要过掉每一个对手，我喜欢昂首挺胸，我永不退缩，我会一直向前进。

我从来都没有和他好好交谈过，所以我一直都没有找到过这一切事情背后的真正原因。

我跟俱乐部的几个总监谈了话，他们告诉我范巴斯滕对我的安排，有证据表明，他想要将我出售，这让我感觉很受伤。

我只知道，与范巴斯滕相处的那段日子里，我可能失去了一次很好的机会。我其实非常希望他可以帮助我成为一名更好的球员。如果你是一个前锋，而马尔科·范巴斯滕告诉你应该干些什么，你肯定会听他的。你会做一切他让你做的事情。他知道，我会很乐意从他那里学东西并且和他发展出良好的关系，但是显然，他另有想法。在范巴斯滕离开之后，我的生活才开始逐渐回到正轨。

有的时候，适应新联赛所带来的各种磨难被夸大了。至少对我来说，我的经历没那么困难。从某种程度上来说，我在宏伟的阿姆斯特丹球场里踢球的方式和我在蒙得维的亚街道上踢野球的方式没什么区别。但是，如果你想要持续进步成为更好的球员的话，这两者之间还是有不少区别的，要想在阿姆斯特丹球场踢出好球，你得认真学习。举例来说，我在阿贾克斯的时候学会了如何更有效地进行场下训练，而在球场上，我也学会了掌握秩序。我学会了如何变得更聪明；我会开始在比赛的时候思考。在乌拉圭，一般的训练时间是两个半小时，而我们会花30分钟的时间用来跑步。在我加入格罗宁根之后，我发现他们会将不同的项目组成1个小时或者75分钟的训练课。加入阿贾克斯后，我发现他们的训练课更条理分明。

在阿贾克斯，我学到了你必须在训练时表现良好，但是"表现良好"不单单是指身体上的勤奋努力，展现你的智慧同样非常重要。而且，除了训练之外，比赛本身才是最重要的事情。通过学习，我理解了我得在踢球的时候更有条理。在我刚到荷兰时，我会在场上不停歇地到处乱跑直到比赛结束。如果我觉得我想要向前场推进了，我就会开始向对方施压。如果有必要的话，我甚至会一个人去追着球跑。随着时间的推移，我学会了冷静一点儿，控制一下自己，我学会了如何成为一名团体成员。技战术上，我进步了许多。

格罗宁根的教练们经常会对我说："不要，不要，路易斯，你别动，先让埃里克压上。"我学会了等待合适的时机。你一般会听到中场球员大喊一声："就是现在！"然后你就会压上。中场球员一般是场上的指挥官，他们会给你指令，而你要遵从他们。单单靠你一个人单打独斗没啥效果，你最多只能让自己精疲力尽却毫无收获。事实上，你需要与球队所有人合作，调整你的移动步伐，等到适合的时机才出击。

我更偏爱朝前跑而不是朝后跑。克拉斯·扬·亨特拉尔在当时是阿贾克斯的9号，所以我那个时候一般会出现在他左边或者是右边的边锋位置。在阿贾克斯的4-3-3系统中，两个边翼的边锋必须得在对手的边后卫压上时跟紧对方，也就是说边锋必须要协助球队回防。如果对方的边后卫在一场比赛里压上7次的话，我可能只会回防1次。我曾经跟教练说，我没有办法老是回防，因为如果我总是上上下下跑动回防的话，在进攻上我可能就没有那么多力气了。时不时地，我的这种态度会制造问题，而对范巴斯滕来说，这是个大问题，但是有时候我们会达成妥协。有一些教练组成员到最后甚至跟我说："路易斯，别去盯防他们的前锋了，你就站在前场，节省你的体力，然后确保你能把握住自己的机会。"但是，我仍然学会了如何在各种时刻做出对球队最有帮助的决定。

荷兰的训练方式非常适合我。你看那些在荷兰踢球的小孩子们，一切都是围绕着球。他们总是以球为基础展开训练。如果你去乌拉圭的少儿足球学校参观的话，你会发现他们做的第一件事情是让孩子们去跑步。他们会让7岁大的孩子先去绕场跑3圈，等他们跑完以后，才会在很多孩子中间丢上一个球。所以，你会看到荷兰拥有的技术型球员要比乌拉圭多得多。相反的是，我们出产的球员大多数都是那种扫荡型的，不要命的类型。如果，在你 7 岁的时候，你每天去训练做的第一件事情就是跑步的话，那么要想开发出极高的脚下技术是很不容易的。

我也注意到了荷兰赛季前准备阶段的不同之处。在乌拉圭，赛季前的准备阶段通常都持续差不多一个月，而其中有差不多 20 天的时间，你会被安排去沙滩上跑步，你的肩膀上会绑上沙包，又或者在高大的沙丘上来来回回不停地跑着直到你的腿变得像树干一样强壮。有的时候，我们会在比赛前一天仍然进行长时间的跑步训练，而那时我的想法是："我今天跑那么长时间的话，明天我怎么可能还有力气踢比赛呢？"

但是，现实就是如此，乌拉圭的季前赛准备阶段大致上就是 20 天的跑步以及力量训练。

在这一点上，我必须得坦白承认我不是最好的学员。马里奥·雷波由，乌拉圭国家队的 2 号队员，给我起了个绰号叫"生气鬼"（"Gruñón"，来源是 7 个小矮人里的"爱生气"），而这个名字就一直传了下来。我经常会抱怨："什么？我们必须要去跑步？"但是我仍旧会乖乖去跑步。又或者我们被告知要做 30 组力量训练，我同样也是那个大声抱怨的："什么？！要做 30 组？！"但是，我还是会乖乖完成这 30 组训练。

直到今天，我仍旧是那个生气鬼，但是没人会说："看他呀，在耍大牌呢。"因为我一直喜欢抱怨。我所有的教练都能为我做证。

在阿贾克斯，我发现了令我感到最舒适的训练方式：以比赛为目标的训练课程比起我以前所经历的那些冗长无谓的训练课来说更适合我。在荷兰，对于健身房训练的态度比乌拉圭要放松一点儿。我不喜欢被逼迫着去健身房训练。我觉得，作为一名球员，你对自己身体的了解程度肯定是比其他人要高的。在民族队的时候，我经常会说："今天不行，因为昨天我做过这些了。"这句话从来不会让我从健身房的训练中解脱出来。而且你还不能只是在健身房里混日子，因为你的体能教练会无时无刻不盯着你，然后告诉你需要做多少次的重复训练。然而在阿贾克斯，没有人会强迫我去健身房训练。不是说他们不会给你指令，而是他们会引导你，但是同样他们会给予你充分的信任，让你自己去做出判断，让你选择对自己最好的方式。这对我来说是一个新鲜的经历。

在阿贾克斯，球才是最重要的——球，以及怎么传好球。你不仅要学会传球，你还要学会带球和射门，这正是我一贯的态度。在这里，你传球是因为他们说："传球才是正确的选择。"这是阿贾克斯足球哲学的中心思想。起初，融入这样的体系对我来说有点儿困难。我喜欢与人抢夺控球权，拿到球转身然后射门。这是我喜爱的方式。但是在阿贾克斯，我和体系都得互相适应。他们开始逐渐习惯我的方式，而我也必须改变自己做出让步去适应体系。

我经常会留下来补习我的弱项：我的左脚，我的跳跃，我的射门。我现在仍旧会独自留下来练习。我想要一直进步。其实，我完全可以在来到荷兰后抱有这样的想法："我已经进了那么多球了，我只需要继续做这些事情就好了。"但是我从来不喜欢止步不前或者回首往事。我看到过很多自认为已经到达顶峰的球员，其实他们只是错误地评估了自己的情况——很多时候，他们的这种想法是由于在很年轻的时候就得到了一笔不小的收入而激发出来的。我甚至在乌拉圭民族队看到过这样的情况。有些球员，在十六七岁的年纪就在金钱的诱惑下丧失了判断能力，因为他们突然在成年队赚到了很多的钱。三四年后，那些稳步上升的球员开始逐渐挣得越来越多，而那些当年被突然加薪的年轻人们却去了低一级的联赛踢球。也许是突如其来的幸福冲昏了他们的头脑。

我看到过那些进入民族队一队的球员们会在赚了钱之后就去买车——当然这车肯定不能和阿贾克斯的成功球员所买的大车相提并论，但是小车也是车。

我曾经对他们说："啊，我看到你买了一辆车啊！"

那名球员回答："是的是的，我买了一辆车。"

"那么，这辆车带洗手间吗？"

对我来说，有地方住才是我的首要目标。一旦你有了住的地方，那时你才可以考虑买车。

当然，很多在阿贾克斯的小孩们既有车又有带洗手间的房子。在许多与我年龄相仿的球员里，他们的爸爸会给他们买任何他们想要的东西。这种情况和我在乌拉圭的成长环境有着天壤之别。我从来没有机会跟我的父母说："你能帮我买这个吗？"即使我说了这样的话，我也不会期待他们能够为我实现。我甚至买不起一双足球鞋，更不用说买车了。虽然在那个时候，我的成长环境看起来是一个大问题，但是这可能也是一件好事情。或许正是这样的环境帮助我取得了成功。如果我爸爸总是在场下为我买任何我想要的东西的话，我为什么还需要在场上拼命跑到快要吐出来了呢？有些球员在场上没有拼尽全力是因为他们很容易就可以得到他们想要的一切。

我所说的不仅仅是荷兰的情况。荷兰只是我个人的例子，因为我曾经在荷兰踢球，但是我想象中其他地方应该也是一样的。饥饿感会带来动力，而如果你因为被宠坏而没有这种饥饿感的话，你场上的表现就可以告诉我们一切了。那种想取得成功的饥饿感促使我在对手之前追到一粒无人盯住的球。即使是现在，我仍旧无法接受在比赛中浪费一秒钟的时间。如果在第八十九分钟的时候，球即将要出界并且造成一次界外球机会的时候，我会选择去追逐那个球让它不能滚出界。这是我看待足球的方式，而这也使我很难接受有些球员会放弃追逐一些我认为他们能够追得到的球。我的内心深处有强烈的欲望，而我很享受这些欲望带来的"折磨"。当马丁·约尔代替范巴斯滕出任球队教练之时，我终于感觉到我拥有了一位与我在同一波段上的教练了。

我在欧洲的时光里，有一件事情曾经让我感到很困扰，那就是欧洲人的轻松态度，我觉得这种态度对争取胜利并没有益处。我在教练们的身上也看到了这样的态度。在格罗宁根，我记得有一次我们 0：5 输给了乌德勒支队。但是那天，有一名青年队调上来的中后卫在比赛剩下25 分钟的时候替补出场完成了自己的一队首秀。在比赛结束后，我们的教练说："虽然我们输掉了比赛，但是我们必须得向成功在一队出场的青年队球员表示祝贺。"

首先我得指出，这名完成自己一队首秀的"年轻球员"已经 23 岁了。其次，我们可是输了 5 个球啊。但是，他们对待这件事的态度是，他很年轻，他刚完成了首秀，现在我们为他庆祝吧。我当时只有 19 岁，我感觉自己的内心在咆哮，因为我们刚刚输了个 0∶5。我真的不能够理解这种安详的氛围，以及人们脸上洋溢着的微笑。我实在不明白，抱着这样的态度我们怎么可能赢得任何荣誉。我一直在如何看待比赛的观念方面与别人不同，尤其作为一名前锋，我的观念更不同。

如果其他球员看到他们的前锋在他们身前追逐着对手，为了球队从对手脚下抢夺控球权，不断施压，奋斗努力，为一切事情做搏斗，这样的表现会带动全队一起奋进。作为一名攻击手，你位于球队的第一线；球队里的所有人朝前看的时候都只看到你的身影。作为一名前锋，你要消耗对方防守队员的体力，你要不停地跟着他跑，骚扰他，让他感到疲劳。很多防守队员在遇到这种不停骚扰人的前锋时都会感到非常紧张，在西班牙文里，这种前锋被称为"pesado"，意思是令人汗流浃背的。这样的前锋永不停歇，犹如芒刺在背。你追着后卫跑，你不放弃追逐任何一个球，即使对方后卫是你身高的两倍，你也要与之斗争，你绝对不能让他们有一秒钟喘息的机会——永远不行。这么看来，我觉得我可能是史上最令人汗流浃背的前锋之一了，而这也让后卫们很不舒服。我喜欢这样的情形。这意味着他们会一直绷紧脑中的弦，这也意味着他们很容易紧张。当他们接到球的时候，他们会失去平时的冷静和自信。在整场比赛都在对方半场如入无人之境一般骚扰对方的球员，只会随着比赛的进行变得更强大，而一直遭到骚扰的球员则会开始颤抖然后缩回自己的保护壳里去。

在受到骚扰的情况下，后卫们一直会提心吊胆，并且严密监视着自己周围的情况。许多后卫曾经跟我说过："哥们儿，放轻松点儿，你已经进了两个球了，已经够了吧。"我通常都会这么回答："可以啊，那你从现在开始也不要再踢我的腿了吧。"

我一直想让全体队友都感受到我取胜的强烈欲望并将此作为挑战，我希望我能够感染激励他们，而约尔注意到了这一点。他似乎是第一个看到我特性的教练，并且他会对其他球员们说："跟着他，跟他做一样的事。"他喜欢我踢球的风格，球迷们也很喜欢我的风格，这是他们如此支持我的原因之一。我与他们经常看到的球员完全不同。我看起来和他们一样渴望着取得胜利。约尔拥有和我一样的理念和饥饿感。他看出我是一个必须要取得胜利的人。作为一名教练，他和其他人一样有自己的优点和缺点。有时候，现实不像计划中那样顺利，有时候也会很顺利。但是说到激励球员这件事，他是真正打动我的人。他可能也是第一个这样跟我说的人："作为一名球员，你可以在赛场上跑到你所想到达的最远位置。"在最初几次的训练课上，他看到了我的个性，我训练的方式，以及我踢球的风格。他看到了他心目中阿贾克斯新队长的特质。

曾经的队长托马斯·维尔马伦已经转会去了阿森纳，这让队长的位置空了出来。然后约尔对我说，他喜欢我带着球队前进的方式，他说我有能力坐上队长的位置。做出这个决定并不容易，因为许多人都以为他会把队长袖标交给一个荷兰人，比如说当时的守门员马尔滕·斯特克伦博格，或者扬·威尔通亨，当时他们都是队长人选的有力竞争者。但是有一天，在训练的时候，他把我喊到了场边，然后告诉我他想让我成为队长。他从我的反应看出来，我从各个方面来说都不惧怕承担这份责任，然后在一次季前友谊赛之后，他向全队宣布，2009—2010赛季阿贾克斯的新任队长将会是我——路易斯·苏亚雷斯。

我感到无比自豪。能够代表阿贾克斯踢球已经令我觉得很自豪了，我从来没有想过有一天自己可以佩戴上队长袖标。我从来没有忽视球队的重要性，也没有因为得到队长的位置而突然变得目中无人。我不会因为戴上了队长袖标就改变与队友们交谈的方式，但是这份加在我身上的责任感激励了我。

马丁也在我的个人能力上面帮助我提高不少。真正定义我踢球风格的是我的直觉。曾经在民族队的时候，他们说就算把我的眼睛遮起来，我也能进球——我感知比赛的方式令我能够这样做。马丁知道如何帮助我将这个优点放大。他纠正了我某些错误的踢球方式，然后让我明白该在比赛的某些时间里慢下来。有时候我会尝试在场上做所有的事情，他告诉我必须要冷静下来，因为我的举动快要把对手逼疯了。有些时候，我的队友们需要在比赛中保持冷静，而不是感情用事。但是他也不想让我完全改变我的风格，我的激情是让我成为苏亚雷斯的重要因素。

约尔将传统的 4-3-3 阵型变成了 4-4-2 阵型，这个新阵型更适合我。我成为了顶在前场的单箭头，而这也让球队在任何时刻都能得到他们需要的帮助。随着时间的推移，我学会了在有些时候多思考一秒钟的时间，而不是头脑发热猛冲猛撞，当时我觉得这件事情很难做到，即使是现在我仍然觉得，在有些时候停下来思考一秒钟有点儿困难。但是马丁帮助我学会了这件事情。

伴随队长位置而来的是巨大的责任。在阿贾克斯，每场比赛开始之前，球队的队长都必须向所有队员发表一通激励人心的发言——用荷兰语说。我在学习荷兰语方面持续进步着，但是发表演讲仍旧有点儿困难。不过当上队长的我必须在每场比赛前给全队演讲。我必须得想出能够激励队友们的语句。威尔通亨老是笑我，他说他已经对我每个礼拜的赛前演讲倒背如流了，因为我总是说一样的东西。

但是，很明显我的鼓励有作用。

在 2010 年 5 月，我们赢得了荷兰杯，在第一回合中我们以 2：0 击败了费耶诺德，然后在第二回合我们在费耶诺德的主场以 4：1 完胜了他们。那场比赛中我梅开二度——第一个进球发生在比赛开始后 4 分钟，这个客场进球意味着费耶诺德现在必须要进 4 个球才有翻身的可能性。第二个进球发生在比赛尾声，这意味着我成为了这次杯赛的最佳射手。打进第二个球后，我撩起了我的阿贾克斯球衣展露出穿在里面的民族队队服。一般来说，荷兰杯决赛都会在位于鹿特丹的费耶诺德主场进行，而揭开赛季帷幕的超级杯则一般会在阿姆斯特丹球场进行，但是由于考虑到大量阿贾克斯球迷将会涌入鹿特丹，所以足协决定将比赛分成两个回合，这意味着两边的球迷都将会有机会在主场观看自己球队的比赛。这对我们来说是一个好消息，因为这意味着我们能够击败他们两次。我的赛前演讲，正如威尔通亨说的那样，两次都是一样的语句：我们用心比赛，我们拼尽全力，最重要的是我们要赢得比赛。

打进两个进球，并且以队长的身份在德奎普①球场以及10000名远道而来的阿贾克斯球迷的注视下举起冠军奖杯是很特殊的一件事。这可能是我在阿贾克斯最闪亮的时刻，当然赢得年度最佳球员的投票也是非常棒的一件事，而且赢得最佳球员这件事有点儿让我吃惊，因为阿贾克斯并没有取得荷甲冠军的头衔——我们是第二名，第一名是特温特——而且我是一名外籍球员，这也让这份成就显得更加耀眼。这份奖项是通过每场赛后的记者评分累积而来的。能够得到这个奖项说明我累积了足够多的正面评论，也意味着我的表现在约尔的执教下显得非常稳定。除了没有拿到荷甲冠军以外，他给予我队长袖标的决定被证明是英明的决定。我在所有赛事的48场比赛中打进了49个球，这是我在一个赛季里进球数最多的一次，而且我也正如约尔所想的那样激励着球队前进。

事情看上去正朝着美好的方向前进，然而随之而来的一个赛季是我在荷兰的时光里最糟糕的阶段。

我与巴卡尔的争执发生在我们与埃因霍温比赛的伤停补时阶段，那个时候的比分还是0：0。我的队友拉斯穆斯·林德格伦刚刚因为对伊布拉希姆·阿弗莱犯规而被裁判出示了红牌。当时有好几个球员在互相

———————————

① 德奎普：费耶诺德体育场的别称。

争吵着。巴卡尔踩了我一下，而我则咬了他的肩膀一口作为反击。在终场哨声响起后，我去拥抱了巴卡尔并对他道了歉。我们一起走下了赛场，但是我造成的伤害已然发生。

约尔尽他所能为我辩护。有一份报纸称我是食人族，但是约尔不想让这件意外闹大，他称这个行为叫"爱之咬"。约尔同样明白我当时非常急躁。虽然他知道我的状态，但是这并不能为我的行为开脱，不过至少他能为我解释这个行为。我不认为他对我感到失望，但是我确实让俱乐部失望了。这不是一个球队队长应该拥有的形象，特别是像阿贾克斯这样的球队，他们对于自己代表的形象是那么自豪。

俱乐部对我做出了罚款的处罚，我毫无怨言地接受了这个处罚，他们绝对有权力这么做。随后，荷兰足协对我做出了7场禁赛的处罚。

很快，事情变得更加糟糕：在与埃因霍温0：0战平后，我们连着3场比赛没有办法进球了。这之后我们的低谷仍旧持续着，没有任何回暖的迹象，不久之后约尔离开了球队。那个时候阿贾克斯位于积分榜的第三位，与位于第一位的埃因霍温的分差是6分，但是所有人都期盼我们比上个赛季表现得更好，很显然我们没有达到众人的期望。

撇开我的禁赛不谈，我被允许参加我们在欧冠中的最后一场小组比赛，那场比赛的对手是AC米兰。我们的命运其实早就已经被决定了——我们是小组第三名，与第二名的AC米兰差4分，我们没有任何进入淘汰赛的希望，但是这场比赛却暗示了如果我还在弗兰克·德波尔手下踢球的话，我会变成什么样，德波尔在约尔被解雇后接手了球队。我为托比·阿尔德韦雷尔德的第二粒进球奉献了助攻，我们最终以2：0击败了AC米兰。弗兰克也是从巴萨毕业的，和我在阿贾克斯的第一位教练滕卡特一样，所以他想让我们踢的风格对我来说非常理想。

德波尔很严厉但是很公正，他的公正在他与我谈论关于巴卡尔事件的时候体现得淋漓尽致。在与AC米兰的比赛后，约尔同意我回乌拉圭去。德波尔告诉我他不同意这个决定，因为这会显得我像是在度假一样，而这应该是一次惩罚。他说，但是由于约尔给了许可，所以他尊重前任主教练的决定。

他自己做出的一个决定是关于队长袖标的——他告诉我他想要一名荷兰人担任球队队长，我完全理解和尊重他的决定。

当我在1月回到球队训练之后，我与他进行了交谈，我们之间的关系挺融洽，但是这个时候，利物浦向我递来了橄榄枝。

如果我留在了阿贾克斯，我从德波尔与我相处的方式里知道我会从他那里学到很多东西，也会很享受与他合作的时光。

我在阿贾克斯度过的3年半里，不管发生了多少事情，阿贾克斯的球迷们从来没有放弃过我。作为队长，俱乐部标准的代言人，我制造了令他们蒙羞的咬人事件。然而他们也目睹了，我拼尽全力想要取得胜利的欲望不仅仅表现在了自己的身上，还把这种欲望传递给了全部的队员们。没有任何借口可以为我的行为做出开脱，但是他们仍旧感谢我为球队做出的一切贡献，甚至有很多人觉得是我将这种想要赢得胜利的思想注入到了球队中。他们喜爱我尤其是因为我与他们经常看到的球员们完全不同。我收到过来自球迷祝贺我的信，信里说他永远记得我作为阿贾克斯队长的时光，并且将永远铭记于心。他们从第一场比赛开始就吟唱着我的名字，甚至在我离开阿贾克斯之后，他们都会吟唱我的名字。2012年2月，当阿贾克斯在欧联杯抽签抽到曼彻斯特联队作为他们的对手之时，我刚刚结束我在利物浦得到的8场禁赛。当时有差不多4000名阿贾克斯球迷在老特拉福德，从比赛开始直到结束，一直在大声唱着"只有一个苏亚雷斯"。当有人把这个故事告诉我的时候，我感到非常受宠若惊。这是我一辈子都不会忘记的事情。

阿贾克斯将会永远对我有着特殊意义的另一个原因是他们对待我家人的方式。我们非常喜爱在阿姆斯特丹的生活。这里的生活与格罗宁根的生活有着巨大的差别：阿姆斯特丹是一个国际化的大都市，一个拥有很多游客以及丰富多彩活动的城市。俱乐部提醒我们，当我们出门玩的时候要注意这个注意那个——就是那种当地人会给年轻游客的普通建议——但是我们度过了相当美好的一段时光。索菲和我在阿姆斯特丹的IJ湾那儿挑了一间由旧仓库改建而来的LOFT①公寓，而且这里的地理位置属于闹中取静。荷兰的首都有时候会非常繁忙，但是我们的公寓所在地环境比较幽静。更重要的是当地人的态度。对于一名球员来说，这种环境是完美的，因为你在欧洲顶级的俱乐部之一效力，但是在赛场外，人们对你的隐私有着最大限度的尊重。如果他们在街上看到你和你的家人在一起，他们不会来打扰你要签名或者合影。这种环境对我们来说真是求之不得。

2009年3月16日，索菲和我在阿姆斯特丹正式结婚，并且如果不是俱乐部给予我支持的话——他们甚至为我租了一架私人飞机——我可能没有办法赶得及见证我第一个孩子的出生。在德尔菲娜两周零一天的时候，我带着她去参加了她在阿姆斯特丹体育场的"首秀"。

马丁·约尔在我的孩子出生后准许我回到巴塞罗那几天去陪伴索菲和我的女儿，当时的计划是，我们一家人一起回到荷兰。那个时候，德尔菲娜还没有护照，并且办护照要花费15天的时间。所以在德尔菲娜只有13天大的时候，索菲开了一整天的车，从巴塞罗那赶到了阿姆斯特丹。

"你疯了吗？"我问她，"你带着一个还不到两周大的宝宝，就这么开了24小时的车？"

"你一个人在阿姆斯特丹，我们想和你在一起，所以我们来了。"她告诉我。

她们第二天就到了阿姆斯特丹，然后两个人都出席了周末的比赛。

阿姆斯特丹体育场可能是我比赛过的最棒的体育场。它拥有一切现代体育场的优点，而因为球迷们的存在，你能在比赛的时候感受到俱乐部的历史。如果阿贾克斯的球迷们被问起，历史上有哪些顶级的球员为

---

① LOFT是指由旧工厂或旧仓库改造而成的，少有内墙隔断的高挑开敞空间。

俱乐部效力过时，他们会提起我的名字，每每想到这件事，我都觉得非常自豪。事实上，能够参与到荷兰足球界中就足够让我感到无比自豪了。如果说，我内心深处的乌拉圭之魂教导了我如何在场上奋斗不止，那么我的荷兰求学之路则教会了我永远不要停止思考。

荷兰足球界久负盛名的"更衣室内斗"习俗其实挺误导人的，因为所谓的内斗其实只是思想的碰撞。唯一一次我记得起来的"更衣室内斗"是我和阿尔伯特·卢克之间发生的一次争吵。我们在一场比赛的中场休息时，因为对一次任意球有不同的意见而互相推搡了对方几下，这之后我们就被惩罚了。其实这次争吵根本没有什么深层次的原因，更搞笑的是，我和阿尔伯特是好朋友。一个乌拉圭人和一个西班牙人给荷兰更衣室带来了坏名声。

荷兰人其实不打架，他们大多数时候只是争论——而且他们基本上是在争论战术问题。每一个人对于球队踢球的方式都有自己的看法，而且每个人都不忌讳地表达着自己的看法。在荷兰，我学会了与人多讨论交流，谈论关于他们的事情，还有谈论技战术问题。球员们总是在讨论各种各样踢比赛的方式。这种允许任何人发表意见的战术讨论环境很少在荷兰之外的地方被看到，比如说英格兰就没有这种环境。

在荷兰，球员们之间会说："不对，你应该压迫左边的空间。"又或者是："不对啊，如果你做出了这样的传球，那么我就能够去那个地方了。"守门员也会不停地和你说话。你可以看得出来，讨论问题是他们足球文化的一部分，他们从很小的时候就接受了这样的教育。每一次你提出一个问题，都会有人对你的问题提出反问，我觉得这很有价值。他们一直在考虑着比赛，思考着每一种选择，然后讨论备用方案。

可能是因为我的乌拉圭背景，去荷兰踢球是我这辈子做的最棒的职业选择。我在技术上有了长足的进步，也大幅度地提升了我的足球智商。在阿贾克斯，我有了更好地理解比赛的能力。在乌拉圭，我经常拼尽全力却没什么收获，我经常在场上做我能做的一切，加速、启动、奔跑。荷兰足球教会了我要学会刹车，然后必须要好好阅读比赛。我感觉学到了乌拉圭和荷兰两者之中最好的部分。从很多方面来说，乌拉圭和荷兰是足球界的双胞胎。两个国家的人口都是那么少，他们在足球界的成就却又是那么辉煌。可是，他们同时也是足球界的两个极端：他们取得成功的方式可以说是背道而驰的。在足球世界里，有很多种取得胜利的方式，但是荷兰和乌拉圭分别处于不同方向的两个极端。

在乌拉圭，我们知道在技术上我们不是最好的，但是我们也知道，就饥饿感和对胜利的渴望来说，没有人能够战胜我们。我们可能在技术层面是二流的，但是如果说要在球场上无处不在的话，没有人比我们好。我们从很小就被教导，一定要先于对手到达，不管对手是什么样的，一定要去竞争，不可以输。当初我还在街上和城里孩子踢野球的时候，我就是这样的，面对比我个子高大很多的孩子时，我一点儿也不在乎，我朝他们发起冲击，我会带球过掉他们。我不会让他们击倒我。

在荷兰，你也被教导不能输。但是你不能输的原因是你踢球的方式，而不是因为你比对手更强壮，或者是自作聪明地认为你可以为对手的对手提供"奖金"。仅仅是你的行动要先于对手两个步骤，因为你在技术和战术层面的能力非常扎实。他们在场上思考得更多，他们更加有技术，他们更加聪明。而我们乌拉圭则恰恰是完全相反的：一切都来自于我们的内心和直觉。我在两种文化的教育下成熟了，我感觉自己是无比幸运的。

离别的时刻来临了，阿贾克斯处理我离开的方式无比完美。我有幸得到了隆重的送别。没有人因为我选择去利物浦而对我提出指责，他们只是对我在俱乐部取得的成绩表示感谢。

他们问我可不可以参加某一场比赛，我同意了。于是在 2 月份利物浦没有比赛的某个周末，我带着索菲和德尔菲娜回到了阿姆斯特丹。在比赛结束后，我被介绍给了在场的球迷们。当我绕场向人们示意问好的时候，索菲和德尔菲娜在我的身边，我还朝人群里踢了好几个球。他们还放了烟火，并且在大屏幕上展示我进球的影像记录。球迷们甚至为我唱起了"你永远不会独自行走"，我很少在足球场上有过这么伤感的时刻。我在格罗宁根错过了这样的告别赛，阿贾克斯给予了我这次机会。

那一天对我和索菲来说非常特别。我们的荷兰朋友告诉我们他们从来没有看到过这样的事情，有那么多的人在赛后留了下来就是为了为我鼓掌，这一切都让我无比自豪。我经历过许多次不同队友们的告别赛，而我也经常想象着我离开的时候将会是什么样的情况。

我是一个喜爱记录我职业生涯重要时刻的人，而我在阿贾克斯保存了许多纪念品。我在乌拉圭的房子里堆满了我的球衣，许多都是我在荷兰的时候保存下来的。我仍旧保存着我在阿贾克斯首秀时穿的那件球衣，我把球衣放在相框里挂到了墙上，还有我第一次当上队长那天穿的球衣也在我的收藏品之列。我第一次在阿贾克斯上演帽子戏法的那一整套球衣装备都被我保存了下来。我甚至保存了我第一次独中四元时的整套球衣——包括球鞋什么的。我还保存了阿迪达斯特别为我在阿贾克斯俱乐部打进百球定制的纪念球鞋。

我仍然可以鲜明地回忆起打进百球那次的情形。那场比赛我们的对手是塞罗尼卡 PAOK 俱乐部，我那时已经打进 99 个球了，我找到了当时的球员监理荷曼·平克斯特，他在我和索菲刚到荷兰时帮了许多忙，最终我们成为了非常好的朋友，我们还邀请了他到蒙得维的亚参加我们的婚礼派对。我找了荷曼想让他帮我在球衣下面的运动衫上写一句话。那句话是："感谢阿贾克斯给予我的 100 个进球。"我本来想让他写荷兰语的，但是我想他应该是太习惯和我说西班牙语了，他就给我写了西班牙语。其实这些都不重要，100 个进球在任何语言中都听着很悦耳。

为阿贾克斯这样伟大、拥有漫长历史的俱乐部打进 100 个球对我来说意味着整个世界。不可思议的是，有些球迷开始将我和阿贾克斯史上最伟大的球员们列在一起：克鲁伊夫、范巴斯滕、苏亚雷斯……

令人惋惜的是，当我在阿贾克斯的时候，伟大的约翰·克鲁伊夫与当时的俱乐部高层之间关系不和，他不怎么去现场观看比赛。我最后竟然在从巴塞罗那飞往利物浦的飞机上才第一次遇到他。我感到非常激动，因为他是阿贾克斯的传奇，而且也因为他曾经赞扬过我：他说我作为一名外籍球员在俱乐部里做得非常好。现在，我发现我也循着他的足迹，作为一名前阿贾克斯球员加盟了巴萨。我可以肯定，阿贾克斯和巴萨同样源自于克鲁伊夫的足球风格，对我未来的发展来说利大于弊。

在我禁赛以及加盟利物浦之前的 13 场比赛中，我已经打入了 7 个进球。那个赛季，球队最终取得了荷甲冠军的头衔。我在赛季最后一场比赛的赛前准备时给荷曼打了电话。那个时候阿贾克斯落后特温特 1 分，而最后一场比赛就是主场对阵特温特。荷曼让我的好朋友威尔通亨和我通话，这样我就可以为球队做出我振奋人心的赛前激励演讲了。我知道威尔通亨肯定很怀念："你们必须要赢下冠军。"我告诉他，球队在进入最后一场比赛时，心中怀有明确的信仰。最后他们以 3∶1 战胜了特温特，夺得了荷甲冠军的头衔。这意味着我也能得到一块荷甲冠军奖牌。

最终我离开俱乐部的时候，在出场的 159 场比赛中打入了 111 个进球，对我来说这是一段美好的时光。肯定不是最完美的时光，因为禁赛，我没能够以一个完整的赛季夺得荷甲冠军头衔，但是这仍旧是我职业生涯中非常美妙的一段时光。

我一直说我希望能够在未来某个时间回到阿贾克斯，然后再为他们踢球，因为在我作为一名职业足球运动员的成长时期，荷兰的时光定义了我。

裁判

你可能不会相信我将要说的话，但是事实上我还蛮喜欢英国裁判的，以及我在英国找到的那种公平竞赛的氛围。

如果在乌拉圭我输掉了一场比赛，赛后对手来找我握手的话，我肯定不会理他，我根本不会和他握手。但是在英格兰，所有人都要求你这样做，所以我要付出努力。虽然有的时候我必须承认，在终场哨声响起之后，我要做的最后一件事就是祝贺我的对手。但我实际需要的不是握手而是先冷静下来，然后回到更衣室。

有些人说英格兰展示的那种公平竞赛的氛围有点儿虚伪——你在场上不停踢踹和侮辱对方，但是结束的时候你们还能握手——但是我挺喜欢这样的。比赛结束了，我们不再是敌人。

在这一切冲突的中心站着的是裁判。人们说，解决裁判问题最好的办法就是让球员退役以后去当裁判，但是我可以说这种想法没有一丝实现的机会。如果有什么人知道裁判的工作是多么不可能完成的话，那些人就是球员们。但是要我成为裁判？不了，谢谢你的好意。裁判必须得在正确的时间站在正确的位置上，他们必须得承受各种辱骂，他们必须得做出正确的决定，他们一直处于高强度的压力之下。裁判的工作非常艰辛。我可以浪费一次很好的进球机会，如果我可以犯错的话，为什么裁判不可以？

而且，无论何时只要他们犯了点错，他们就会让自己处于风暴中心。

很多裁判根据自己所处的不同情境会做出不同的决定，也会根据他们所在的球场做决定。然后有一些犯规将会永远在禁区外吹罚而不是禁区内。

裁判会下意识地将所有因素都考虑进来：犯规的地方在哪儿，是谁干的。如果几万个人同时叫喊着索要点球的话，这肯定会影响裁判的决定，这是人类的本能。比如说，如果埃托奥在上赛季前半段，在斯坦福桥对我的犯规发生在安菲尔德的话，我想裁判应该会给我们一个点球。球员们也知道他们所处的球场：有那么一些比赛，他们知道不应太容易摔倒，因为他们不确信裁判会不会真的给他们点球。这并不是说这种揣测一直是正确的。我必须得承认，我从来没有想到过我能够在老特拉福德与曼联的比赛中看到裁判给我们 3 个点球。

我根本没想到我们能够得到丹尼尔·斯图里奇创造的点球。他是自己摔倒的。但是这次"跳水"是如此完美以至于我都认为那是一次真正的犯规。我看到斯图里奇摔倒了然后想着："点球"。但是，随后我就看到了内马尼亚·维迪奇表现得非常不满，这让我开始思考可能那不是一次犯规。在我观看了比赛的重播之后，我意识到当时斯图里奇离维迪奇有差不多 1 米远的距离。

斯图里奇对我说："我感觉他碰到了我。"然后他就笑了出来。

裁判必须得在瞬间就做出类似这样的决定。所以他们有时候会犯错误也是完全可以理解的。

至少，英格兰裁判会承认他们犯下的错误。有时候他们甚至在比赛中就会承认，我很喜欢他们会与你交谈这件事情，而且这意味着你也可以和他们交谈。

我记得与马克·克莱顿伯格的一场比赛里，他在下半场的时候略显安静。他已经给我出示了一次黄牌，我也反抗过了。差不多 5 分钟后，他跑过我的身边时对我说："那肯定是一张黄牌，你不能说那不是。"

我回答他："是的，我知道。那确实是我的错。"

接着我的传球转换成了一粒进球，然后当他再次经过我身边的时候又对我说道："超水准发挥啊，路易斯。"

对话是一件好事情，和裁判开开玩笑并不会造成什么伤害。

英格兰的裁判比较不同，他们用名字称呼你。有时候，他们没给你一个定位球，几分钟后他们会意识到他们错了，有可能他们会向你承认自己判错了。这种现象在英格兰发生的次数多于其他任何地方。我在西班牙的朋友告诉我，在西甲中你根本不能和裁判交谈，所以我将要再一次适应西甲的比赛方式。

在英格兰，裁判更加健谈，有时候甚至到了烦人的程度。当你准备一个定位球的时候，有些裁判会问你谁会去主罚，有些甚至会说：
"千万别让那个人发定位球啊，他上一次发定位球的时候射偏了有几迈①
远呢。"

　　沟通很有帮助，而且这是一个双向的事情。刚开始在利物浦踢球的
时候，我必须依赖于使用肢体语言去和裁判沟通。我不是很明白他们在
对我说什么，我只能运用我的手臂来表达清楚我自己的意思。这个举动
让他们觉得很烦躁。我只是简单地使用肢体语言，但是他们会想象成我
在侮辱他们，即使我根本没有那个意思（好吧，有的时候确实有侮辱的
意思在里面）。那个时候他们就会用手势示意我停下，然后掏出一张黄
牌送给我。在我的英语变得越来越好之后，我与裁判之间保持一定程度
的对话也变得越来越容易了，这让我可以更清楚地解释我的观点。

　　英格兰裁判很喜欢球赛高速进行所带来的紧张感。在赛后，他们会
对你说"干得好"，他们会告诉你你踢得有多棒，当然前提是你真的表
现出色。内心深处，他们知道你是在扮演一个角色：吸引人注意，保持
压迫，尝试得到各种机会。

　　一段时间后，你会开始和裁判们熟悉起来，你会知道哪些裁判是可
以和他们开玩笑的，哪些是不能的。有时候他们在赛前会很友善以及开
朗，但是在比赛开始后他们就会变得非常严肃，也不会与你在比赛中交
谈。但是这不意味着你不能和他们在赛前及赛后展开正常的对话。

　　在某一场比赛前，有一个裁判对我说："上次我来这儿的时候，你
进球了。"

　　你可能不记得那个进球，但是他能。这提醒了你很重要的一点，这
群人本质上都是球迷啊。如果他们不是球迷的话，这份工作所带来的压
力根本是无法承受的。

---

　　① 迈：英式计量单位，1 迈约等于 1600 米。

在英格兰，裁判与球员之间还是保持一定距离的，不像南美的裁判。有一次，一个边裁在比赛后向我讨要球衣，然后我意识到他们都是球迷。这没有错。我曾经向一个裁判讨要他的衣服。他问我要了我的，通过俱乐部的一个官员，然后我说："好啊……如果他把他的衣服给我的话。"

有点儿可惜的是，我仍旧没有收到他的衣服。我还挺想在场下的业余时间里有一件裁判服穿着玩玩呢。

那场游行，好像全乌拉圭的人都聚集到了一起，年轻的、年长的，一大群的孩子，到处都有人在哭泣，当时的情景简直是难以置信。游行的终点是一个搭建好的舞台，我们被邀请上了舞台，然后所有人都在高声唱着一首以我的手球为灵感而创造出来的歌曲：不是上帝之手，是苏亚雷斯之手。给予他生命的母亲万岁！

第 *3* 章　苏亚雷斯之手

　　当乌拉圭在一次戏剧化的点球大战中淘汰了加纳，时隔 40 年后又一次进入了世界杯半决赛之时，我那位怀孕有一段时间的妻子正在家里紧张地收看着电视转播……而我也在看电视转播。

　　由于我在门线上用双手拦住了对方的射门，我被罚下了赛场，我的行为扼杀了非洲球队有史以来第一次进入半决赛的机会，而我则因为这个行为坐在了约翰内斯堡足球城里一个安静的、几乎是空无一人的更衣室里，我的脉搏激烈，几乎不敢透过我手指的缝隙观看屏幕上的情况。只有管理球衣的吉列尔莫·雷韦特里亚在我的身边。我同时也在和索菲发短信，她那时正在巴塞罗那的家中与她的家人一起观看比赛。

　　随着点球大战轮次的增加，我感觉到越来越紧张。随后，我的偶像走向了点球点。塞巴斯蒂安·阿布鲁，他们称呼他为 "El loco"，意为 "疯子"，他确实配得上这名字。这又是一个经典的疯子时刻，他轻巧地打出了一记勺子点球，将球挑入了球网内。令人不敢置信地，乌拉圭晋级了。已经有好几代人没有目睹过这样的事情了，也没有期待过我们能走到这一步。

　　在 2010 年世界杯乌拉圭第一场比赛终场之后——那是我们在那一

届比赛中最糟糕的一次表现——索菲离开了南非回到了巴塞罗那。她对我说再见，为我送上了告别吻，然后说："下周见。"

"好的。"我回答道。

那个时候她已经怀孕 7 个半月了，而她要回到她父母的家里去。她觉得我应该离打道回府不远了，那个时候我也是这么想的。

我们在第一场与法国队的比赛中展现出来的状态极其差，我们看起来像一支马上就要回家的球队似的。与法国队的比赛最终结果是 0 : 0，比赛过程很糟糕，我们的表现也很糟糕。

在第一场比赛结束后，更衣室里非常安静，气氛黯然。这种状态对我们来说很难接受。在我们参加世界杯预选赛的时候，球迷们就对球队的表现非常不满，经历了各种挣扎和磨难，我们最终到达了南非。我们在预选赛的小组赛中取得了第五名，这意味着我们必须要在附加赛中击败哥斯达黎加才能进入世界杯决赛圈。从 2007 年 10 月到 2009 年 11 月，我们就为了进入世界杯决赛圈而拼搏，当来到南非之后，我们以为自己已经把过去糟糕的状态抛在脑后了。但是在第一场比赛后，我们觉得又要让所有人失望了。我们付出了那么多努力却只能够在世界杯决赛圈待上一周的时间。

然而，我们随后就在比勒陀利亚以 3 : 0 击败了东道主南非队，伴随着胜利归来的是我们的自信心。我们想到："我们击败了东道主，如果我们可以一直保持好状态的话，谁知道会发生些什么呢？"突然之间，我们对自己有了信心。我们的世界杯之旅已经结束了？不，一切才刚刚开始而已。

迭戈·弗兰在对阵南非时打进了第一个进球，随后我为球队赢得了一个点球，弗兰打进了他当晚第二个进球。南非队的门将在禁区内将我拉倒，他被红牌罚下了场。随后，我助攻阿尔瓦罗·佩雷拉打进了第三个球。第三场比赛中，我们以 1 : 0 击败了墨西哥，而我也打进了个人在世界杯的第一个球，我的庆祝方式是假装我怀有身孕①。在与墨西哥的比赛开始前，乌拉圭和墨西哥都知道自己已经晋级淘汰赛了，但是比赛的胜利者将成功避开阿根廷，所以没有球队想要输掉这场比赛。事实上，我们可以走得更远。最终，我们在南非待到了世界杯闭幕的那一天。

我们的状态变得越来越好。与此同时，索菲的肚子则变得越来越大。

这种情况对我来说显得非常奇怪。我实现了自己代表乌拉圭征战世界杯的梦想，但是心中另一个我则非常害怕赶不上自己女儿的出生之日，我只能祈求索菲可以撑住。我非常想念索菲。通常，索菲会在现场观看我所有的比赛，但是现在她必须得回家，因为我希望她的家人能够陪伴在她的身边，还有医生，而且我不想让她感到担忧。但是，这并不奏效：我一有空就会给她打电话，而她告诉我，每一场比赛后她都能感觉到自己的子宫在不停收缩着。

乌拉圭的大本营在金伯利，在那儿有一个巨大的坑洞。这个大坑洞的名字就叫作金伯利大洞。这是一个老旧的钻石矿坑，这个矿坑配得上大洞这个名字；它看上去就像一个巨大的吸尘器。我们全队都去参观了这个洞，所有人都觉得这个洞非常惊人，完全不像以前看过的任何东西。这个洞有240米深，宽度大约是12个足球场。导游告诉我们这是世界上最大的人工挖掘的洞。他们竟然徒手挖出了这个洞？

我们还做了一次短途旅行，去看小狮子和小老虎。弗兰认为自己知道那道益智问答题目的答案："如果老虎和狮子打上一架的话，谁会赢？"他说他看过一部纪录片，很显然，答案是老虎。不管怎么样，我感到很害怕。他们将小老虎和小狮子抱出来给我们看。每一个人都非常喜欢这群小家伙，而这种经历可能也只有在南非才能体验到，但是我却吓得动弹不了。我给索菲发了一条短信说："我真是不敢相信，我们竟

---

① 那时苏亚雷斯的妻子正怀有身孕，庆祝方式是为了向妻子表达感谢和敬意。

然和一群狮子在同一个笼子里，而且我的队友们竟然抱着他们。我一辈子也不会这么干的。"

"你说什么呢？你必须得抱着他们拍几张照片啊。"

"你疯了！索菲！"

"拜托了！拍几张照片吧！"

最终，我遵照索菲说的做了。但是如果你有机会看到照片的话，你会发现我举着狮崽儿的动作是想让它远离我。我斜着眼看它，把头完全扭到了另一边，我非常担心它会突然袭击我。

阿尔奇德·希吉亚来拜访了我们，他在1950年马拉卡纳球场举办的世界杯决赛中，代表乌拉圭打入了进球。希吉亚是当时那支球队唯一还在世的成员。很难解释清楚他们当年的胜利对乌拉圭具有什么意义；不是说我们没有听过关于那段历史的故事，我们从一出生就对那件事情知根知底。希吉亚告诉我们他当年的经历，他告诉我们当年的集训营是什么样的。我以为我们的集训已经够糟糕了，但是对他们来说，当年的集训更像是一个军事化训练：他们与外界完全隔离，不能够与家人见面或者是交谈，他们居住的地方是个巨大的宿舍。他说，当年在马拉卡纳，他看到有人从高处跳了下去。这些影像都是希吉亚无法忘怀的。

与希吉亚度过的时光对我们来说也是难忘的，但是大多数时候，我们都只有彼此的陪伴。我们并没有太多机会好好领略南非的风光；我们没什么真正的机会可以去南非其他地方旅行，或者是借着这次机会学习南非的历史和文化。其实对于球员来说一直都是这样的情况。球员们经常去不同的地方，但是真正领略当地的风光则又是另一回事了。从某种层面来说，这很可惜。但是，我也没感觉自己错过了什么。当我参加一场比赛或是一场杯赛的时候，我知道我是来工作的。如果我有机会参观一下，或者是有机会旅行、闲逛的话，我会去。而且，如果这是义务的话，我也会去。但是事实上，如果没有旅行机会或者说这些活动不是义务的话，我可以不去。

索菲经常问我："你看到……？"

而我则会回答："没有。"

"那城市是什么样的？"

"好吧，说实话，即使是坐在巴士上通过城市的街道时，我都没有注意看。我在和队友们聊天，所以我没看见任何东西。"

如果我想去什么地方旅行的话，我宁愿和我的家人一起去，然后好好享受旅程。

就我个人而言，我讨厌集训营；我更希望能够回家和我的妻子以及孩子们在一起。我看不到集训营带来的意义。对我来说，在家度过的时间显得更快，而当我被锁在一个酒店里时，在下一场比赛到来前，我总是感觉度日如年。但是你必须要习惯。我接受并习惯了。在世界杯上，一切都显得不同。你不可能在比赛期间每天都回家，而且，当你平时都不住在祖国的时候，正如我从 19 岁开始就做的那样，世界杯的集训营有着不同的意义。我们在南非中心建立了一个小型的乌拉圭。

我觉得当你真正离开家之后，你会开始怀念家乡美好的事物而忘却不好的那部分。当乌拉圭国家队的成员们聚到一起的时候，大家会围坐在一起聊天，讲故事，讲笑话，一聊就是几个小时。或者我们会问纳乔·冈萨雷斯怎么用法文说 "bonjour"（是 "你好" 的意思），那个时候他刚刚开始在摩纳哥踢球，他听到之后显得非常迷惑。

在集训营开始两天后，有一天我正在洗澡，这时塞巴斯蒂安·阿布鲁出现在了我的房间里。我当时和马丁·卡塞雷斯是室友，而马丁和艾丁森·卡瓦尼在一块儿。阿布鲁一脸疑惑地走进浴室问我："你这儿有热水吗？"

"有啊。"

"你怎么会有热水？我那儿的水都是冰凉的。"

"H 是指热水，C 是指冷水。"

"啊！我以为 C 是指 Caliente（西班牙语 "热"）而 H 是指 Helada

（西班牙语"冷"）呢！"

我不禁笑道："蠢驴！"我们忍不住大笑了起来。

"千万不要告诉别人啊！"阿布鲁恳求道。当然啦，我还是把这件事情告诉了所有人。

当你在国家队的时候，特别是像我们这样几乎全队成员都在乌拉圭国外踢球的情况下——当时只有艾西迪奥·阿雷瓦罗和马丁·席尔瓦在乌拉圭国内踢球——我们每隔几个月才能见上一次面，所以在国家队的时光显得非常特别。我们会一起享用马黛茶，然后就是不停地聊天，聊天，聊天，这种感觉就像是老朋友之间的聚会。我们之间没有矛盾，没有人觉得自己比其他人优秀。

这是乌拉圭国家队一直让我感到惊讶的一件事。从我第一次被国家队征召开始，弗兰一直就是队内的第一球星，但是在更衣室里，他与其他人毫无二致。卢加诺，卡瓦尼……这些人都有真正的实力。但是从来没有人想过"我比你更优秀"，从来没有。

球队的工作人员也是一样的，他们知道我们不是那种随处可见的自负型球员，我们从不自认优秀，到哪儿都显得趾高气扬的。我们都来自于差不多背景的家庭，从小就经历了艰辛的生活，懂得奋斗。而如果你将背景与想法非常相近、拥有共同奋斗目标的一群人集合起来的话，你将拥有一个巨大的优势。

入住的酒店被我们包场了，所以我们可以聚在一起玩桌球，或者是玩漫长的 Truco（一种乌拉圭扑克牌游戏），有人会组织 PlayStation 足球锦标赛。这场赛事最后竞争还是挺激烈的，而我保持了不错的成绩。

在训练场上也会有不同项目的锦标赛，又或者我们会组织任意球和点球大赛，输家得一整天都当所有人的仆人。有一天，我的队伍在决赛中失利了。于是我被使唤去穿上条纹围裙和戴上厨师帽给队友们晚餐服务。有的时候，有些惩罚比这个要糟糕多了。

我们就像一个大家庭。艾尔多——"厚脸皮"——我们的厨师；吉列尔莫和明古塔，球衣管理员；以及其余所有的工作人员。他们每天都会在早上 5 点就爬起来，确认我们需要的一切都已经安排妥当；他们是我们的朋友和倾诉对象，他们是一个为我们打造的后勤辅助系统。我们非常感谢这一切，和我们一样，他们也离家很远，而且他们付出的劳动量比我们要大多了。当我们吃饭或是玩游戏的时候，工作人员也会参与其中。

当年我们的教练是奥斯卡·塔巴雷斯："大师"，现在他仍旧是我们的教练。何塞·赫雷拉是我们的体能教练，绰号"老师傅"。马里奥·雷沃略是"老师傅"的助手，他与球员们的关系是最亲近的。"老师傅"的风格非常复古。他虽然已经 60 多岁了，他做事情的风格却一如既往：让你感到非常辛苦，异常注重身体训练，同时训练量也非常大。这样的训练方式犹如一股来自过去的清风吹拂着我，在欧洲踢球 8 年后，我已接触了一些不同的训练方法。我有时候会跟"老师傅"说："已经没人做这种训练啦。"但是他根本不在乎你说什么，反正你必须得完成他的训练。我们国家队的教练组成员们从 2006 年以来就没有更换过，而他们清楚地知道我有多么爱抱怨，所以他们根本不在乎我说了什么。

"老师傅"会安排所有的训练项目和课程：不仅仅是训练课程，恢复课程他也安排。每一天，我们都要做一次冰浴，那可真是极大的痛苦，而且在下午 2 点到 4 点之间，他会要求我们午睡。我们在睡觉上花了很多时间。你会从午夜睡到早上 9 点，起床、训练、吃饭，然后又到了睡觉的时间了。有的时候我们会在下午搞一场 asado（乌拉圭烧烤）。

所有这一切都为我带来了巨大的帮助，因为我对索菲已经思念成疾；我的脑子里已经被索菲怀孕这件事占满了，我特别需要有其他事情能够将我的思绪引开。我的一些队友们可能没有意识到他们的陪伴和支持对我来说有多么重要。我和索菲之间的距离是那么遥远，而且我们的孩子可能下一秒就会诞生，如果没有我的队友们陪伴着我的话，我一定会觉得每一分每一秒都很煎熬。

我一直在给索菲打电话、发短信。我不停地对索菲说："告诉德尔菲娜（苏亚雷斯第一个女儿的名字）一定要等我——这是这个世界上我唯一不想错过的一件事。"为了这件事，世界杯都可以不顾吗？随着我们在南非待得越久，我的处境就显得越困难。在第一场比赛后，我的兴奋感和急躁感都在等量增长，我们都觉得索菲的等待应该不会太漫长了，然而她的等待却变得越来越长。

　　我们最终成功从小组出线，并击败南非，避开了阿根廷。我们开始逐渐踢得越来越好，接着在与韩国的比赛中，我们意识到我们拥有着另一项非常重要的因素——运气。我在开场 8 分钟打入一球，韩国随后就制造了无数次机会。他们比我们表现得更出色，他们也配得上扳平比分。韩国人比我们跑动得更多，他们在赛场上无处不在，跑动速度也很快。他们的射门击中了立柱，我们侥幸地存活了下来。那一天下着倾盆大雨，我们的表现也很糟糕，没办法跟上韩国人的节奏。我感到很懊恼，因为我觉得自己的表现尤其糟糕：我错失了一次非常简单的头球机会。我们感到很不自在。在比赛还剩下 10 分钟的时候，大雨下得正酣，可能是我职业生涯中最棒的进球突然来临了。就在我们处于被淘汰还是晋级下一轮的那个生死时刻，我从左边路接到了传球，我垂下肩膀，用右脚将球旋进了球门的远角。我目睹了整个过程，看着球旋进了球门，然后我冲了出去疯狂地庆祝着。我的进球犹如炸弹爆炸一般激起了无数人的兴奋情绪。

　　我的队友们赶来拥抱我和我一起庆祝——他们在我冲向球场边广告牌时抓住了我，所有人都陷入了疯狂——而当我意识到我的进球让乌拉圭进入了世界杯四分之一决赛的时候，可以说那是我职业生涯中最棒的时刻之一。我的心中充满着纯粹的狂喜之情。

　　直到冷静一点儿后我才忽然意识到：这场胜利意味着我和索菲之间的等待还要继续下去。索菲已经回到了巴塞罗那，而继续留在世界杯比赛场使我距离回家越来越遥远。我想我的泪水一半是由于晋级的喜悦，另一半则是来自于悲伤和害怕，害怕自己会错过我们女儿的诞生之日。

在比赛结束后，我做了在每一场赛后都会做的事情：拿起自己的电话。每场比赛后，我都会立刻给索菲打电话，但是现在这通电话比以往更重要。那个时候的巴塞罗那略显闷热，而她在热浪中挺着大肚子受着煎熬，几乎没法自由行动。有时候，看我踢球让她变得非常紧张，以至于她都没法在赛后好好说话，而她的父母亲会跟我说："没事了，她在伤停补时阶段感觉到了子宫在收缩，但是现在没事了，我们已经让她去躺下了。"当然，她的内心世界也被撕裂成两部分，一部分一如既往地希望我能一直赢下去，而另一部分则希望我输掉比赛马上回家陪她。如果她觉得我们和韩国的比赛对她来说超出承载负荷的话，她要怎么承受接下来将要发生的事情呢？

接下来的四分之一决赛的对手是加纳，而与之进行的点球大战将会决定乌拉圭能不能在时隔 40 年之后再一次晋级世界杯半决赛。在我于门线上做出了"扑救"的动作之后，我被罚下了场，我在球员通道的入口处目睹阿萨莫阿·吉安打飞了那粒点球。在我被罚下场以后，我泪流满面，心碎不已，但是在我看到那粒点球擦着横梁飞出去之后，我飞奔着庆祝了起来。可能，我刚刚做的事情是值得的！

在进入点球大战之时——我已经回到了更衣室——我几乎要心脏病发作了。与吉列尔莫两个人待在这个安静的房间里显得很诡异——充满戏剧性的比赛就在离我们一墙之隔的地方进行着，但是我们却得通过挂在墙角的电视机收看现场的情况。电视的声音被调到了静音，我们则处于自己的世界中，离现场那么近，却又那么遥远。

我在点球开始前给索菲打了电话问她情况如何。我还在因为刚刚所做的事情感到不安而不停哭泣着，但是同时我还对她说："你要保持冷静！一定要保持冷静！不要动了胎气！"然后我说道："我得挂电话了宝贝，因为点球大战要开始了。"然后我就挂断了电话。但是我可能不挂断电话也不要紧。

弗兰第一个罚点球，他罚进了。我立刻给索菲发了一条短信："球进了。"

而同时，她也给我发了一条写有"球进了"的短信。

吉安代表加纳主罚了第一个点球，这一次他没有打偏。他罚进了一个质量极高的点球。

我们的维克托利诺……球进了！

加纳的阿皮亚……球进了。四周一片寂静无声。

我们的斯科蒂……球进了！

然后加纳打偏了一个点球。随后我们的蒙萨也打偏了。我立刻给索菲发了第二条短信："加油！"

接着，佩雷拉没打进他的点球。这让我变得很苦恼。

我给索菲发短信写道："再见了！"

我把手机放了下来。到此为止了，我不再发短信了。这举动明显没有给我们带来好运，而且这份压力实在让人窒息。

但是，紧接着，加纳队的阿迪亚也没打进点球。这让乌拉圭仍旧处于领先的位置。

人们问我，我在更衣室里的时候，有没有预感谁会打进点球谁不会，其实我只是希望每一个乌拉圭队球员都能打进点球，同时也希望每一个加纳队球员都踢飞他们的点球。你很难解释当时感受到的那种绝望。你感觉自己是那么的无力。

当"疯子"打进了制胜球的时候——那是一粒轻巧的吊射，一粒勺子点球！——我感觉周围的一切都开始变得模糊起来。

当他站到点球点上的时候，我全身都变得僵硬。我以前看到过他打进勺子点球，而且我有一种预感他今天可能还会尝试这么干。他是唯一一个让我捉摸不透的球员。我自言自语道："他会挑射吗？不会的，怎么可能，他肯定不会这么干……他真的不会吗？"

然后吉列尔莫对我说："不会的，他不会这么干的，他没有道理会这么干。"

"你说得对。他肯定不能挑射。他可以吗？该死，我又觉得他会这么干。啊……不会的，他不会的……他不能……"

当然，他真的踢了一个勺子点球。

吉列尔莫和我都太紧张了，以至于我们都忘记了计算分数。直到我们看见球员们飞奔着庆祝的时候，我们才拥抱在一起大喊道："我们赢了！"然后我们也开始奔跑起来，我们直到跑到了球场上才停了下来。这是一个巨大的体育馆，所以我们跑了差不多100米才跑到球场上，而且穿着足球鞋在硬地上奔跑是非常危险的，但是我想这可能是我整个世界杯上冲刺速度最快的一次吧。我用闪电般的速度从更衣室冲向球场，目空一切，甚至几度差点跌倒，只觉得大脑一阵眩晕。我们晋级半决赛了！！

之后我才从其他队员那里打听到了完整的故事。"疯子"不敢看在他之前罚的4个点球。不看点球是他对待点球的一种方式，但是他又想知道当时发生了什么以及对方门将的举动，因为他知道他排在最后一个出场。所以，在每一个点球后，他都会问："门将做出扑救了吗？他往哪儿扑的？"

"是的，他扑救了。他往右边扑的。"

然后下一个点球他又问同样的问题："门将做出扑救了吗？他往哪儿扑的？"然后得到的答案是："是的，他又是往右边扑的。"

接着，"他往左边扑的。"

等到了第四个点球的时候，其他人受够了，他们说："你就挑射吧，'疯子'！别再问我们啦！"

然后，他就挑射了。

"疯子"打进过很多勺子点球，所以他暗自想道："在世界杯半决赛上，这门将肯定预料不到我会使出这一招儿。"要是换成我的话，我根本不可能想到做这样的事情，但是我们现在提到的可是"疯子"。当球进入球网内，所有球员都朝他跑了过去，除了防守球员毛利西奥·维克托利诺，他就跪在了他站的地方朝上天祈祷着。好吧，不仅仅是他，替补席上也充满着激情，替补门将甚至都晕倒了。每一个人都同时跳了起来朝球场跑去，但是在胡安·卡斯蒂略站起来的时候，他的腿出卖了他，扑通一声，他迎面摔了个狗啃泥。他只能弯曲着身子趴了一会儿，过了几分钟才站起来。我们至今仍旧拿这件事情跟胡安开玩笑。

到处都是人。我记得看到膝盖受伤的卢加诺一蹦一跳地从替补席跑到场上加入到庆祝的队列中。卢加诺走的每一步应该都很疼，但是他几乎没有注意到疼痛。正如尼古拉斯·洛德伊罗一样，他带着受伤的第五根跖骨踢完了加时赛下半场。当我从球员通道里冲出来跑向球场的时候，许多球员跑向我然后拥抱我，他们告诉我如果我没有阻止那个球的话，我们可能根本没有办法晋级。当时所有人都很情绪化。有一些球员忍不住为我们所做的事情流下了激动的眼泪，我们将一个人口只有300万人的国家带到了世界杯前四名的位置上。

有一些评论家在我们参加预选赛的低迷时期把我们称为雇佣兵。有一些人说，我们代表乌拉圭出战只是在抢钱而已，然而事实上我们代表乌拉圭出战只能让我们丢失赚钱的机会。我们在预选赛末期与秘鲁踢比赛的时候，球场里几乎空无一人——乌拉圭足协就算是免费赠送球票都没有办法让球场坐满。别人曾经辱骂过我的话在那一刻也被回想了起来。当人们在预选赛淘汰赛阶段辱骂我的时候，索菲就坐在现场。他们说我是那个没办法进球的蠢驴。我想反驳他们的辱骂，但是我知道最好的反驳方式就是在球场上证明自己。我们做到了。

我们历经挣扎才能够进入世界杯，但是我们每一场比赛都积极拼搏。我们在短短几个月里，一下子就从蠢驴进化成了天才，而能够进入半决赛令我们热泪盈眶。我们不仅仅是因为喜悦而哭泣，更是为了我们取得的一切而感到自豪。我们在世界杯开始前就差点被淘汰，现在我们却进入了半决赛。我们经历过的伤病，点球，初期的糟糕表现，大家一起度过的时光，一幕幕的戏剧性场景，以及那个手球……这一切聚在一起都令我们意识到我们取得的成绩是令人惊叹的。

随后，理所当然地，我记起了那次手球以及我没有办法在半决赛出场这一事实。这个事实给我带来的打击，使我感觉非常糟糕。

人们议论着我的手球是作弊，但是这一切都始于一名加纳球员假摔骗到的任意球，那不应该是一次任意球。之后，加纳的第一次头球击中门框看上去也越位了。我不知道那是不是真的越位了，我所知道的是，首先，那次任意球并不是犯规，其次，我不应该靠近门线。我应该去盯防球员。但是当球从我身边飞过时，我的本能反应是冲回门线保护我们的球门不失球。

我特别喜欢在踢 3 vs 3 训练赛的时候在门线上救球，我喜欢将飞来的球阻挡在门线外——虽然通常情况下，我会用自己的头或者脚，而不是用我的手。在乌拉圭国家队的训练中，我们有时候会组织一种叫picadito 的游戏，这是一种 10 vs 10 的对抗赛，队中每一个人都要轮流踢不同的位置，但是每个球队都会有一个特定的"救急"门将。很多时候，这个救急门将都是我，我做出的一些扑救让国家队的门将们都赞叹不已。

这件事情追溯起来还挺有历史：在我位于蒙得维的亚的家中，有一张放在相框中的球队合影。这支球队是阿斯蒂加竞技队，这是我在萨尔托时期加入的球队，当时我大概只有 6 岁。如果你仔细看的话，会看见后排中间站着的那个守门员就是我。

我还有一张守门的照片，照片中我正做出扑救呢，这是好几年前的一场比赛了。我非常热爱守门。如果我没有成为一名前锋的话，我应该会成为一名守门员——有些人可能会说，这就可以解释苏亚雷斯为什么爱"跳水"了。

我还没有机会在职业比赛中被选中守过门。当我在利物浦的时候，我有过这样一次机会。2012 年 4 月，利物浦对阵纽卡斯尔的比赛中，"佩佩"雷纳在比赛还剩下几分钟的时候被罚下了场，而那时我们已经用完了换人名额。我对肯尼·达格利什说让我去守门，但是他说不行，必须得让何塞·恩里克去守门。他的选择是正确的，因为我们当时0：2落后，而我还需要在进攻端做贡献。但是如果是在其他情况下还有这样的机会，我会很乐意戴上守门员手套。

所以当我在与加纳的比赛中看到球从我身边飞过的时候，我下意识地跑回到门线上，毫不犹豫。我可以看到我们的门将费尔南多·穆斯莱拉迎着球从球门里跑了出来，而另一名加纳球员也朝着球跑去。我那个时候站在门线上，先用膝盖挡住了球，接着，当球再一次回到我面前的时候，那时我简直无法相信球又回来了，于是我用手拦下了球。

那个时候我有一个队友站在我正前方，所以我想的是："应该没有人看到吧。"但是裁判吹响了他的哨子。我不是说若热·富西莱长得和我非常相似，但是我们同样拥有乌黑的头发，我们当时还站在一起，并且他已经有一张黄牌了，他已经知道自己下一场比赛无法上场了，所以我转向裁判，向他示意不是我干的，是富西莱干的。我必须得尝试争辩一下啊。

但是，裁判没有上我的当。他果断地掏出了红牌。

我怀着绝望之情走下了球场。我一直在哭，而且脑子里盘旋着的唯一一件事情就是："我们要被淘汰了，我们要从世界杯上出局了……"我被罚下了场，我们马上要回家了。吉安要罚点球了，而且他已经在这届杯赛上的这个位置打入了几个进球，他前几次都做得很出色，所以我已经说服了自己吉安不可能会失误的。我们没机会了。当我走到球员通道时，我思考了一下："好吧，我还是留下来看看结果吧。"我已经朝着更衣室走去了，但是在球员通道的入口处，伴随着一名国际足联官员的阴影，我停下了脚步看完了这个点球。然后我看到球擦着横梁飞了出去。吉安打偏了。接着一不小心一句话从我嘴里漏了出来："球没进！"

那种感觉，那种一下子解脱的感觉，与我们进球的时候一模一样。

难以置信！

塞巴斯蒂安·埃古伦从替补席上走过来给了我一个大大的拥抱，这个拥抱充满着感激和希望。我永远不会忘记这个拥抱。正是那一刻，我才认识到我做了什么；也是那一刻，我意识到被罚下场是那么有价值。我阻止了他们的射门，他们没打进点球，乌拉圭还没有出局。

南非本地的一些报纸把我那次手球喊作是"恶魔之手"，他们还给我画了恶魔的山羊角作为配图，但是我仍旧不觉得我所做的事情有那么糟糕。我并没有像1986年的马拉多纳一样用手打入了一个进球。我用手阻挡了一次射门，并且我也得到了惩罚。我宁愿因为用手阻挡一次必进之球被判罚，也不愿意因为严重弄伤对手而被罚下场。我没有伤害任何人。我手球了，并且被罚下场了，而他们也得到了一次点球机会。因为严重弄伤对手而被罚下场所造成的影响要大得多，你是被罚下场了，但是对方球员的伤势并不会因此而好转。吉安是那个没打进点球的人，但是所有人都说我做了极其糟糕的一件事。也有人说我太自私了。但是我用手阻挡球是因为当时我实在没有其他选择了。事实上，这根本不是一道选择题：这是一种本能反应。

感谢这次手球，乌拉圭进入了半决赛。比起觉得自己作弊了，我更觉得自己是做出了牺牲；但是肯定不是出于自私。这是为了我的国家和我的球队奉献所有的表现。这是乌拉圭人看待这件事情的态度。在我位于蒙得维的亚附近、藏有我奖杯和纪念品的房子里，有一个来自于球迷的纪念品，那是一个模仿守门员的扑救动作的小雕像，在底部刻着两个字：谢谢。

有时候人们会问我："你还会这么做吗？"我一般会重复一遍，我做的事情比起伤害另一名职业球员而言，根本不算一件大事。我不会说："是的，我肯定会再一次这么做。"但是我可以说，在那千分之一秒的时间里，这个世界上几乎每一个球员都会那么做。这种事情以前也发生过，球员站在门线上下意识地用手去阻挡射门，因为这是一种本能反应。他会被罚下场，对方也会得到点球机会，然后一切就结束了。但是这是世界杯决赛圈。我们在南非。我们已经淘汰了南非，而我知道东道主的球迷们都支持加纳——非洲在这届比赛中仅存的代表球队。这种情况让所有事情在观众的眼中都变得更糟糕。我当时根本没有对赛后的反响和人们所说的一切做好充足的准备。

加纳队中的一名球员，马修·阿莫阿在世界杯后的那个赛季加盟了荷甲的 NAC 布雷达队。当我和他们比赛时，我在赛前去了他们的更衣室与他打招呼，并且对四分之一决赛的结果向他表示遗憾，接着我们互相祝福对方好运。我为他和加纳感到遗憾，但是我不需要为所发生的事情背负罪恶感。这不是任何人的错，真的不是。我可能会因为点球不进而怀有罪恶感。或者如果裁判没有看到我的手球而没有给对方点球会令我怀有罪恶感，又或者我没有被红牌罚下会让我感到罪恶。但是我只是做了我应该做的一切去阻止进球。裁判也做了他应该做的——将我罚下场。吉安才是那个没有完成任务的人。

有时候我会在巴塞罗那街头碰到来自加纳的游客，他们总是拉着我和他们合影。他们对我说："你就是那个用手把球挡出去的人吧！"然后他们就会大笑起来，他们并没有怀恨在心。

我没有办法在半决赛出场比赛了，但是如果我没有那么做的话，我们可能连半决赛都晋级不了。而且，所有人都忽视了我的队友们在点球大战时所承担的巨大责任和压力。在世界杯决赛圈中踢点球需要极大的勇气。我们的门将穆斯莱拉表现出色。他在赛前就了解过了加纳队所有球员的情况，而且他在世界杯上展现出的状态非常棒。他是我们的英雄。

在走回更衣室的时候，我意识到自己将无法在半决赛出场了，我又开始想起了索菲和德尔菲娜。我不仅仅将要错过这届世界杯中对我来说最重大的一次比赛，我甚至可能会错过我的小公主的诞生之日！乌拉圭能够进入半决赛是一件非常激动人心的事情，但是德尔菲娜马上就要出生了，而我将无法亲自见证她的降生。索菲独自一人在巴塞罗那顶着巨大的压力看我在世界杯上过五关斩六将，她目睹了我的红牌，见证了乌拉圭的点球大战。我还想起了在与法国的比赛后，她与我吻别时，我们都以为很快就能重聚了。所以大部分的时间里，索菲的情感大概有一半是倾向于我们被淘汰的吧，因为这样的话，我就能回家陪她了。我们胜利的时候，她当然感到非常高兴，但是如果我们输掉比赛的话，对她来说也不是世界上最糟糕的事情——我想不管是哪种情况，索菲都会是赢家。

教练组帮助我们将注意力聚焦到即将来临的比赛上。"今晚你们可以尽情庆祝，但是明天我们还要训练，因为 4 天后我们就要踢半决赛了。"所以那一晚其实也没有什么太疯狂的庆祝。我们知道当世界杯结束以后，我们会有足够的时间休息、放松、享受生活，但是现在，我们必须要保持充足的睡眠。然而，我却睡不着。我和索菲聊了会儿天，试着放松自己，但是这并没有帮助我入睡。在那些时刻里，我就这么醒着躺在床上，我一直在想着由于那张红牌我无法踢半决赛这件事情，想得越多我就越后悔："我为什么要那样做？为什么要用手？我应该可以用头去顶的呀！"

事实上，当我后来观看比赛录像的时候，我看见我的手就挡在自己的脸前面，我想，完全可以用头去把球处理掉。我的手臂并没有完全伸展开，为什么没有选择用我的头去顶呢！但是，当时我只有千分之一秒的时间去做出反应，而我也已经因为踢了 120 分钟的足球感到精疲力尽了。

半决赛的对手是荷兰队，来自我所效力的俱乐部所在的国家。我在阿贾克斯的队友、门将马尔腾·斯特克伦博格在抽签结果出来以后给我发了条短信，他觉得我们的小组出线形势很困难。

"太可惜了，你们应该很快就要回家了。"他的短信这么写道。

"是的，真可惜，就像你们一样。"我写了这样的短信回复他。

而现在，我们两人的球队将在半决赛狭路相逢。

我觉得荷兰队听到我不能上场的时候应该是松了一口气的：我的状态很好，同时很了解荷兰足球，并且我非常熟悉荷兰队内的许多球员。或者说，至少我自以为很了解他们。我记得我告诉队友们，我知道吉奥瓦尼·范布隆克霍斯特，他已经34岁或者35岁了，我们可以在他前插的时候让他拿球。他已经不是从前的那个他了。然后现实狠狠地给了我一巴掌，他打进了一粒不可思议的进球，那粒进球是在离球门40米远的地方打进的。我的队友们在赛后对我说："谢天谢地他已经老了。"

作为一名在荷兰踢球的乌拉圭国脚，我非常乐意在半决赛与荷兰成为对手。我的内心充满了悔恨，但是一想到我的队友们能够晋级，而且一部分是得益于我的手球，那份悔恨又稍得缓解。我在看台上观看了整场比赛，座位就在球员休息区的后面，这段经历糟糕透顶。我感觉到非常无力。我不停地咬着我的手指甲直到无处下口为止。这种感觉夹杂着紧张与无力。我离赛场那么近，但是我却不能做任何可以影响局势的事情。

赛前和赛后我都在更衣室里，开赛前我也在球场上和一些荷兰队的球员们交谈。但是我感觉自己被从赛场上移除了。我和富西莱一起在看台上看比赛，他也被停赛了。他当时和我一起站在门线上，而现在他和我一起坐在看台上看球。这让我的思绪又开始飘回了那个时刻："为什么那球不朝着他去呢？为什么他没有伸手挡下那个球呢？"他本可以成为那个英雄，而我则可以在半决赛出场。他本来就已经要停赛了。

更要命的是，我们的球队正处于危急时刻，因为弗兰，我们最好的球员的身体状况并不是百分之百健康。我本来可以帮忙的，他们可能需要我。那场比赛中出场的球员们踢得都非常棒。不过荷兰表现得更好，最终定格在3：2这样一个接近的比分。我们从头到尾都在拼命战斗着，正如我们一直以来所做的那样，而且我们差一点儿就能扳平比分了。能够进入决赛肯定会是很美妙的一件事情，但是从很多方面来说，我们在这届世界杯上取得的成绩已经相当好了——我们根本没有想到自己能走得这么远。

我们从我们的家人、跟随我们的记者以及各种体育媒体的报道中得知了乌拉圭国内的情况。索菲告诉我，巴塞罗那的乌拉圭人都在庆祝，然后我想："好吧，如果连西班牙都变成这样了的话，想象一下在蒙得维的亚和萨尔托会是一个什么样的情况吧。"

另一部分的我却这么想到："为什么他们不能够从一开始就像现在这样支持我们呢？"我想可能我们的表现没有一直值得他们去支持吧，我们在预选赛上表现糟糕。但是现在，我们听到一些故事：有一些球迷将市内以"苏亚雷斯"结尾的路名，都统一在前面添加上"路易斯"这个词。这让我微笑不已。

第三、四名的决赛对我们的意义可能要远远大于对德国队的意义。这是一次奇怪的经历。比赛很艰难，但是你必须为了自己国家的荣誉而战。这场比赛对我来说同样重要，因为我错过了半决赛，而且这场比赛对我来说仍旧是一场世界杯比赛。乌拉圭从来没有拿过第三名，这给了我们一点儿动力，而且距离我们上一次有如此出色表现的岁月已经很久了，所以我们想要以自己独特的风格结束世界杯的旅程。德国队只使出了一半的精力来跟我们比赛，你可以看得出他们明显心不在焉，但是他们仍旧是更出色的那一支队伍，最终他们以 3∶2 击败了我们。

我们的比赛在周六，而世界杯决赛则是在周日举行。这意味着我们必须得等到世界杯结束才能回家。我们在酒店里观看了世界杯决赛。在看的时候，我们忍不住就会想："我们才是应该进决赛的那支队伍。"但是当你仔细回顾过去的事情之时，你会觉得我们所做的一切已经是非常值得骄傲的了。他们将世界杯最佳球员的荣誉授予弗兰，这对我们来说都是一个美好的惊喜，因为，虽然弗兰是一个巨星，他仍然表现得像一个普通球员一样，而且我们也没有赢得冠军，只是拿了个第四名而已。但是我们都感到非常愉快，而那份奖励则成了我们共享的一个荣誉。我的意思是我们真的共享了这份奖励：弗兰把最佳球员的奖杯复制了好多个，然后给全队成员一人发了一个。他说，他能赢得这个奖项全靠我们的支持。这个奖杯是每一个人的。这就好像是他和我们一起因为取得了不可思议的优异成绩而得到了褒奖。弗兰配得上这个奖项，他为我们所有人付出了巨大的贡献。

我并不怎么在乎谁赢得了决赛的胜利。荷兰是我当时踢球的地方，而且我和荷兰队内不少人是朋友，在那个时候荷兰算是我的家，但是西班牙踢得更好。而且西班牙是索菲的家，也是我的第二个家。我也为伊涅斯塔感到高兴——我通过我的经纪人佩雷·瓜迪奥拉和伊涅斯塔见过面，佩雷也是伊涅斯塔的经纪人，而且他一直是我非常欣赏的一名球员。

我们到达乌拉圭的时候是晚上，然而第二天，我们就被安排乘坐双层巴士在蒙得维的亚的主要街道上进行游行。游行结束之后，我们就接受了乌拉圭总统何塞·穆希卡的接见，总统还给我们颁发奖牌。

穆希卡和国家队一直有着很亲密的关系。他是一名典型的乌拉圭乡村人，但是他的故事非常吸引人们的眼球。他曾经遭到过枪击，进过4次监狱，他也曾经躲避过政府的追捕。他曾经作为一名游击队员与当时的独裁政府做过斗争，最终在1985年乌拉圭迎回民主之时他才得到释放。他跟我们讲述了他做政治犯期间的故事，告诉了我们当时他做过的斗争。他说，那些经历教会了他许多东西。在他讲述他的故事的时候，我可以感觉到一阵阵的刺痛感。我静静地听着，那些故事都太不可思议了。有些队员也深受感染。在乌拉圭历史的那段苦难岁月中，他战斗并生存了下来。

我们在乌拉圭国内得到的待遇实在是太美妙了，我每次回忆起当时的情景都觉得特别温暖。但是坦白地说，我当时已经到达了一个临界点，马上就要崩溃了。在我们回到乌拉圭之前，我在谈论直接飞回巴塞罗那的可能性，很多队友都劝我："路易斯，你必须要跟我们一起回乌拉圭！"这对于我们国家来说是一个重大的时刻，但是我感觉像是在攀爬一堵高耸入云的墙壁似的。人们对于乌拉圭取得的成绩感到非常高兴，而且他们对我的那次手球也充满了感激。我的队友们不停地说："你不和我们在一起的话，总感觉不太好。"

当然，他们说得没错。我当时也没有办法更快地回到巴塞罗那。我主要是想快点回到家里和索菲团聚，但是由于西班牙进了决赛，当时已经没有航班了。许许多多的人预订了机票来南非看西班牙，然后再回家。不管我怎么尝试，不管我怎么寻找，就是没有办法买到机票。索菲那个时候已经怀孕 8 个月了，她随时有可能产下我们的女儿。这是最令我担忧的事情。然而国家队的庆祝活动已经安排好了，我必须要回乌拉圭。我没能飞向索菲，相反地，我飞离了索菲。

那场游行，好像全乌拉圭的人都聚集到了一起，年轻的、年长的，一大群的孩子，到处都有人在哭泣，当时的情景简直是难以置信。游行的终点是一个搭建好的舞台，我们被邀请上了舞台，然后所有人都在高声唱着一首以我的手球为灵感而创作出来的歌曲：

No es la mano de Dios，es la mano de Suárez.

La puta madre que le parió!

（不是上帝之手，是苏亚雷斯之手。给予他生命的母亲万岁！）

那种感受独特而奇妙。但是与此同时，我仍旧无法将我的思绪从索菲身上移开。我不断地想着："这个活动快点儿结束，快结束吧！快点儿！"

我终于得以在庆祝活动后的第二天飞往西班牙。我几乎没怎么睡觉，因为我当时不断在想"再等等"。当我终于回到巴塞罗那见到了大肚款款的索菲之时，我感到了前所未有的安心。

然而时间女神总是会想出办法折磨你。我在 7 月 15 日到达了巴塞罗那，但是在 28 日就要去参加阿贾克斯与帕奥克沙朗厉基的欧冠资格赛。我才刚刚回到索菲身边，又必须要离开去参加季前集训了。我给马丁·约尔，当时的阿贾克斯主教练打了一个电话说："拜托了！我需要一些时间。能不能让我在巴塞罗那多待 10 天，我可以在 28 日前训练几天，然后上场比赛。我刚刚踢完世界杯，我的身体还保持了比赛时的状态。"

约尔答应了我的请求。我在巴塞罗那和索菲一起度过了几天的时间，然后我就出发去阿姆斯特丹准备第一回合的欧冠资格赛了。那场比赛最终以 1∶1 结束，我打进了唯一的进球。第二回合将于 8 月 4 日在希腊举行，但是 8 月 2 日的时候，索菲告诉我："我刚刚从医生那里回来，他说我必须要在 8 月 5 日中午到医院报到。如果那时我还没有生产迹象的话，他们就会催产。"

我当时满脑子就在想："如果 8 月 4 日的时候我在希腊踢比赛的话，要怎么做才能在 5 日中午回到巴塞罗那呢？"

我去和俱乐部沟通了这个情况。那个周末我没有比赛任务，因为我在荷兰超级杯与特温特的比赛中被罚下了场，所以我知道就算那个周末我不在阿姆斯特丹也没有什么大问题。但是，我还是不能想到有任何方法可以让我飞到索菲身边陪伴她生产，因为我起码将在希腊待到 8 月 4 日的后半夜。

阿贾克斯拯救了我，他们为我安排了一架私人飞机在赛后直接将我送往巴塞罗那。他们甚至不知道我们会不会成功晋级欧冠，但是他们仍旧为我安排好了一切，我将永远对此而感激他们。如果我乘坐普通航班的话，我根本没有办法在第二天中午就到达巴塞罗那。

第二回合的比赛最终以 3∶3 收官，我们以客场进球优势晋级了欧冠。我进球了，这是我欠他们的人情。比赛一结束，我就朝着机场狂奔而去。

我在凌晨 2 点到达了巴塞罗那。2 点半的时候回到了家，那时索菲显得精疲力尽。我对她说："我不敢相信，明天我们将会迎来我们的第一个孩子。"我们不停聊着天，既兴奋又紧张，3 点半的时候我们才进入了梦乡。早上 4 点半的时候，索菲的羊水破了。

在经历了世界杯、欧冠资格赛、各种担忧和恐惧、无法陪伴在索菲身边的焦虑、那些电话和短信、那些飞行距离和漫长的旅途、那次点球大战、那个手球、那次游行以及巨大的压力之后，我终于还是赶上了。只是，一切才刚刚开始，德尔菲娜在早上9点16分终于来到了人世间。

她一直等着我。

在德尔菲娜成长到1岁的时候，乌拉圭更进一步成为了美洲冠军——而且是在阿根廷加冕的。

乌拉圭与阿根廷被拉普拉塔河分隔，两个国家之间只有几个小时的路程。你可以从蒙得维的亚搭船前往布宜诺斯艾利斯，在2011年7月的那一天，许多乌拉圭人这么做了。他们成百上千地渡河而来，就像是在对阿根廷发起侵略一样。

世界杯结束后一年，乌拉圭打进了美洲杯决赛，对手是巴拉圭。那场比赛在河床队的主场纪念碑球场举行，当时球场里坐满了乌拉圭人。乌拉圭球迷数量比巴拉圭球迷多了好几倍，可能比阿根廷人还要多。阿根廷人是东道主，但是我们在四分之一决赛中，以5：4在点球大战中淘汰了他们。

乌拉圭和阿根廷之间没有太多的仇恨，但是每一次我们在赛场上的相逢都是一场战斗——极其困难的战斗。我与阿根廷人都保持了很不错的关系，但是赛场上的对抗的气氛还是很强烈的。

我们乌拉圭人经常说，那些阿根廷人到处吹嘘的好东西其实都是乌拉圭的，比如说世界上最好的牛肉啊，焦糖牛奶啊，还有传奇的探戈乐手卡洛斯·葛戴尔，其实都是乌拉圭的；然而阿根廷人经常说，乌拉圭只是阿根廷的一个小镇而已。

对于阿根廷人来说，乌拉圭人在阿根廷人的地盘上再赢得一次美洲杯这个想法实在是太糟糕了，因为我们在1916年第一届美洲杯，同时也是阿根廷百年纪念的时候，赢得了美洲杯。而且在1987年，当恩佐·弗朗西斯科利和鲁本·索萨在前场搭档之时，我们又从他们手里赢了一次。对他们来说更糟糕的是，我们的美洲杯的总数达到了15个——比阿根廷正好多一个。这让我们更有满足感。阿根廷媒体怒气冲天，他们觉得他们才是那个最有希望的球队。本来，他们确实是最有希望的那一个。但是我们击败了他们。现在，我们占领了他们的体育场，夺走了本该属于他们的胜利。

在纪念碑球场听到全场高唱乌拉圭国歌这种经历实在是令人感触良多。乌拉圭国歌由高呼自由开始，由大家一起高唱"我们将英勇无畏地履行我们的职责"结尾。这首国歌非常激动人心，这不仅仅是我一个人的想法：我在某个地方看到过，乌拉圭国歌被投票选为世界上第二棒的国歌，排在法国的《马赛曲》之后。每一次我唱响国歌的时候都会起鸡皮疙瘩，而当球员们听到整个球场都在高唱国歌之时，可想而知他们会觉得自己是多么的强大。我想如果你长期住在国外的话，这种情形将会带给你更大的触动。

每次当我表现得很爱国的时候，索菲总是会笑我，但是我真的为乌拉圭感到非常骄傲。我们是一个很小的国家，但是我们没有太多的问题，特别是跟其他南美洲国家比起来。我们是一个谦虚低调的国家，但是我们很团结很快乐。在2013年，《经济学人》杂志将我们评选为年度国家。长期旅居国外令我变得更爱国，而且我回乌拉圭的次数并不如我期望的那么多。事实上，我猜想我怀念的那些东西只有在千百里之外才能显出其珍贵之处，这些东西当我还在乌拉圭的时候要么不被我注意，要么就是那些没有特殊之处的存在，但是距离使之变得弥足珍贵。我记得那些美好的事情。当我在纪念碑球场看到这一切，听到这一切的时候，我被震撼了。球场里每一处都站满了穿着天蓝色球衣的人。在球迷面前庆祝尤其令人动容。有些横幅写上了开阿根廷玩笑的语句——有一个横幅告诉阿根廷人喝马黛茶的正确方法。能够赢得2011年美洲杯是一件不可思议的事情，而且能够在阿根廷赢得美洲杯更是无法想象的。

美洲杯期间，球队内的氛围和一年前世界杯上的氛围相差无几，我们和那时一样团结。但是这一次的不同之处是：世界杯的时候我们住在与外界隔离的训练营里，而这一次我们住在一个酒店里，没有和外界隔离，所以我们的家人每一天都与我们在一起。时间过得非常快，因为每一天都有很多事情发生。所有球员的孩子们都会在一起玩闹。索菲和德尔菲娜也在那里。我在美洲杯之前接受了采访，我告诉人们："我很喜欢一个想法，那就是我的女儿将来可以说，'我的爸爸赢得了美洲杯'。"而且，仅仅是谈论到这个想法都让我感到喷涌的激动之情。这同样也让我充满动力：因为这几乎成了一个我必须要达成的誓言。

美洲杯开始时，我们的状态非常好：自信，健康，准备充分。我们小组赛的战绩是战平秘鲁和智利，然后战胜了墨西哥。接着我们的对手是东道主阿根廷队，我们当时的想法是："真是熟悉的情景啊。"我们在2010年的时候与东道主南非狭路相逢，而现在我们又在美洲杯上与作为主人的阿根廷相遇。我们在2010年成功避开了他们，但是一年后，我们没有办法再避开了。这时我们感受到了强大的压力；因为我们知道要打败阿根廷，就必须得经历各种折磨和挣扎。

乌拉圭在1987年将他们从美洲杯淘汰出局，很多人都在提醒我们这件事，并且说这种事情不会再次发生了。我急切地想要证明他们是错误的。这使得我动力十足。这个想法可能让我太有动力了，以至于我在场上为每件事战斗，表达各种抗议，到处乱窜。塔巴雷斯在中场休息的时候明确地对我说："路易斯，你要么冷静下来，要么我就把你换下场。"我不能够再继续这么疯狂地踢球了，我太失控了。在比赛最终结束之时，我的犯规次数高达13次；我太渴望赢得比赛了。

在下半场的时候，我的注意力开始变得更集中。我的表现也随之好转。

比赛以1:1结束了常规的90分钟，进球的分别是佩雷斯和冈萨洛·伊瓜因，比赛中，两支球队都有很多次机会，但是最终都功亏一簧，并且两支球队都各自领取了一张红牌。最终，我们在点球大战中以5：4击败了阿根廷。梅西、弗兰、布尔迪索以及我都打进了各自的点球。随后，穆斯莱拉扑到了卡洛斯·特维斯的点球。我们变得疯狂起来，但是依然绷紧神经，因为还有好几个球员没有踢他们的点球。随着每一个人的射门，气氛变得越来越紧张。斯科蒂，帕斯托雷，加尔加诺，伊瓜因——他们所有人都打进了自己的点球。所以，最后决定我们命运的是马丁·卡塞雷斯，他将我们送入了决赛。难以置信地，我们在四分之一决赛中将阿根廷淘汰了，那种感觉是那么的不真实。而且我们用完全属于我们的方式淘汰了阿根廷。这完美诠释了乌拉圭是什么样的一个国家。

当我们以点球淘汰了阿根廷之时，巴拉圭将巴西淘汰出局了，这让我们想到："美洲杯应该是属于我们的了！"

我们半决赛的对手是秘鲁。我包揽了全场的两粒进球——5分钟内打入两球——我们最终以2：0取得了胜利。第一个进球是来自于弗兰射门的反弹，角度非常的狭窄；第二个进球，我则在禁区附近成功晃过了门将，这种感觉特别棒——有的时候在你进球前有那么短暂的一刹那，你知道将会取得进球，晃过门将之后，我面对的是空门，然后球迷们变得无比疯狂起来。

半决赛之后是决赛。这是自1999年以来，乌拉圭第一次打入决赛，但是我们很有信心赢得比赛的胜利。巴拉圭前两场比赛都进入了加时赛。世界杯上比赛的间隔时间是4到5天，而美洲杯差不多2到3天就会踢比赛。决赛那天还下起了倾盆大雨。巴拉圭球员们的双腿像灌了铅一样沉重，而且他们在每一场比赛里都使用了一样的阵容。他们在比赛开始前就已经崩溃了，而我们知道这一点。我们在身体状况上比他们更好。而结果表明，从高唱国歌的那一刻开始，我们在每个方面都比他们有优势。他们的球员由于痉挛、伤病以及疲劳而纷纷倒下了。他们为进入决赛付出了巨大的代价。我想他们应该可以接受无法击败我们这一事实。

比赛开始后 11 分钟，我就为乌拉圭打入了第一个进球。我用右脚停下了球，在防守队员扑向我的时候几乎处于停止的状态，然后用我的左脚完成了射门。我跑向了角球区附近，与纪念碑球场里的球迷们一起庆祝着。弗兰随后打进了两个球。在短短 12 个月里，我们不仅仅打进了世界杯的半决赛，我们现在还赢得了美洲杯冠军。

你忍不住就会想要去做比较，你会问自己：选择世界杯第四名还是美洲杯冠军？这是一个艰难的选择。这两者带来的感动很不同。在阿根廷，我表现得非常出色，打入了 4 个进球，并且被投票选为那一届的最佳球员。索菲和德尔菲娜也在现场陪伴着我。并且，我们最终赢得了冠军。赢得美洲杯是真正地创造了历史。世界杯同样带给你满足感，而且世界杯上的成绩可能是更高的成就，因为世界杯有更大的国际影响力。但是举起奖杯时的那种动容是不可忽视的，而且要知道，你的孩子们将来可以说："我的爸爸是美洲杯冠军。"

名气

有时候我觉得自己一直以来都很有名气。我是校队队长；我是当时仅有的几个在踢少儿足球的小男孩；我是那个在民族队百年纪念比赛上被选中代表他们出场的人；还有在我 11 岁的时候，我甚至代表学校参加了一档黄金时间少儿节目的录制。那档节目的主持人是诺埃利亚·坎珀，节目的名字叫作《挑战游戏》。在当时，这档节目是一个大热门，虽然我必须要承认我根本不知道这档节目的存在。我当时忙着踢足球，根本没时间看电视。但是我的同学马尔克斯是这档节目的忠实粉丝，他非常想要参加这档节目。

马尔克斯是我们班级里最聪明的孩子，同时也是那个会观看所有这一类少儿节目的人。他代表学校给节目组写了信，申请参加这个节目，随后节目组给他寄来了回信，告知其申请得到了批准。老师告诉马尔克斯，他将会代表我们班级参加节目，但是节目组却回复说，事实上这件事没有那么容易。他们需要我们派出两个男孩和两个女孩去摄影棚参加试镜。届时将会让这 4 个学生做一些测试，只有身体状况最好的那一个才能参加节目的录制。

这意味着老师面临着一道难题：怎么挑选另一个男孩子呢？我们最终采取了抽签的方式。我们在一个帽子里放入写好了学号的纸片，抽到谁的号码谁就要去参加试镜。我的数字被抽中——我成了那个幸运的男孩。随后他们抽出了参加试镜的另外两个女孩，我们将和马尔克斯一起去参加试镜。当我们完成了各种各样的测试之后，节目组告诉我们："我们最终决定，身体最强壮、完成测试最快的那一个将会参加我们的节目，那个人就是——路易斯。"

可怜的马尔克斯充满了绝望感。他是那个写信申请的人，而且那时才 9 岁，他纯粹只是想要上电视而已。我从他那里抢夺了成为焦点的机会。他止不住哭泣，而我也觉得特别糟糕。其实也没有那么糟糕，因为我也迫切地想要抓住这次机会去赢得胜利。

所以，我就这么参加了这档节目。其中一个挑战是要去超市扫货，你要在规定时间里按照之前给的购物清单将超市推车装满。在比赛结束后，你放进推车里的东西都将属于你。你可以将所有的东西都带回家。

我当时在超市里一边推车一边想："这真是太棒了，这个给我兄弟们拿点儿，这个给我妈妈，这个我自己用。"这个游戏太有意义了。我最后获得了三四个袋子的奖励品。然而老师却给我送来了坏消息："我已经决定这些东西都会被赠予马尔克斯，因为他才是那个写信的人。"

现在我成了那个感到绝望的人。

最终我才明白过来，我是代替他参加的。不过因为我的出色表现，节目组再一次邀请我去参加节目。

两天后，节目组给我打来了电话邀请我参加下一轮的比赛，这一次我下定了决心，下一个推车的东西全部都属于我和我家人，绝对不给其他人。我觉得第二次参加节目的时候，我比第一次完成得还要快。我最终参加了 4 次这个节目。第二次的奖励品全部被我带回了家，第三次和第四次的奖励品我全部给了学校。能上电视还是令人很开心的。我告诉所有家人和我认识的人坐下来看我的节目。没有人可以擅自切换频道。在年底的总分记录上，我们学校在所有参赛的学校中排名第七。

这不是我唯一一次被媒体记录下来的超市之旅。有一张我在利物浦购物的照片传播得很广，那张照片中，我从超市走出来，手里的推车塞满了啤酒。这张照片造成了巨大的轰动，人们觉得我好像过着异常奢侈的生活似的，但是我并没有。我的家人从乌拉圭来看望我，索菲的家人也从巴塞罗那来到了利物浦，并且卢卡斯·雷瓦和菲利佩·库蒂尼奥的家人一起来到了利物浦。那一次聚会人数众多，有差不多 40 个人，而且聚会将在我的家里举行。菲利佩和我一起去采购聚会用的饮料，他就站在我的身后推着塞满汽水和非酒精类饮料的推车，而我则推着那辆塞满啤酒的推车。人们肯定寻思着：看看这家伙的生活方式。那个时候我刚刚和利物浦签下了新的合同。

这种照片不是唯一在报纸上出现的类型，不久之前，他们刚刚拍下了我和一个有唐氏综合征的孩子在公园里踢球的照片，这些照片被作为我已经改过自新的证据刊登在了报纸上。这些评论其实是在差不多一年前发生的，大致是在我咬了伊万诺维奇而被禁赛的时候。

这些都是名气带来的坏处：加诸你身上的关注实在是挡也挡不住。你有时候只是想去市中心购物，然后突然之间 20 多个人朝你拥来。你必须在去超市前做好各种心理准备："路易斯，准备好，他们肯定会将你围个水泄不通的。"

我明白这一切举动，我也曾经是个孩子，如果当时我在街上看到著名的球员，我也会做出相同的举动。然而在利物浦比较好的一件事是，由于城市很小，大多数人都曾经在街上看到过我，所以他们都很习惯在街上遇到我。而且，如果我和孩子们在一起，有人围过来的话，我会觉得私人空间受到了侵犯，我希望和家人在一起的时候，大家能与我们保持正常的距离。

在巴西世界杯开始前的几个星期里，有一天我去超市买东西，我在超市里只待了半个小时，其中有25分钟都在给人签名，德尔菲娜则在那里放声大哭着。有的时候，我觉得根本没有属于自己的生活。

我经常告诉自己，可能在其他的国家生活会不太一样。这种事情只有时间可以证明了，但是，在巴塞罗那度过的几个星期里，我和索菲暂住在她父母亲的家，房子外面总是有球迷和电视台记者蹲点守候着。

回到利物浦，我已经到了必须时刻戴着帽子才能出门的地步了。但是有的时候，总是戴着帽子会让情况更糟糕。你走进一个购物中心，里面每一个人都穿得很正常，这个时候，一个将连帽衫的帽子戴着，低着头走路的可疑男子走了进来……

我告诉自己："路易斯，你在这儿根本得不到一秒钟的考虑时间。所有动作都必须迅速完成。"从一开始我就意识到自己必须在方方面面加快速度。你必须足够迅速，才能更好地参与到比赛中去。只有在那之后，可能你才有机会再次慢下来，好好地触球、停顿，甚至可以稍微思考一下。但最开始的时候只有：加速，加速。那一刻我才有一种真正的"欢迎来到英格兰"的感觉。

第 4 章　就选 7 号吧

那一天，没有人出席我在利物浦的初次亮相。此时我刚以 2280 万英镑的价格转会到俱乐部，合同终于签妥，而我也开始好奇揭晓的时刻会是怎样的。我在脑海中想象着安菲尔德如潮的人群，而自己身着红色球衣在球场中间表演颠球。

"我希望别出洋相。"我对索菲这么说。

其实这些担忧是多余的。最后，我并不需要承受在千万球迷和无数摄像机镜头前颠球杂耍的压力。

"下周再来，"他们告诉我，"到时候会跟安迪·卡罗尔一起开个媒体招待会，回答几个问题，照几张相就行了。"

如果能有完整的流程那会很棒，但在英格兰并没有这样的习惯。在真正取得成就之前，没有人能够直接得到整个体育场的掌声。其实这是理所应当的。

那当然也是利物浦的行事方式。这地方的确拥有某些特质。从一开始，安菲尔德最让我惊讶的地方在于，它是如此小、如此的传统。走进更衣室你就能感受到这种特质了。我们不是没有高级的储物柜，事实上更衣室里根本就没有储物柜。当你打开更衣室的门，你会觉得它是如此……好吧，如此普通。非常的简单，没有丝毫奢华的装饰。屋顶很低，四面围着白墙，一张围绕整个房间的长木凳被刷成红色，门边挂着关于包好戒指、取下首饰以及赛前准备时间的联赛告示。理疗躺椅被放在中间。墙上有一个小电视以及队服挂钩。除此之外别无他物。

我觉得它会一直保持那个样子。以前来拜访过我的人总是会对此表示惊讶。在那里，你和队友们之间是如此的靠近。即使你确实比队友们实力强，也不会因此感到不自在。我爱那种感觉，某种程度上它对我起到了激励作用。外人可能觉得他们应该把更衣室建得更大一点儿，但没有任何一个利物浦队员会这么说。如果改变了它，那就不再是安菲尔德了。安菲尔德将一直如此。

当你到其他一些足球场的时候，那里的更衣室巨大且宽敞。足足10米开外才是距离你最近的那个队友，理疗椅则安置在另一个不同的区域。在安菲尔德更衣室，我们大家是实实在在地聚在一起。所有人都能够互相交谈，在我眼里这也是利物浦俱乐部如此特别的原因之一。当我初来乍到时就立刻感到与利物浦的氛围契合，这正是我想要的那种环境。

更衣室离球场的步行距离也不太远。你一走出门就和对手们来到了同一个通道。客场球队的更衣室甚至更小。我进去过一两次，感觉它至少还要小上几米。不过，客队更衣室的门要更大一些。我必须承认自己从来没有注意过，但是，主队更衣室的门框显然被故意做得更小一些，这是为了让球员们走出来的时候看起来更魁梧，更有气势。不知道这一招是否奏效，不过倒不失为一个好点子。

在走下台阶之前并没有太多空间让我们集合。那段楼梯很窄，几乎容不下两个球员并排行走，有时候你不得不闪身让一个人先过去。楼梯的尽头有一扇门：一扇非常朴素的红门，上面有一扇小窗。它实在是太过平凡——但是在它的另一边，有着一片举世闻名的场地。

在更衣室里你听不见球迷的声音，因为里面常常放着音乐。我们的更衣室DJ总是在不断变化。一开始是"佩佩"雷纳，之后是德克·库伊特。后来大家决定每个人选两首歌，然后集合到同一个 iPod 里去。南美球员们聚集起来挑了一些曲子。但是我不准备选太多乌拉圭音乐，因为我觉得那样很有可能会被他们赶出更衣室。再后来俱乐部请了一位新按摩师，佩德罗·菲利普，他是个音乐迷，所以之后选音乐这个任务就交给他了。

有些时候当我想把精力集中到即将举行的比赛上时，太大声的音乐会让人无法安静思考，这让我感到烦躁。每个人做赛前准备时往往都有自己独特的习惯，过于吵闹的音乐应该是不必要的。

当我们输掉或是打平了一场比赛，在赛后的更衣室里往往就不会再响起音乐。或者如果有音乐，我也不想去听它，于是我会站出来把音量调小或者干脆关掉，这很容易把其他一部分队友逗乐。我觉得，这应该又是我以前那种易生气的性格在作怪。不过我喜欢在赛后适当回顾一下比赛。如果我们赢了球，皆大欢喜，那么好的，把音乐打开吧。就算在这种时候，我也还是更希望跟队友们聊聊比赛的情况。

在比赛之前，我爱听到的声音是当更衣室门打开时扑面而来的球迷们的声音。那些声音顿时将你包围，并且声浪随着跨出的每一步而变得更强。这种感觉并不仅仅在重要的比赛时才出现，每一场比赛都会是这样。我总是那么希望能尽快地踏上那片草皮。

身着利物浦球衣在座无虚席的安菲尔德球场跑步登场是如此激动人心。说实话，我怀疑这种场景同样激励了对手们，但绝对无法与为利物浦而战的感情相提并论。

球员通道里位于大家头顶上方的，当然啦，就是那块著名的"这里是安菲尔德"的标语牌。我岳父当初来这儿看望我时曾说他要在标语牌下面照张相，就是他让我了解到了它的重要意义。他在牌子下面摆好姿势，说："这是传奇。"

有时候我会伸手去触碰标语牌，有时候不这么做。刚刚加盟球队时我就注意到了很多球员都会去摸它。对我来说，要不要伸手摸需要看我当时处在一种什么样的状态了，因为我比较迷信。

众多球场都是大同小异，所以把这样的物件好好保存是明智之举，利物浦因此而与众不同。这家俱乐部的历史感非同寻常；集体意识、球迷的重要性以及大家的团结性也是一样。没有其他任何一家俱乐部能够与之相比。利物浦是座很特别的城市，拥有一种有别于其他城市的特质：坚韧又温暖，骄傲而紧密。显然，它尤其为披头士乐队感到骄傲：我降落的地方叫作利物浦约翰·列侬机场，当时心里正好奇这背后的关联性。另外索菲会告诉你，披头士博物馆正是极少数几个我去过的博物馆之一。事实上，我相当享受那里的展览，以至于去了不止一次。

我甚至得到过一次"采访"保罗·麦卡特尼（披头士乐队成员、主唱之一）的机会。我没有真正跟他碰面，只是进行了一次"虚拟采访"，就是我们各自为对方录下问题和答案。这件事情发生于他在乌拉圭开演唱会的时候，他在演唱会上对下面的歌迷提到过我。于是当他再一次去蒙得维的亚之前，巡演组织方与我取得联系并且准备了这一切。那次荧幕上的"会面"从我俩开玩笑扮演导游开始。

"嘿，保罗！能给点建议，告诉我在利物浦可以做些什么吗？"

"嘿，路易斯！我到乌拉圭该干什么，有建议吗？"

很快我就发现他是埃弗顿的球迷。注意，这并不影响利物浦足球俱乐部——是乌拉圭的那家——让他成为了荣誉会员。

对于每一个加盟利物浦的球员来说，了解希尔斯堡惨案对俱乐部、球迷以及当地社区造成的冲击都是非常重要的一件事。我对惨案的认知是后来随着时间慢慢加深的，但是起初，我还是对这个事件有着一定程度的了解。惨案的周年纪念日在我加盟球队几个月之后来临了，伴随着视频记录，故事再一次被讲述。4月里，安菲尔德周围乃至整个利物浦市都充斥着强烈的情感。尽管自己并不可能完完全全地体会那些受害者家庭所经历的一切，但对我来说这件事依然有足够大的震撼力。我对当时的情况了解越多，就越能够理解那些家庭的情感形成的原因，以及为什么寻求公正的战斗不能停止。同样，我对他们也愈发钦佩。

梅尔伍德训练基地和安菲尔德很相似。但是它更加现代化，训练基地最近被重新改造过，能够充分满足球员们的需求，不过它同样与浮华无关。另外我可以很诚实地说，更衣室不管从哪方面来看无疑都透露出谦逊的氛围：我从没见过哪个球员自认为比别人强。这一点从大家互相之间的交谈方式、着装习惯还有对待他人的态度就能一眼看出来。从某些方面来说，这种特质是从斯蒂文·杰拉德和杰米·卡拉格等人身上传递出来的：那些在利物浦待了一辈子的人们，那些真正懂得俱乐部精神的利物浦"土著"。所有俱乐部都需要像他们这样的角色存在。还有那些为球队工作了很多年的工作人员们。在梅尔伍德，不管是卡罗尔还是安，或者雷伊还是简，大家对待球员都十分友善。工作人员们常常会对我的家人和孩子们嘘寒问暖："你准备什么时候把他们接来？"他们让我感受到了家人的温暖，也会在我受挫时给予帮助。有的时候，他们给予的也许仅仅是一个微笑，但他们对于我以及其他球员们的情感支持是无价的。

那种集体归属感也延伸到了球迷群体中。有时候，俱乐部在人们生活中的重要性实在让我感到很吃惊。这体现在了他们所发出的加油声、为看球队比赛所做的努力，以及由他们为球队营造的特别氛围中。那种感觉是如此特别，以至于客场来访的球员们都会了解到安菲尔德的与众不同。利物浦之所以能够成为一个伟大而成功的俱乐部，安菲尔德的作用不容忽视，而这一切的核心就是集体归属感。让队员们铭记团队的意义，能够每天给予球员激励，并确保大家成为一个真正的团队。

当你穿过玻璃门来到梅尔伍德训练基地的前台时，首先映入眼帘的是一座欧洲冠军杯。它的另一侧放着比尔·香克利的半身像，上面引用着他说过的一句话：

"最重要的是，希望大家记起我时，想到的是一个无私的人：他曾尽心尽力，为的是大家能够分享荣光；他曾建立起一个大家庭，为的是大家能够高高昂起头说……我们是利物浦。"

其他球员或教练们的照片和金句布满了墙壁。也有很多是来自对手的，讲述安菲尔德的气氛和特别的球迷群体。这里不仅有斯蒂文·杰拉德说过的话，也有些来自约翰·特里，蒂埃里·亨利，而下面这段来自约翰·克鲁伊夫：

"放眼欧洲，没有其他任何一家俱乐部拥有《你永远不会独行》这样的队歌。纵观世界，也没有其他任何一家俱乐部能与球迷团结得如此紧密。我坐在那里看着利物浦的球迷，他们让我从骨子里感到震颤。多达 4 万人一起汇聚成了球队背后那一股力量，这不是随便一支球队就能拥有的。正因如此，没有什么比利物浦更让我钦佩。"

那是一段世人皆知的历史，也是当他们向我抛出橄榄枝时我没有过多迟疑的原因之一。当时我还并不知道的是，围绕这家俱乐部的感情到底有多深厚，不过随后我很快就有所体会了。对于一个计划转会的球员来说，钱的问题是很重要的，我觉得这对所有准备换工作的人来说都是一样——你总会希望改善自己的财务状况。但这也绝对不是唯一的考虑因素，对我来说也是如此。当时阿斯顿维拉和托特纳姆热刺都希望我加盟。尽管我感觉热刺最初并不太肯定我是否足够优秀——我明白他们当时更倾向于拉斐尔·范德法特——但当利物浦对我感兴趣的消息得到确认之后，热刺也与阿贾克斯取得联系，并提供了相同的报价。他们同时表示愿意付出与利物浦同等的薪酬，不过当我的经纪人佩雷确认利物浦想签下我的那一刻起，一切就已经尘埃落定了。我愿意为他们效力。从经济上考虑，我若是去热刺也会过得一样好，但考虑到利物浦在足球界的意义以及它的历史，那就是我心之所向。时间将会证明这是一个正确的决定。

最初的一些交流是和达米安·科莫利在梅尔伍德基地进行的，很明显他和主教练肯尼·达格利什都很希望我能够加盟俱乐部，并为此努力争取着。也许有些人会对我心存疑虑，因为我来自一个被认为是水平相对较低的联赛球队，但他们二位没有这么想。我将永远感激他们当初对我的信任。

曾有些阿贾克斯的人们表示，那个时候我去利物浦其实并不能算作是进步：因为利物浦并没有打进欧冠，而且球队在联赛里的处境也不是特别好。他们知道我有在一家大俱乐部干出一番事业的志向，所以对我说，虽然赚的钱是会更多些，但利物浦并不是那家俱乐部。

我明白利物浦已经有很长时间没有得到过联赛冠军，而且前一个赛季在罗伊·霍奇森的带领下更是步履蹒跚、跌跌撞撞。但他们上一次打进欧冠决赛并不是一件很久远的事情，而且我也知道它的规模和历史。在最初的几次会面中，他们没有向我夸耀辉煌的历史；与之相反，他们为我呈现了俱乐部的未来。我对俱乐部将极力争取签约大牌球员深信不疑，而当我们向荣耀再次发起冲击时，也会有庞大的球迷群体组成我们的坚强后盾。我明白利物浦意味着什么，所以欣然前往。之后球队就正式完成了我的转会。

等待交易正式完成的那段时间总是微妙的。当时在格罗宁根，交易是在我正准备启程回归乌拉圭的时候才终于尘埃落定。这一次，我对转会能够完成深信不疑，但是仍然需要等待。讨价还价持续了 3 天时间。最终，我在家里接到佩雷的电话说一切已经办妥，只剩下少量细节需要完善。看起来事情终于结束了：我即将成为一名利物浦球员。

首先出现在我脑海的是将来能与斯蒂文·杰拉德和费尔南多·托雷斯同场竞技的场景。那些年在荷兰踢球的我通过电视观赏着他们俩进球的时候，玩 PlayStation 选用利物浦的时候，我从没有想象过有一天我会在现实中与他们并肩作战。

前往利物浦的那天我本来希望和索菲以及德尔菲 ① 一起去，但最终

---

① 德尔菲，是苏亚雷斯女儿德尔菲娜的昵称。

没能成行。佩雷和我们共度了一晚，第二天我们都睡过了头，几乎就要误机。于是我们只能把索菲和德尔菲留在家里，自己先冲向机场。

签约仍然没有彻底完成。由于经费支付方式的分歧，有那么三四天都没有达成一个最终的正式协议。不过我知道肯尼是希望我加盟的，所以这场等待就显得并不那么痛苦，我从没有设想过任何谈判破裂的可能性。

当时我住在霍普街旅馆，基本足不出户。索菲和德尔菲乘坐了晚些时候的班机前来。我就在那儿不断查看手机，看是否有了事情全部办妥的消息。在所有细节最终被官方敲定之前，我不能在公众场合亮相或是告诉我的家人进展如何。于是到 30 日晚上电话终于打来的时候，那种感觉真是如释重负：我可以去签约了。第二天我就将参加自己的第一次训练，再接下来的一天，便将是我的首秀。

当你第一次出现在新俱乐部的训练课上时，你总会很自然地去观察新队友们，看看这支队伍拥有或缺乏怎样的特质。同时你会意识到所有人也都在看你。你会觉得自己成了一个埃及木乃伊——只会转动眼睛左看右看！你明白自己如果做错任何事的话，都会被所有人看在眼里，甚至能感觉到他们在说："呃，看看这个人。"在最初的几场训练课里你一直能够感受到每一个人落在自己身上的目光。不过一旦你有了些好表现，情况就有了变化。

一开始，达格利什向大家介绍我："我们有了一位新队友，这是路易斯。"

我感觉有点儿尴尬，当其他球员过来向我做自我介绍时这种感觉更甚。我想即使是最大牌的球员应该也会在第一天感到尴尬吧。大家的欢迎都很热情，即使我并不能够完全听懂他们所说的话，我还是能清楚地感受到温暖的氛围。不过那感觉还是有一点奇怪。我在第一场训练课结束后也没有能够花更多时间去与他们相处。我必须要在当天赶去都柏林拿到工作许可。因为如果要在伦敦预约就不可能这么快，所以我们只能在训练结束后立刻奔赴爱尔兰。下一次再见到我的新队友时，我们已经一起坐在了安菲尔德的更衣室里，我正等待着第一次走下那条球员通道，第一次走过"这里是安菲尔德"的标志牌。

由于费尔南多·托雷斯的离开，以及关于我和安迪·卡罗尔的签约谈判，那时候的利物浦正经历着一场大变动。进进出出的情况很多。我没有想到费尔南多会被出售。好消息是，我们能搬到费尔南多的房子里去住。不过和他并肩作战的想法曾让我那样激动，我最终甚至没能和他一起训练过，这件事实在是一个遗憾。如果将来我能告诉孩子们"我曾经和费尔南多·托雷斯一起踢球"，那将会是件很棒的事。在那之后也有很多球迷对我说过，如果能看到我俩配合该有多好。他曾经是位伟大的球员，现在仍然是，他为利物浦带来了许多。

跟费尔南多交谈的过程中他告诉我，我来到了一家伟大的俱乐部和一座伟大的城市。他坚信我在这里一定会很开心，但他自己已经做出了离开的决定。我看着他在安菲尔德的进球记录，心想要赶上他一定不是件容易的事。球迷们很爱他，也会一直去比较我和他之间的差距，这是不可避免的。

我还算走运。费尔南多一被出售，另一笔大签约就来了。我第一次见到安迪·卡罗尔是当我在旅馆等待合约完成的时候。虽然没有直接跟他说，但我心里其实在想："真高兴你在这儿。"如果利物浦卖掉费尔南多之后只签了我，那事情就会变成："苏亚雷斯是来代替费尔南多的。"安迪就像一个人肉盾牌，他的转会费比我高，所以外界传媒全都认为他将成为费尔南多的顶替者。我并没有被过多地议论。

利物浦的天气有些凉且透着阴郁，但经历过荷兰生活的我感觉很适应，来自其他人的温暖也足以弥补天气的不足。利物浦市民们很随和，而且对我和家人都很有礼貌，就像费尔南多之前告诉我的一样。

费尔南多还把我介绍给了周围的邻居们，他的朋友也成为了我的朋友。我搬进来的时候"佩佩"雷纳就住在街尾，阿根廷人马克西·罗德里格斯也住在附近。他也有个小女儿，所以我们有了共同的话题。法比奥·奥雷里奥和卢卡斯·雷瓦也住得不远。

最初的那段时间里雷纳帮了大忙。他一直说我有实力在利物浦取得成功。我跟德克·库伊特也很合得来，在球场上我总能立刻明白他的想法，因为我们都是从荷兰足球学院里走出来的。每当进行经典的传切配合、二过一训练等的时候，我们总是很合拍。甚至在场外他也很能理解我，这多亏了我在荷兰时学到的荷兰语。

另一个跟我很合得来并且令我印象相当深刻的人是格伦·约翰逊。我早知道他是名出色的球员，因为他是英格兰国脚，而且利物浦为他花了大价钱。然而他的出色程度仍让我吃了一惊。身体、力量和头脑在他身上完美结合，而我觉得后者在英格兰许多人的心里并不那么被重视。很少有球员能同时拥有这样的身体素质和机敏头脑，而他恰恰是这样的一位球员。我试图在场上与他形成默契。我知道，作为一个边后卫，要想找到一个能够尽量保护自己且能在球队失掉控球权时提供掩护的前锋，并不是件容易的事。也许他不是个非常英式的边卫，所以才经常受到低估。他的技术如此出色，以至于尽管是一位天生的右脚球员，他左脚的射术实际上更好。

格伦也会说一些西班牙语，这对我很有帮助。他和其他人不一样，并不是你想象中那种典型的英国人。他理解西班牙和南美洲的人，包括我们的行事方式，我们所讲的笑话，那种幽默感以及性格特征。虽然到后来我所有的利物浦队友都能理解我了，但是他是从一开始就能够做到。他让我感到轻松，一直帮我的忙，而且总是非常好客。他总会面对面地与我交谈，非常诚恳而直接。

我从没问过格伦为什么会说西班牙语，不过他一直在努力提高自己的西班牙语水平。如果我们有人正用西班牙语交谈，他就会很专心地听，然后当有地方不懂的时候便会问我们这是什么意思。接着，几天之后他就会运用之前问过的那个短语。我会感慨："他记忆力真好啊，什么都能记得！"其实离开之后他会去查查学到的东西，并且加以完善。

他对我们的文化展现出了真正的兴趣，而他的处事方式也让我和其他说西班牙语的朋友们感到欣慰。

格伦有3个小孩，其中两个虽然还很小但已经能说西班牙语了。如果你跟他们说西班牙语他们会回应，这都是因为格伦的缘故。他说自己是英国人，我倒并不能很肯定他真的是。

有一阵子格伦的西班牙语比我的英语还要好，但现在已经不是这样了。俱乐部为我安排了英语老师，我缓慢地进步着。这挺难的，因为我有一群朋友和他们的家人都说西班牙语，我们经常见面，这对我的英语学习一点儿帮助都没有。

学习说英语一开始对我来说简直是最难的事情——事实上，到我即将离开利物浦的时候还依然是。在荷兰时情况不一样：他们会要求我必须说荷兰语，在赛场上，至少布鲁诺总是试着用荷兰语跟我交流，帮助翻译和解释那些我不懂的地方。因为我是阿贾克斯的队长，我也必须强迫自己去说荷兰语；而在利物浦，就算英语说得不好，想要混下去也相对容易些。其实，在荷兰每个人都会说英语，如果我在那时候就开始学，到利物浦的时候应该就有点儿优势了。

现在我的英语很可能比荷兰语稍好一点儿，因为我已经忘掉了很多荷兰语。事实上，虽然我一直努力在英语学习上取得进步，但相比之下，我的荷兰语曾经达到的水平更高些。

初来乍到时，我会去跟德克说话，而我的用词往往出现混淆。我常常一边望着队友们一边想："这家伙一点儿也没明白我在说什么。"这很可能是因为我所说的话中有一半其实是荷兰语，而不是我以为自己正在说的英语。

我在自己家里上英语课。首先我得说，课程是很好的，但总有那么一刻你会开始觉得最好减少课程数量而多跟队友们说说话。因为我会说荷兰语，事情就变得更复杂了，那些动词总会在我脑子里产生混淆，以至于犯下不少错误。它们是不一样的，但足够相似，以至于让人困惑。另外还有些拼写相同的荷兰语词汇，在英语里的用法却非常不同。荷兰语里还有一种非常低沉的类似"ghhhh"的喉音，就像在试图咳出痰来一样，这在英语里是不存在的。

有时候肢体语言就足够了，而且足球的语言并不会随着地点不同而有过多改变。你很快就能学会它们，虽然并不会比学粗话更快——这从来都是你最先接触到的，永远是这样，荷兰语、英语、西班牙语……无一例外。英语里我最早学会的就是粗话。那往往是侮辱性的，但你无法做到总是正确分辨自己说的话有多重。当然，教你的那个人会觉得挺好玩的。

同样的情况也发生在荷兰。我有个塞尔维亚队友，戈兰·洛夫雷，他总是把一个特定短语挂在嘴边，我从来没有真正明白那是什么意思，只知道是种冒犯性的言论，而且我猜是极其令人不快的那一类。挪威人埃里克·内夫兰也有自己最喜欢用的挪威语粗话。同样当这些球员学习西班牙语的时候，最先学到的词汇，当然了，也是些粗话。

在我们的语言课上，最重要的事情应该就是练习那些很可能被记者们在赛后提出来的问题。有时候我会看着一些外国队友心想："他们的英语是怎么达到这么高水平的？"答案很简单：他们知道有些什么问题在等着他们，并且为之做了准备。于是我也开始这么做。你可以用一种能够掩饰自己英语水平缺陷的方式来为这些采访做准备。我发现在那些采访中你总是碰到相同的问题，所以就可以给出相同的答案。这很棒，因为你只需要记住一个短语，不断重复它，就没什么问题了。

我想我的第一次英语赛后采访应该是在古迪逊公园（埃弗顿足球俱乐部主场）对阵埃弗顿的比赛之后，记者问了我几个问题，其中一个我感觉非常熟悉。后来，老师就说："看到了吗？"那正是他告诉我他们可能会问的问题，我为此早有准备。"你的回答很完美。"他告诉我说。它当然会是完美的——我们已经做了足够的练习。"最重要的有以下三点……""我们知道这会是一场艰难的比赛，所以我们整整一周都在为此努力……""大家很高兴，但现在我们必须把注意力集中到下一场比赛上去……"一直都是一样。

在荷兰，情况很是相似，但有时候他们会向你抛出一些更难回答的问题。比如会问你是否打算离队，会更直接地与你讨论你的个人表现。到后来，我对这些也都能做出得体的回答。

我曾看着梅尔伍德基地墙上的那些照片，好奇自己有一天会不会也出现在其中一张里。肯尼·达格利什在很多张照片里面都有出现，不过当时我还不清楚他在利物浦的历史中究竟有多么重要，也不知道他所穿过的队服的重要意义。我在阿贾克斯的时候一直穿 16 号——我和索菲的结婚周年纪念日——但我来的时候 16 号已经有主了。佩雷告诉我可以选择 7 号，11 号，或者 15 号。"那就应该是 7 或者 11，对吗？我就选 7 吧。"我说。这就是事情的经过，没别的。

我完全不知道 7 号球衣意味着什么，不过很快就明白了。人们也在不停地跟佩雷说，于是他给我打来电话："你知不知道这件事的意义有多重大？"他给我讲了凯文·基冈和肯尼·达格利什以及他们的成就，也对我讲了那些欧洲冠军杯和联赛锦标，还有曾经是世界最佳球队的那支利物浦。当然我记得史蒂夫·麦克马纳曼，但并不记得他们。我之前真的没有想到 7 号这个数字是这么重要，但人们不断地向我提及肯尼。我已经能感受到压力的聚集，能够真正感觉到他们对肯尼的尊敬。

不过最后看来，选择 7 号是个正确的决定。苏索被租借出去的时候他们本来向我提供了换成 16 号的机会，但我还是继续穿了 7 号。身着 7 号战袍同样也鼓励着我更仔细地看看那些照片，我也看了一些肯尼的视频。现在他是我的主教练。

尽管有压力，但这也以一种奇怪的方式令我感到更受用。我对自己说："如果是一个如此被球迷爱戴的人物将我带来这里，支持我争取成功，那一定是个好兆头，不是吗？"

我来的时候，有种感觉是肯尼的回归是来拯救俱乐部的。那是一段艰难的时期，而他在霍奇森离开后的第一个赛季就扭转了局势。我刚来时我们离欧战①席位还有很远，但经历了一段长时间的不败之后，我们只要在最后一轮打败阿斯顿维拉，同时托特纳姆输掉比赛，我们就能打进欧联杯。不幸的是，我们以0：1的比分输给了维拉，不过比赛结果已经不重要了，因为热刺在他们的最后一轮中以2：1战胜了伯明翰，不管怎样他们都得到了那个欧联杯席位。

　　肯尼对于我们应该怎样踢的想法来自于他自己踢球的经验，他的足球理念是好的，但我们一直没能有足够的好运去完成它。我曾经听到过有人说他不懂现在的足球，但我完全不能苟同。事实是他也许并不像他第一次执教时那样亲力亲为了，可能相对于单纯的教练来讲，利物浦传统的足球经理②就是这样的工作方式。肯尼不会定期与球员谈话，这对我来说是比较新鲜而不同的一件事。我在荷兰和乌拉圭都踢过球，那里的教练总是说个不停。而当肯尼来跟你沟通的时候，那是因为他对你表示失望或者觉得你有什么特定的地方需要做出改进。他在与你交流之前会认真思考很久。而且，我和他之间也存在语言障碍。如果他不得不在训练课上告诉我什么事情，他就会对"佩佩"或卢卡斯说，然后再由他们翻译给我。他常常从较远的地方观察我们的训练，训练课则交由教练组成员来负责。

　　我们的训练一般由曾在切尔西与何塞·穆里尼奥共事了很久的斯蒂夫·克拉克来负责。有时候我们会用某种方式训练，进行每人一次或两次触球的传球游戏；或者我们会以一套觉得会是周末首发的阵容来踢练习赛，但到了比赛来临的时候，名单上又会出现两三个不一样的名字。你很难预测肯尼会排出怎样的阵容。

---

　　①　欧战，指欧洲各国足球俱乐部除本土联赛杯赛外，在达到一定成绩条件后参与的整个欧足联管辖范围内的比赛，如欧洲冠军杯、欧洲联赛杯。

　　②　英格兰职业足球俱乐部的主教练。

斯蒂夫在战术方面很出色。他会处理所有的任意球战术并负责训练课。他的方法非常现代，他做的事情就是我一直以来所习惯的主教练们所做的工作。肯尼的话不像我预想中那样多，这让我很惊讶。不过可能他的职业生涯已经进入这样一个时期，当他觉得有一个能力强的教练可以帮他完成任务时，自己就不用绞尽脑汁带领球员训练了。

我想他也是希望他的助手们感受到自己能够为球队做出贡献。有很多主教练的做法就好像他们的助手们根本没有存在意义似的，但肯尼不是这样的人，他没有那么以自我为中心。他组建了这支球队，而我们会像他期待的那样去踢球。他来决定我们在训练场上的任务，只是不作为督促它们被执行的那个人——大部分日常工作都交给了其他工作人员。不过，他是会进行赛前讲话的。

刚开始的时候，他对我说话是一回事，我能够真正明白他在说什么又是另一回事。有一次我们即将客场对阵阿森纳，我已经连续首发了很多场，于是他在全队讲话之前对我说："You today，left out." [1]

我说："哦，好的，好的。"心想："没关系，我以前也踢过左路。"然后我就去参加肯尼的全队讲话。

我对左后卫何塞·恩里克说："何塞，今天你就有人帮忙啦。"

德克·库伊特无意中听到了，就问："什么意思？"

"我今天要踢左路，所以我猜你很可能是在右路。"

接下来肯尼念完了阵容名单，我被放在了替补席。何塞·恩里克看着我，德克·库伊特也一样，都很不解。

全队谈话结束后他们问我："教练之前跟你怎么说的？"

"我不知道。应该是'left out'……踢左边路的意思，对吗？"

他们都被逗得放声大笑。

---

[1] 这句话的含义是："你今天被排除在大名单外。""left out"意为排除在外，单词"left"也有左边的意思。

德克对我说："所以他说的是'left out'还是'out on the left'还是'outside left'？"①

"不，不，肯定是'left out'。那句话说得很快，但我能肯定就是'left out'。"

于是德克一字一句地对我讲："left，out。是说被排除在阵容外，你不会上场。"

那么一切就说得通了。我懂了肯尼为什么要在全队讲话之前找到我说这件事。他很可能会觉得奇怪：我怎么接受得如此爽快。

终于完全理解那句话的意思的时候我是有点儿手足无措的，但是现在要做出什么反应已经太晚了。

我最终习惯了主教练的口音，但是刚开始一切都很困难，赛前他做的全队讲话常常让我不知所云。他并不像现在的很多主教练那样在宣布名单的同时用图表做辅助。这种傻瓜技术对一个还没掌握这门语言的球员来说非常有效：大屏幕一显示，你就能看到整个阵容，首发在上替补在下，最后是没进入大名单的球员。但肯尼仅仅会拿出一张纸来读给全队听。

那是我与俱乐部签约两天之后，他正在宣读对阵斯托克城比赛的首发和替补名单，我对自己说："我没听到我的名字，真可惜，我不在那18个人之中。"

我本来期待坐上替补席，然后替补登场完成首秀，但我却根本没能入选。也许签约时间距离比赛实在太近了，以至于不好冒这个险。然而在开往安菲尔德的巴士上，球员联络官雷伊·霍顿向我表示了祝贺，于是我问雷纳："主教练说了苏亚雷斯吗？"

雷纳回答道："对，他说了苏亚雷斯，只是没有用我们的那种读法。他用了一种从没听过的读音方式，但是，对，他说了你的名字。你在替

---

① "out on the left"意为在左边路，"outside left"意为在左路外侧。

补名单上。"

我感到很高兴。我才刚刚正式签约两天，就能在安菲尔德上演个人处子秀了。

那场比赛我作为替补出场并在 KOP 看台①的见证下进了球。我想应该是因为勇气而不是其他什么因素，驱使自己绕过了门将。每当我在视频中看到这个进球，我都觉得门线上的那个人会将球挡住，但那没有发生。这一次，球场座无虚席，每个人都在鼓掌。

其实那并不容易。我还记得自己在安菲尔德的第一次触球。我将球控制住，抬了个头，然后……它就被抢走了。

那就是一毫秒的事，转瞬即逝。

当时发生了什么？啊，它怎么如此快？

我告诉自己："路易斯，你在这儿根本得不到一秒钟的考虑时间。所有动作都必须迅速完成。"从一开始我就意识到自己必须在方方面面加快速度。你必须足够迅速，才能更好地参与到比赛中去。只有在那之后，可能你才有机会再次慢下来，好好地触球、停顿，甚至可以稍微思考一下。但最开始的时候只有：加速，加速。那一刻我才有一种真正的"欢迎来到英格兰"的感觉。那里的足球强大、困难而快速。一开始就碰到这种情况对我来说是件好事，因为它立马让我确定什么是必要的。第一次触球便是第一堂课。

训练时我也能感觉到同样的氛围。在刚开始的几次训练中，我很害怕马丁·斯科特尔和丹尼·阿格，因为他们都是非常有侵略性的后卫。马丁尤其残酷。甚至在过了几个赛季之后，每当他跑到我这边的场地，我都会挪到另一侧来和他保持距离。对丹尼也是一样。

前几次训练的时候我曾经对他俩说："别紧张，我会在训练中放轻

---

① 安菲尔德球场侧看台，球队死忠球迷常驻看台，比赛下半场利物浦向这一侧看台的球门进攻。

松点，所以你们也可以别那么严肃。"然后有一次，我无意中对他们中的一个做出了一次穿裆过人，于是他们就开始动真格了。

"我以为你说随意点踢来着？好吧，现在我们开始玩真的了。"

我不觉得在那之后他们还会再相信我说的话。

然而我们的训练对抗总是在大家作为队友的友好气氛中进行。唯一一个曾经激烈较真儿过的是杰米·卡拉格。我觉得他主要是因为自己的出场时间少、职业生涯已临近尾声而感到沮丧，所以在训练中偶尔会出现一些比较火爆的时刻，但训练结束后我们总会握手言欢。

我们两在赛场内外都从来没有发生过争吵，但我的确需要适应一下他在训练中的风格。我训练时从不佩戴护腿板，我会对自己说："队友怎么会在训练场上做出那种容易让我受伤的抢断呢？"其他一些球员告诉我："卡拉格就是那样，所以你要时刻准备着，要不然他会把你撞得很惨。"我对马丁和丹尼有心理准备，但因为跟卡拉格不那么熟悉，所以我必须很快地去了解他。我自己在训练中也是很有侵略性的，但还不至于到会让队友受伤的地步。我能理解对于一个后卫来说这更困难一些——他们需要全力以赴来争取教练的垂青，要取得平衡总是不太容易。

正如他们所说，卡拉格就是这样的人。和杰拉德比起来，他更是一个发令者和抱怨者。他总是在要求更多，他就是一位典型的、强硬而极具攻击性的后卫球员。他用一种我从未在其他后卫身上见到过的强度在踢比赛——他带动了整个比赛。

我热爱他的这种投入。有时候他飞身过来铲我脚下的球，我总会想："你怎么会做出这样的抢断呢？"不过要是没有这样的性格，我不确定他是否还能走那么远，取得那么多的成就。这是激励他前行的动力，让他成为一个更优秀的球员。起到决定性的，便是个性二字。

我不会说在最后一个赛季我很想念他这种话。我们的关系从来没有特别密切，我们更是队友而不是朋友。但我的确想念他说话的方式，领导球队的方式，我对他表示钦佩。他的每一次讲话，我都会听。

比起其他一些队友，他跟杰队[①]以及俱乐部工作人员的关系更亲近。他在这儿效力的时间如此长，为俱乐部付出了如此多，而其他球员一直来来去去。俱乐部需要他这样的球员：一辈子都在那里，对俱乐部了解透彻，真正做到心里明白并且能够带领其他人。是他们维持着利物浦的独特属性，杰米·卡拉格这一类人就是利物浦俱乐部。

我觉得利物浦还有一位新卡拉格，那就是约翰·弗拉纳甘。他们非常非常的相似，有着同样的个性，在场上也很有侵略性。也许他的技术尚且有限，但他自己明白这一点，并且在为此努力。卡拉格踢边后卫的时候，每次前插，他总是知道什么该做什么不该做。弗拉纳甘也是一样，他心里很清楚。他拥有和卡拉格一样的精神和渴望，同样有志于将自己的每一分才华都充分发挥出来。他将会走得很远，这种类型的球员一向如此。有人或许会说，"他这里还不够，那里还不行"，但他这样的球员一定会成功的。在训练场上他也不是个容易对付的对手。

随着时间流逝，我渐渐了解了英国足球，并能运用学到的这些知识。英超比赛的速度实际上意味着场上会出现更多的空当。对手的第一波攻势或许威力惊人，但如果能安然度过它，前方的一切就会向你敞开。你知道对手会围上来逼抢，但只要能甩开他们，只要能够转身，空当就唾手可得。只要摆脱掉压制自己的对手，自由就在你手中。

速度和攻势有时会掩盖缺陷。有些英超球队说实话技术并不怎么样。比如说，我发现有时当我从中锋位置回撤到一个更深的区域时，两个中卫可能全都会随着我跑动，这是让我没想到的，因为这就意味着我的另一个队友可以跑进空当，与守门员形成一对一。或者有时我看着对方的后防4人组，很快就意识到其中一个边后卫常常会在插上进攻之后再也不回撤，或者可能两个边后卫全都进了进攻区域，这个时候，你就得以拉开两个中后卫之间的距离。当然，如果你想要抓住这些优势，就

---

① 杰拉德的昵称。

必须适应比赛节奏，首先学会克服对手第一波猛烈的压迫进攻。虽然我自己的比赛方式总有一部分是永远不会改变的，但我必须要让自己适应英超式的思维和比赛风格，这意味着去习惯于一种更困难、充斥着飞铲的比赛。

不过比赛本身也很奇怪，往往难以预测：有时候裁判会给你一个子虚乌有的任意球，而有的时候即使面对荒唐的犯规他也会选择沉默。总的来说，虽然有时候有危险性，英格兰的裁判们很多时候还是会让比赛流畅进行下去，我认为这样很好。有时候这样恰好对我有利。还记得对阵卡迪夫城时我的一个进球，当时后卫胡安·托雷斯·鲁伊斯在向裁判示意一个犯规。他是对的，那在世界其他任何地方都会被判定为犯规，但我所做的只是和其他所有身在英格兰的球员一样：首先用身体占住位置，然后靠力量将他从球上挤开。

鲁伊斯是西班牙人，他说："在西班牙，这是个明显的犯规。"

那时候我已经有了经验，所以我回答说："但这里是英格兰。"

每个国家对犯规与否都有自己的一套评判标准。

英超比赛中有太多禁区内的推搡和拉扯没有被吹罚。如果每一次你都要吹犯规，那就会出现几百个点球。英超的身体对抗很多，这是每个人都接受并理解的事实，不过有时候后卫们用力太猛会有些可怕。

在不同的国家，足球都是不同的，欺骗裁判的方式亦然。欺骗和对待欺骗的反应都是很地方化的。早先我曾得到了一个"跳水队员"的名号，但是在英格兰我大约得到过 20 张黄牌，其中超过 15 张都是因为抗议裁判、做出不恰当手势、说了不该说的话或是质疑判罚，并不是因为假摔。我只因为假摔得到过两张黄牌。

我会假摔，的确，这是不争的事实，在画面回放中大家也都看到了。但有时候我觉得他们会因为主角是我而给予更多的关注，似乎是夸大了我在英格兰的假摔次数。我承认这有时会让我恼怒：为什么人们总是说我是个假摔者？为什么，其他人就不是？别人对我说："你怎么知道你只有两张黄牌是因为假摔得的？"好吧，既然已经被贴上了"跳水队员"的标签，我自然应该提升这个数据。除了并不觉得自己的假摔次数比别人更多，我还感到很惊讶，因为相比其他一些犯规，大家似乎更乐于去讨论假摔。我曾见过英超赛场上一些不可思议的犯规，球员们被对手蓄意下重重的黑脚，我曾看到过有球员受伤，看到他们不得不伤停半年甚至更久。为什么这些举动没有被批判？的确，假摔的球员是在试图欺骗裁判，但他并没有为对手带来身体上的伤害。

我觉得我也已经为"跳水"付出了代价。因为身上的恶名达到一定程度之后，有时连真正的犯规都得不到吹罚，而有时遭人诟病的"跳水"在我眼中其实并不是假装：你倒地了，但倒地是因为发生了一次犯规，你感受到了身体接触。凭什么就不能得到那个点球？有时候如果你坚持不倒地，那些本应得到的明显点球都会被无视。几个月后的某场比赛，当你再次碰到那一场的当值主裁时，也许你可以就一个漏判与他争论，你说："这已经是第二次……"

他会说："第一次是什么时候？"

于是你告诉了他。好的方面在于当你告诉他时他一般会说："对，你是正确的。"至少他能认识到自己犯了个错误。你自己也承认自己同样犯过错，向裁判要求过根本不存在的判罚。看看那些后卫吧：他们永远高举着双臂，永远在向裁判申诉，即使他们明知道对方前锋根本没有越位。

足球场上瞬息万变，你往往没有时间去思考自己到底在禁区内还是禁区外。你只知道自己处在一个可以对对手造成打击的位置。有时候你会看到对方后卫伸出了腿，你便冲着他而去。就像其他的许多行为，那并不绝对是刻意的。你只是看到了机会，并试图抓住它。

我记得最清楚的一次假摔事件是 2012 年 10 月在安菲尔德对阵斯托克城的比赛，那是场令人丧气的 0：0 闷平。有时候你感到如此绝望：自己的球队赢不下比赛，你清楚感受到做出的努力付诸东流，到最后你觉得自己愿意去尝试做任何事。你心想："一个点球会很有用。"但是事后你就会开始自忖："我怎么能在那里假摔？人家后卫根本就没有靠近我。"这就是我在对斯托克城那场比赛后的内心所感——自责。事后你有时会想："我伤害了别的球队，他们并没有做错什么。"事实是你的确会为此感到难受，但在场上的时候，一切都发生得太快，你就是觉得必须做点什么，任何事。

那场比赛后我的队友们没有说什么，但对方主帅托尼·普利斯说了很多。事实上他是对的，我后来看那段画面的时候就想："路易斯，你怎么能在那里假摔？"裁判没有对我掏牌，但他本该那样做的。我是罪有应得。

比赛中，我的利物浦队友们也会申请点球，即使他们知道那是子虚乌有。每家俱乐部的每一位球员都会这么做。没有人告诉我说不要假摔。队友们明白我是为了让球队取得优势而那么做，所以他们都能接受。但偶尔在训练中，当我玩笑性地假摔时，他们就会说："那没什么——他一直在'跳水'！"或者当其他某个球员假摔或倒地，他们就会大喊："站起来！你这是跟苏亚雷斯学的啊！"

有一天丹尼·阿格带他 5 岁的儿子来了训练场。我问他儿子长大以后想不想当一名足球运动员，他说想。梅尔伍德更衣室存有我们所有的比赛录像 DVD，于是我挑了一张我踢球的录像 DVD 出来，给了他，并且开玩笑说："拿着，你可以从这儿学。"

丹尼说："不，不，他想做一个球员，不是一个奥林匹克跳水队员。"

很多球员都会这么做，但对于我来说区别在于，"跳水队员"这种名声已经被安在了我的身上，再想要摆脱它就很难了。其实不乏假摔比我多的球员。不管你多么努力地去尝试，要改变自己的个性同样困难。我必须承认，我很喜欢看到当对手的教练批评我之后，他自己的某个球员也做了同样的事。然后他会说什么吗？当然不会。

这有一次就发生在切尔西身上：何塞·穆里尼奥对我进行了言语攻

击，但他有四五个队员都因为类似的情况吃了牌。斯托克城那次风波过去数周之后，在一场对阵埃弗顿的比赛之前，大卫·莫耶斯抱怨我是个假摔者，然而就在那场比赛中，他的队长菲尔·内维尔就因为假摔被出示了一张黄牌。我要被批评，好吧，我承受，但他们知道他们自己的球员同样也会假摔。他们明白球员的心思，就是为了帮助球队赢球而去做一些事情。那么，这时他们就得收回自己说过的那些话。我从来不看英国电视，也不会去看有没有谁在针对我，但至少我偶尔会看一看媒体报道，或者别人会告诉我一些事。莫耶斯的评论让我吃了一惊。重点是，他是在比赛的前一天说的那些话……所以当我攻破他们的球门，我就在他眼前来了一次"跳水"作为进球的庆祝。

我知道自己如果进球就会这么做的。如果我对你的球队假摔，你可以在赛后发表评论，就像普利斯那样，你完全有理由那么做。但他是在赛前就抱怨，说他希望像我这样的球员不要试图蒙蔽裁判。那很伤人。所以我想："你觉得我'跳水'是吗？那我就向你展示一个——在你眼皮子底下。"

最后的结果并不太令人满意：我倒地的方式并不符合我的设想。但它还是有效果的，我很享受。我觉得这就像是在说："行，在赛后评论吧。但是比赛开始之前，你最好安静点儿。"没有人事先知道我会那么做：没有一个队友，甚至连我妻子也不知道。

有意思的是，那个进球根本没有算在我头上。最后它被判定为莱顿·拜恩斯的乌龙球，因为我的射门是打在他身上弹进了球门。不过我仍当成是自己的进球而庆祝了一番（相比之下糟糕得多的是我在最后时刻的"制胜球"被误判为越位而被取消了）。索菲看到的时候笑了，我相信很多人都笑了。即使是莫耶斯也在那之后表示这"很棒"，而且如果换作他自己很可能也会那么做。那只是个玩笑，并不带有恶意，也不是为了刻意激怒谁。莫耶斯从教练席走过来对我说了些什么，但我没能听得很明确，因为那时候队友们正赶过来跳到我身上。他事后的反应还不错，虽然他也说，如果每一个指责我假摔的教练都得到同样的待遇，那我最终就会在许多教练面前表演"跳水"了。

他激励了我。每当一个主教练指责我，或是说话不看场合的话，我总会被激发。我想："你怎么能够像这样说一个和你一样希望赢得胜利的球员呢，而且是在比赛开始之前就喋喋不休？"

没有人会刻意练习假摔，这不是什么你会试图在训练场上去提高的东西。但偶尔当你在电视上看到的时候，你的确会想："我在那儿摔得多么假啊？！下一次，不能再这样摔了。"

一名前锋总会试图去谋取优势。我不喜欢看到后卫们先是过来责备你这样做，而随后当你起跳与他们争顶头球时，他们却又挥舞双臂，接着倒地翻滚。我会想："你自己不就正在做着你刚刚指责我做的事情吗？而我不会因此指责你什么。"

人们说假摔是一种外国人的特性。我觉得只是因为外国人容易成为攻击目标，他们总是引来更多关注。想象一下上赛季在老特拉福德，如果不是丹尼尔·斯图里奇而是我靠假摔赢得了点球，事情会是怎么样？我并不为此感到担心，但这值得一问。对阵桑德兰的时候丹尼尔用手进了一球。好吧，有时候事情就是这样。但如果换作是我呢？不同球员带来的反响是不一样的。如果主角是个英国球员，我觉得媒体就会尝试为之辩护，他们会试图区别对待。我现在已经习惯了，也接受了这一点。不过如果一个英格兰球员在世界杯上假摔并赢得了点球，会有任何一个英格兰记者不为此庆祝吗？1998年欧文就在法国这么做了。每个人都欢呼雀跃，不是吗？

他们说假摔是南美特色。而且你看，南美人的确更不羁，更"有活力"，会寻求一切可能的有利因素。南美球员很可能会觉得："只要我感觉到一点儿身体接触，我就倒地。"这是从南美发源的吗？也许吧。不过欧洲人也已经学会了这招，甚至英国人。他们中有些人还掌握得非常熟练。

跟现在比起来，我以前跟后卫们争吵的次数多得多。他们会说："不要总'跳水'。"

"但那是个犯规。"

"是的，但是你不应该从中要求太多。"

随着时间推移，相比加盟英超的头几个月来说，我越来越多地尝试站稳脚跟不要倒地，就像以前在荷兰时那样。我了解到，在英格兰，一个犯规必须对于裁判来说非常非常明确，那他才会鸣哨。有时候裁判甚至会跟我说："对，那是个犯规，但只是个小犯规，不足以让我吹哨。"我心想："那么，那还是一个犯规。"但我逐渐习惯了，并且意识到我越是努力站稳其实就越好。裁判会觉得："哇，他有进步了。"然后当你再次被侵犯而倒地，他就会惩罚那个铲球者。他不会自动地认为你在试图欺骗他。不过这只是从理论上来说……

我也记得达米安·科莫利在我刚到利物浦不久时对我说过的话。那时候人们说我经常假摔，说我总是挑衅别人，这让我很难赢得任意球判罚。他对我说："等你在这里待了两三年，他们了解你了，你也证明了自己，那他们就会更尊重你一些。看看迪迪埃·德罗巴的视频，看一下他们现在为他吹的犯规，跟当初他们不愿做出对他有利决定时的那些判罚比较比较。所以，放轻松，慢慢来，一切都会好的，别太放在心上。从长远角度看，你会发现他们会开始给你更多的任意球。"

这是另一种理论了。我也不知道那是不是真的。

我在利物浦的第一个赛季末，我们在夏季转会窗签约了斯图尔特·唐宁、乔丹·亨德森和查理·亚当。我当时随乌拉圭赢得了美洲杯之后刚刚归队，塞巴斯蒂安·科茨也被签约了。我带着满满的自信心回来。感觉似乎俱乐部签下另一位乌拉圭球员也是对我的一种支持，而且花的价钱也体现出利物浦对进步的渴望，以及为赢得一些重要的荣誉所做的努力。我们刚在肯尼带领下出色地完成了前一个赛季，有一种重拾失落的自我的感觉。每个人都很乐观。可是联赛赛季几乎从一开始就已经失去了悬念。

我们的开局不好：我们没能赢下该赢的比赛，而且每过去一周，摆在我们面前的任务就变得更沉重一些。我们踢得很不错，但期待中的结果就是没能到来。"运气"一直都像是一种无力的辩解，但我真心认为我们当时的确不走运。我已经数不清我们射中球门立柱的次数。我开始怀疑："为什么运气总不来我们这边？"我们不断创造着机会，临门一脚却总不能很好地完成。而我们的对手可能整场比赛只得到一次机会，就进了球。

一旦你进入了那种恶性循环，就很难再挣脱出来。我们觉得自己在不断下沉，一种宿命感逐渐渗透进来。我知道等到我们打破这种循环的那一刻，我们就会好起来，但这一刻迟迟没有到来。我对俱乐部表示满意，更衣室的氛围也很好，还有球迷们……所有的一切。只是，随着时间的流逝我们一直都无法连续取得胜利，球队士气持续低沉。我们没能让球迷们看到，利物浦还能够成为曾经的那支利物浦。

杯赛成了我们的救赎。它们就像第二次机会，不被之前的比赛结果所牵绊。潜意识里，当你知道联赛已经不可能了，那它就会变得更加艰难。目标离你越来越远，你失去了一个推动自己前进的动力。你很难去继续坚持，因为其实在自己的内心深处，你已经觉得那些东西从自己手中溜走了。但杯赛是一个新的开始。我记得肯尼和斯蒂夫·克拉克的一次全队动员讲话，他们对我们说，球队的目标是欧冠，但利物浦一直都争取赢下球队正在参加的所有比赛，而且杯赛也很重要。我们都明白，尤其是当联赛已经不在我们掌控之中了。我们必须要赢得点什么。

我们在每场杯赛比赛中都排出强大的阵容，真心为之付出努力。我们必须好好证明自己，在投入大量财力的一年之后，为俱乐部树立一个更好的形象。这是个人荣誉的问题。同时我们也知道杯赛冠军意味着下一赛季的欧战机会。随着赛季推进，我们也知道这可能帮助我们让肯尼不被解雇。

我们赢得了联赛杯，决赛时凭借点球对决战胜了英冠球队卡迪夫城。那场比赛在90分钟内打成了1：1，随后在加时赛中德克为我们取得了领先，但卡迪夫城坚持战斗着，并在结束前仅剩几分钟的时候扳平了比分。事实上那天我们配不上一场胜利。我们踢得并不好，而他们的发挥令人惊叹，他们非常出色。从身体素质上来看，我们比他们更强，我认为这是因为我们是一支征战英超的队伍，但他们踢出了更好的足球。面对我们的阵容，对于他们来说能把比赛拖到点球大战已经让人印象深刻。一旦进入点球大战，那便一切皆有可能。当卡迪夫城的安东尼·杰拉德——他是杰拉德的堂弟——错失了最后一个点球，把胜利给了我们的时候，我们都大大地松了一口气。当然我们也感到自豪，因为俱乐部已经很长时间没有赢得冠军了。我们也感觉到这么一路走来，自己配得上这座奖杯。决赛也许不出彩，但我们的晋级之路却不一样。

利物浦从第二轮开始加入这项赛事，先后战胜了埃克塞特城和布莱顿，随后我们在第四轮与斯托克城一度形成胶着状态。半场的时候我们还以0：1落后，但最终凭借我的两个进球以2：1逆转取胜。

英格兰的人们讨论着一个"斯托克城的潮湿周三夜"，仿佛它是个最终评判标准。的确，那是场艰难的比赛。相当艰难，真的毫无疑问。球迷们离你非常近，而斯托克城踢得强大而富有侵略性。能在那儿进一个头球对我来说不可思议。

在我们2：1领先之后，斯托克城的进攻甚至比之前更加直接了，而且持续不断，梆、梆、梆，不断冲击着我们。那天我们的后卫表现非常惊艳，但最困难的也许是中场球员们：他们几乎很难触到球，只能在比赛的大部分时间眼睁睁看着皮球从自己头顶飞过。我是个比较矮小的前锋，所以更喜欢地面传球，但我能偶尔地碰到这种情况。足球往往从空中飞来，而我必须与他们后场的两位巨人去竞争控球权。

在托尼·普利斯的执教之下，他们基本都在使用长传或从场地中部掷出界外球直接打到禁区。我第一次看到罗利·德拉普掷界外球的时候几乎不敢相信。看到那孩子在边线上拿着毛巾是很新鲜的。我甚至听说他的一个队友在球衣下面缝了一条毛巾用来擦皮球。我当时想："怎么会有球队专门训练掷界外球？"不过显然他们是可以的，而且效果不错。这意味着我们也需要练习应付他们的对策。那场比赛的前一天，肯尼让我们在梅尔伍德演练了对于从中线附近抛出的长距离界外球的防守。我们的练习跟现实就只有一点不同：那个"掷界外球"的人得用脚来踢。我们中没有谁能够从那个位置把球抛入禁区。

刚开始遇到斯托克城的长距离抛球轰炸时，我很惊讶，但这不是我会去抱怨的东西。每支球队都有自己的理念，而那时的斯托克城就是抱有这样的足球哲学。你必须亮出可以为自己所用的一切武器。德拉普能够抛出令人难以置信的界外球，为什么他们就不能利用起来呢？剧本其实很简单：一个长距离的手抛球，一个头球摆渡，然后球员们到达远门柱抢点。不过，即使你明知道即将面对的是什么，却依然很难去阻止。他们做得非常棒。

那天晚上我们不得不在身体上和精神上都表现得强大，因为无法在那儿获胜的感觉总是挥之不去。那时候风雨交加。我想："我们今天就要被淘汰了。"如果我们在一个阳光明媚的下午都无法在这里取胜——我们之前两场在斯托克城的联赛都输掉了——那我们要如何在这风雨中赢得比赛？

所以当真正逆转取胜之后，我们高兴坏了。我们真诚地欢庆胜利，是因为这场胜利的过程：我们为之感到非常自豪，也着实提升了士气。这表明了我们想要赢下奖杯的心情。

我们接下来在斯坦福桥凭借马丁·凯利和马克西·罗德里格斯的进球2：0战胜了切尔西。随后在半决赛又以3：2的总比分淘汰曼彻斯特城。在两回合制的半决赛之前，整个赛事中我们还没有一场比赛是在自己的主场。

能在切尔西和曼城那里取胜，说明即便联赛状态不太好，我们仍然行进在正确的轨道上。"既然我们能淘汰他们,为什么不能赢到最后?"我们这样想。

决赛是我在温布利球场踢过的第一场比赛。它简直不可思议,是我踢过球的最佳体育场之一。那里的气氛有一种我从未体验过的特别:从庞大的球迷数量——其中一半都身着红衣——到整个环境,混杂着压力与兴奋。走进更衣室,看到一张自己的巨大照片贴在锁柜上;感受着那种期待;拿到观赛指南看见封面上的"决赛"二字;走出去热身然后发现全场已然座无虚席;那些声音……在你周围那些简简单单的事物。所有的一切都那么不同。我拿了一份观赛指南留存起来,有一天我将再次将它拿出来,回想起那一次胜利的奖杯。

赛后,更衣室是个特别的地方。我们有几位新队友,也承载着巨大的压力,但感觉我们刚刚完成了一件非常有价值的事。这标志着我们愿意努力继续成长。

几个月后,与切尔西的一场足总杯决赛结束时,情况就不一样了。同样,我们的晋级之路令人印象深刻:我们最大的对手曼联和埃弗顿,都在途中被我们淘汰出局。但接下来迪迪埃·德罗巴凭借一己之力战胜了我们。2:1的时候我们有过扳平的机会,当时安迪·卡罗尔的射门被解围出了底线。不过德罗巴那天表现堪称惊人。他会单枪匹马地从我们的两位中后卫之间跃过,每一次都成功带球下底。我知道他是个伟大的球员,但那天他仍让我惊叹。我喜欢他的态度:我认为射手应当身先士卒,用自己的态度去带动起其他队友的激情。他的激情一定极具感染力。他必须起到带头作用,而他做到了。我们就是无法阻挡他。

切尔西踢得很好,我们觉得自己把球赛带入点球决胜已经是做得足够好。我们并不是非得为了肯尼·达格利什而赢下这场决赛,我们也希望为了自身的荣耀去赢下它。但我们也知道,联赛的表现让他承受着压力,我们已把杯赛视为他的救赎,同时也是在拯救我们自己。我们明白杯赛夺冠可以为一位给予了我们如此多,也给了我许多个人方面的支持的主教练提供帮助。我们希望留下他，大家由衷地感谢他。离开温布利时，我们虽然输了球，却仍是高昂着头，不管肯尼还是球员们都不觉得我们让任何人失望。

赛季末我离开去度假的时候觉得肯尼应该会继续当我们的教头的。随后当我在乌拉圭发现他被解雇之后，我感到很难受，因为他和我关系非常密切，特别是在种族歧视事件之后（这点我会在下一章中讲述）。那时他告诉我不要太在意媒体所说的话，别让它们干扰到自己。在那些困难的时期，他的支持对于我和我的家庭都非常重要。球员们都对肯尼抱有极大的尊重——因为他在俱乐部所代表的一切，还有他所做的一切。那种感情是发自内心的。不管怎么说，球员总是想获得胜利的，但很难接受一个在上赛季最后 4 个月把我们从困境中拉出来的主教练承受着如此巨大的压力。那时候是他帮助了我们，而现在我们想帮助他。他所传递给大家的志向，我们也尽力带到自己的比赛中。

他丢掉这份工作实在是很难让人接受。我不知道肯尼和老板们的关系是什么样的，其实也不关我的事。他之前去了美国，在那里，他们把决定告诉了他。对于我们球员来说这更像是肯尼和老板们之间的事，而无关于我们这一年的所作所为。就是一个仅存在于他们之间讨论、没有其他人知道的私人问题。没有人问过球员们的意见，依我的经验来看，从来就没有球员什么事。

在拉法·贝尼特斯之后俱乐部已任用过两三位主帅，也许肯尼只是为了在特殊时刻来拯救俱乐部，而不是作为一个实施长期计划的人。他们觉得是时候做些改变了。足球就是这样。

即使换帅是个正确的决定，即使我们都能理解，即使球员们可能会欢迎这种改变，它仍然让人伤心不已。不过事实上，足球运动员也可以非常冷漠，从某种程度上来说，变化总是好的。每当一个新教练到来，就会带来某种新气象，那种每个人都试图证明自己、每个人都有了第二次机会的感觉。你希望让他看到你个人以及俱乐部的野心，当然了，他也是一样。

俱乐部给所有球员发了一条正式短信，告知肯尼将不再与我们共事，俱乐部感谢他的所有付出，祝他一切都好，不过是时候向前看了。他们在媒体通稿发出之前给球员们发了信息。那是条非常正式的消息。

肯尼把我带到了利物浦，他支持着我。我很乐意跟他见面，或是在不同场合下与他交谈，不过我只是给他发了一条短信，说谢谢他给我一次机会，谢谢他所做的一切，并且祝他好运。他回复时，在信息中祝我一切顺利，告诉我要一直保持同样的心态，同样的比赛方式。

"永远不要改变。"他说。

我将永远对利物浦出面为我做辩护心存感激。那时候人们会说："他们为他辩护是因为他是个优秀球员，不这么做的话他们损失很大。"其实并不是的。他们为我辩护是因为他们了解我。他们知道我在更衣室内是个什么样的人，他们知道我和家人在一起时是什么样，他们也知道我在赛场外的样子。

他们了解我，了解我并不是一个有种族歧视的人。

第 5 章 "种族歧视"

2011 年 10 月 15 日在利物浦和曼联的比赛中，我有没有和帕特里斯·埃弗拉用西班牙语在争吵中使用"negro"（黑人）这个词？

有。

西班牙语中"negro"的意思与在英语里相同吗？

不，绝对不一样。

我是一个种族歧视者吗？

不，绝对不是。

刚开始意识到那就是我被起诉的原因时，我感到非常震惊。而且直到现在，一想到这很可能会是我个人形象上一个永远抹不掉的污点，我依然为此感到伤心和愤怒。

由于多年的历史恩怨，我一直明白利物浦和曼联的比赛在英格兰足坛的重要性，自从曼联获得的联赛冠军次数超越利物浦之后，双方交锋的意义就更加重大了。那并不是我第一次参加双红会①，我们在之前的

---

① 双红会，指英超联赛中的两支队伍，即红军利物浦和红魔曼联之间的比赛。因为两队有着较长的历史恩怨，每次交锋都话题十足。

赛季中也有过交手，而且并没有出现什么问题。一些正常的口角和碰撞是存在的，仅此而已。

我最初意识到出现了问题，是当达米安·科莫利赛后走过来问我，与埃弗拉之间是否发生了什么。一开始我试着努力回想任何特殊的情节。我记得跟他有过一次争论，不过除此之外我们在比赛中应该还有过多次类似的口角。科莫利对我说："好吧，他们正在投诉你种族歧视。"我表示非常惊讶。

我想起在某个时刻裁判曾把我们俩叫到一起。之前在一次发角球的时候埃弗拉找到我，质问我为什么踢他。当一个在整场比赛中都挖空心思向你下狠腿的后卫来问这种问题时，你总会感觉有些虚伪。是他引发了这次争吵，并选择用西班牙语。在接下来我们两人的交流中我使用了一次"negro"这个词。

有些人永远无法接受这次争论是用西班牙语进行的事实。我并没有像英文语言习惯中那样用"negro"这个词。现在我非常清楚地了解（而我当时甚至根本不知道这一点），在英语中也有一个拼写完全一样但读音不同的词，而且它极具冒犯性：negro，读作 nee-gro。西班牙语里的"negro"（读作 neh-gro）意思是"黑的"，仅此而已。它本身并不是什么侮辱性的言语。现在，人们会说："好吧，不管怎么样你说了'黑'这个字眼——你不该说它。"但是埃弗拉是用西班牙语和我开始的这次争论，而西班牙语中充斥着与之类似用来指代某人的说法："Guapo"（帅哥），"Gordo"（大胖），"Flaco"（麻秆），"Rubio"（金毛），如此等等。就是一些由外形特征决定的指代名词而已。"Negro"这个词可以表示任何深色头发或者深色皮肤的人，我从小到大都习惯于西班牙语中这样的用法。我妻子有时候也会叫我"negro"或者"negrito"（昵称版本，"小黑"）。我奶奶曾经叫我爷爷"negrito"，偶尔也会这么叫我。其实有相当多的南美球员拥有"El Negro"（黑某某）的外号，比如乌拉圭最有名最受喜爱的球员之一、传奇球星奥布杜里奥·瓦雷拉，他的昵称是"El Negro Jefe"（黑头目）。这个词一般是被用在友好的语境中，而且即便不是，它也不会包含任何种族歧视的意味，没有任何因为某人肤色黑就要排斥或歧视的意思。我并不想狡辩当时对埃弗拉说这个词是以一种友好的方式，因为很明显我们就是在争吵。但是，那也绝非表达种族歧视的恶语中伤。

另一个要点在于我对埃弗拉说了："Por qué，negro？""Por qué"的意思是"为什么"，那是我在问他为什么抱怨，先是关于那次犯规，然后是我与他的身体接触。我把这些告诉了科莫利，但是当我的说法一层层传到裁判那里的时候，已经变成了"Porque eres negro"而不是"Por qué，negro？"，原意被彻底地歪曲了。"Porque"不是"为什么"的意思，而是"因为"——那句话就变成了"因为你是黑人"。不管是埃弗拉或其他任何人，因为是黑人我就不想搭理——我是肯定从来没有说过也从未想过要说这样的话。

然而当我被定罪为有种族歧视的时候，根本没有人会注意到这些细节。特别是在埃弗拉最初的指控说我称他为"nigger"（黑鬼）而不是"negro"定下舆论基调之后更是如此，尽管后来他承认那是错误的。事情变得越发糟糕。其实一个说西班牙语的人是绝对不会想到用这个词的，在西班牙语中它甚至根本就不存在。他后来修改了自己的证词，但我使用这样侮辱性词汇的污名却是挥之不去了。

据埃弗拉说我用了"黑"字开头的词汇——从最初指控中的"nigger"到更正后的"negro"——总共5次。但他是当时唯一听到我说话的人，即使他根本不清楚自己听到的是什么。我是说过一次，在前文也做过解释，那完全不包含任何种族歧视暗示。但依据他的指控，我最终被宣告有罪。大卫·德赫亚当时在小禁区离我们俩很近，他在证词里说自己什么也没听到。

我把事情经过告诉了科莫利，然后他告诉了达格利什，他们两人也都告知了裁判，而最后在听证时出现的却是上面的那个版本。为什么我没有亲自去裁判休息室解释？因为没人告诉我要去，而且我的英语并不是很好。我并不是想说这是科莫利的责任，绝对不是他的错。他只是要向裁判精确转述我所说的话的人，包含"Por qué"和"Porque"这样词汇的语言总有些错综复杂和微妙的不同，另外还有"negro"这个词在西班牙语和英语中不同的用法。

不管到底"为什么"是怎样变成了"因为"，当时有 25 台摄像机聚焦在我们的举动上，加上 3 位读唇专家被安排来分析视频资料，还没有任何迹象证明我有像指控中所描述的那样重复地说着侮辱性的词汇。而且尽管埃弗拉声称我在大概 10 秒钟的时间内说了 5 次那个词，却没有其他任何人听到。后来他对法国电视台 CanalPlus 讲述的时候说的是"10 次"。

埃弗拉的西班牙语说得并不太好。他用西班牙语和我开始了争执，但说的都是些很基本的语句——就像我如果用英语说："为什么你撞我？"① 所以要理解他在对我说什么也并不是一件容易的事。我记得他叫我"Sur Americano"——"南美"——我不明白这有没有什么更多的含意。

如果你不会说西班牙语，那就请不要武断地指责我用了侮辱性的词汇，更别说侮辱 10 次了。我不知道他为什么没有在球员通道质问我。如果他真的感觉如此地受侵犯，又为什么没有抓住我说："你刚才在外面对我说了什么？"那我会跟他解释："如果你真的认为我那么说，那你是没有正确领会我的意思。"

如果埃弗拉赛后能跟我有一次交谈，我应该能澄清我并没有用种族言论辱骂他。

你可能要问，为什么我没有主动去找他谈话。原因很明显：我当时完全不知道自己说过什么错话，更不用说种族歧视了。我不觉得我对他

_____

① 原文是"why you hit me?"语法存在错误。

说过什么比普通的场上争吵更严重的话。

想想与我在利物浦共同战斗的队友们，还有我在荷兰——这个库拉索和苏里南球员比例最高的国家里跟黑人球员们的交手经历，我是不可能说出他指控我说的那些话的。我以前从来没有卷入过类似的麻烦。但来了英格兰之后，仅仅因为两三个西班牙词语，我就被埃弗拉指控为有种族歧视。我只是用了西班牙语的"黑"字，对我来说它没有歧视的含意，仅此而已。它被解读为种族歧视让我感到非常痛心。"黑的这个"或"黑的那个"，跟侮辱完全没什么必要关联。如果真的有，那所有都是我咎由自取，我甚至应该受到更严厉的惩罚。但我仅仅是说了"黑"字，就得到了禁赛8场的惩罚，还从此被贴上了种族歧视者的标签。

接下来的几天里，随着我慢慢意识到情况有多么严重，我决定不再多说一个字。我本可以说很多，也许我就应该说很多。俱乐部告诉我要保持沉默，而我也意识到比起在怒火攻心的时候发话，什么都不说应该更好。

我在英格兰待得还不算久，因此英语水平不高。比起现在，那个时候语言对我来说是个很大的问题。人们会说："好吧，不学英语是你自己的错。"我去荷兰的时候曾经需要选择是学英语还是学荷兰语，出于对球迷们的礼貌我选择学习荷兰语。

其实我本可以把自己可怜的英语水平当作辩护的理由，甚至直接否认曾经说过什么。也许会有人告诉我："路易斯，我们每个角度都有摄像头，没有一个镜头显示你在说'negro'，直接否认掉吧。"但我很诚恳。有的人不愿理解我是在一场西班牙语的争吵中，用西班牙语说"negro"这个词，某种程度上我根本不懂这会构成种族歧视，我决不打算做一个有种族歧视的人。如果我干脆否认说过那个词，就能够避免所有问题。然而，我告诉了他们我所说的话，因为我根本不知道这会成为一个问题。

从某种意义上来讲，这对我无所谓，因为我问心无愧。但伤人的是当听到别人说："路易斯·苏亚雷斯？——是个好球员，但有点儿疯狂……而且他有种族歧视。"或者更糟："路易斯·苏亚雷斯：种族歧视者。"没别的，只有那一句：种族歧视。想到人们对我下了这样的定义，实实在在让人感到可怕。这个词非常伤人，这个罪名令人痛苦。跟这种事联系在一起非常糟糕，我被完完全全地歪曲了。我感觉这就是我在富勒姆对那些诽谤中伤我的球迷竖起中指，并因此招致又一次禁赛的原因。我所能听到的全是那个词。

那时候我试图回避这个事件。我一般不看英语电视节目，但我会打开西班牙语电视节目，然后在里面看到关于我被指控有种族歧视的内容。我妻子也会把网上的评论告诉我："看看他们现在都是怎么说你的。"等我的孩子们长大一些之后，他们也会知道。在网络搜索引擎中输入"路易斯·苏亚雷斯"，马上就会出现"种族歧视"的字眼。那将是一个永远存在的污点，而这不是我所应得的。

鉴于事态的严重性，过了好一段时间之后它才逐渐平息下来。那次赛后我对科莫利做完陈述没多想就回家了。"那又怎么样？我在西班牙语争论中说了西班牙语词'negro'，他就大惊小怪了。"我已经说了我要说的，也解释了事情的经过，第二天我会照常去训练，这件事就跟没有发生过一样。即使当我在家打开电视看到西班牙语节目正在报道那次事件，我都没想到它会冲着我来。

接下来的一周我连去训练都很困难。我的队友们都非常好，教练们也是一样。格伦·约翰逊知道那个词在西班牙语里的用法，他在接下来几天的训练中经常叫我"negro"（黑头发的人）。"Negro，咱们加把劲儿。"他会这么说。我跟他以前在训练中和更衣室里都用过这个词，但到这时，我已经不敢在任何情况下使用它了。

如果让我再经历一次整个事件，我仍然会去争论，但会更加小心地选择用词。我已经得到了教训。也许我应该在一开始就说："好，我们现在用哪国语言来争论？"显然，如果是用英语争吵的话我决不会说出"negro"这个词。

后来，不管肤色是黑是白，都没有任何一个对手后卫利用这件事来针对我，这类挑衅从没有发生过。赛后仍然会有黑人球员和我交换球衣，这让我感到欣慰，但我也知道自己不想被看作是一个刻意伪装来证明自己并不是种族歧视的人。有时我觉得自己永远无法翻身。如果我与黑人球员交换了球衣，会有人认为我是个试图隐瞒自己歧视行为的种族主义者；而如果我没跟黑人球员交换球衣，又会被认为我有种族歧视。

达尼·阿尔维斯在被人扔了一根香蕉之后，他用剥开香蕉将它吃掉作为回应，随后世界各地的球员都加入了他，一起支持"我们都是猴子"的宣传活动。我也想支持这个活动，于是菲利佩·库蒂尼奥和我都照了照片，但我知道有些人一定不乐意看到我站出来反对歧视，他们肯定会说，我站在反种族歧视的立场正是从某种程度上证实了我自己就是种族歧视者。

有时候当我被黑人球迷索要签名，仍然会有人说："看，因为这个球迷是黑人所以他才停下来。"但真不是这样，我这么做是因为我会尽可能为每一个球迷留步。看起来似乎我所做的一切都不会再被正常看待了。这几乎是所有事情里最糟糕的，它让一件本来不是问题的事变成了大问题。

那时候我可以摆出无数个例子来证明我做过一些种族歧视者不可能做过的事情，或是拥有一些种族歧视的人不可能拥有的友情，但我决定不这么做。

我想过在听证时展示一段我在个人网站上发布过的视频，内容是我和一位年轻的南非男孩一起踢足球，以帮助他实现跟世界杯球星过过招的梦想。然而一边是试图证明自己不是那种人，一边是声明得过了头让人觉得你在伪装，这两者的界限我要如何界定呢？

当俱乐部收到英足总的正式来信，我不认为我们有清楚处理这件事的最好办法。律师们接管了这个案件。整个听证期间他们一直对我说："不要担心，你很好地回答了问题，我们正在提供有利于你的证词。"他们说，如果有禁赛惩罚的话会是两到三场，好像最重要的不是洗刷我的罪名而是减少禁赛场数。现在冷静下来再回想，我不觉得我们把这件事处理好了。我们没能让他们理解这个词是用在了西班牙语的语境里，以及它跟英文中的"negro"的读音和用法都没有关系。人们看到的只有："苏亚雷斯说了'negro'。"而且每次这个词被印刷在报纸上时都没有被翻译，仅仅是"苏亚雷斯说了'negro'"，没有标成斜体。它往往是唯一一个没有被翻译成英文的词——本来应该是"黑色"的意思。

人们问我为什么，当明白一切是多么严重之后，我为什么没有发表声明。那是因为我对于这个指控感到非常愤怒，而且自傲地不屑于公开为自己做解释。我感到自己被别人联合起来攻击了，犹如被逼到角落的困兽。俱乐部建议我写一封公开信，但我不想写。也许不写是个错误，也许不是。我不觉得别人会有心情听我说的任何话，我感到左右为难。

听证会的那几天简直糟透了。我每天早晨 6：30 起床前往酒店，听证会 7：30 在那里举行。一辆出租车会来接我，我每天早上一个人去，在酒店其中的一个会议室待上一整天等待传唤，到晚上八九点才能回家。事实上，在这 4 天里所有的谈话过程中，我仅仅被要求提供过一次证据：就在听证使用的 4 个房间之一，我身着正装与两位律师一起。陪审团在一间房，代表埃弗拉的律师们在第二间。然后我们在第三间，还有第四间我不知道是做什么用的房间。我就这样虚度了 4 天时光。

他们时不时会送来一些三明治。我能做的就是在电话里跟我妻子聊天，她会问："你现在在干什么？"

"没干什么，就是在这里干坐着。"

我不明白我在那儿要干什么，把我锁在那间房里的作用何在？

律师们向我解释说，没有任何证据证明我做了错事，但我被指控修改了故事经过的叙述——现在我说的是一回事，但通过科莫利的讲述，我对裁判说的却是另外一回事。他们认为我说的话不太可信。当时在那里有一位翻译，她按照我的讲述方式翻译了所有内容，但比起我现在的陈述，他们却更在意当时达米安和肯尼所传的话。其他球员和目击者的证据会展示给我，再由我予以证实。不过所有的内容都需要翻译，我明白最终报告的重要性。我仍然把它保存在什么地方，但从来没有读过。给我的是西班牙语版本的，大约有115页。如果现在来读它，我只会再一次感到难过。

我被禁赛了8场，另外，更严重的是，我被贴上了种族歧视的标签，它将跟随我一生。

你可以称我为"大嘴巴""咬人者""假摔者"，这些都有理由，但是说我是种族歧视者——那就太伤人了，这是个严肃的指控。它伤人是因为它对我影响巨大；它伤人是因为听证期间我的妻子不得不同样承受煎熬，眼看着我被指控为一个和她所了解的我截然不同的人；它伤人是因为这个污点在我的孩子们长大之后仍会存在。这个对于我名誉的诋毁中伤是不会消除的。

禁赛处罚公布之后我给球迷们写了一封公开信，但我从没寻求过埃弗拉的原谅，因为我认为自己没有对他做错什么。整个事件中受到伤害最大的是我。我不是一个有种族歧视的人，也从没在任何时候对他说过什么歧视的话。我没有对他说对不起，因为没有什么对不起的。我感到委屈，也想过要对禁赛提出上诉，但俱乐部认为我们最好还是朝前看。

本来有过和解的可能，但2012年2月份在对阵曼联时，赛前发生的事让这一切都成了泡影。

我一直都有在赛前列队时跟埃弗拉握手的打算，那场比赛之前我就跟妻子说过这事，说我会跟他握手。

肯尼也在前一天给我打过电话。

"路易斯，你会向他伸出手吗？"

"会的，会的，这我一点儿问题都没有。"

当我顺着队伍走过去，埃弗拉正跟所有人握手，但当我走近的时候他把手放低了些。在我之前，他先和乔丹·亨德森握了手，然后手就移向下方从我的手边挪开了。那个画面每个人都能看到。我的手一直伸出去保持在同一个高度，但当他将手放下时，我想："好吧，他不会跟我握手的。"于是我继续随队伍前进。

我的确很愿意与他握手。

"佩佩"雷纳当时跟在我后面，他后来对我说："我看到他干了什么——他把手放低了，让你不能握。"

但当我一走过他面前，他就开始上演抓住我的胳膊抗议我不跟他握手的戏码。同时他还望向亚历克斯·弗格森，看"老爹"是不是在看。如果这是个陷阱，我就掉进去了。

格伦对我说："他可能是在比赛之前整晚地思考握手时要怎么做，他是计划好的。"

想到他在我人格上留下的污点，我一开始想要跟他握手很可能就是个错误。

我妻子当时在看台上观看，在我跟她讲话之前她就给我发来了消息，说："他没向你伸出手。当你走近的时候他把手放下了。"

因为他在我走过去之后抓住了我的胳膊，所以看起来是他想和我握手但我不愿意。那些头条标题是这么写的："不知悔改的苏亚雷斯拒绝握手。"

提到埃弗拉事件的时候，"不知悔改"这个词被多次用在我身上。我觉得这完完全全搞错了要点。你无法在坚信自己清白的同时还感到悔过。

我让肯尼失望了吗？没有，因为我说过我会向他伸出手，而我做到了。况且肯尼太过于担心比赛的情况，根本也不会关注我们有没有握手。他自始至终都在为我辩护。他对我说："每次参加新闻发布会我都得带个盾牌去挡掉所有关于路易斯的问题，'路易斯这，路易斯那'。"事态到了这种地步他不得不说："我们到底是来讨论足球还是路易斯的？"这对他来说也不容易。但他明白我对他为我做的一切是多么感激。

我的队友们同样很棒，肯尼支持了他们穿特殊 T 恤声援我的想法。格伦·约翰逊在整个过程中都给予了我强有力的支持。我刚来俱乐部没多久，他却能为我做这些，虽然影响不了判决结果，但对我来说仍意味着许多。斯蒂文·杰拉德也一样棒，解禁后第一场对曼联的比赛，我正承受着所有人的责骂，他走过来对我说："今天你将证明自己是世界上最出色的球员之一。"

后来人们也曾问我有没有站在埃弗拉的立场上考虑过——如果他的确是认为我侮辱了他，那他的反应不是很能理解的吗？但是，为什么他不带着指控来找我呢？为什么不在赛场上或是事后指责我？只要在赛后跟一个西班牙队友一起来找我，他就能告诉我他自己的理解，或者我们也可以事后见个面讨论。为什么他从来不敢面对我？英格兰职业球员工会的负责人提出过安排埃弗拉和我在事件发生几天之后进行一次会面，我对科莫利说如果我需要对情况做出解释，那么好，我会去。我不知道为什么这个会面从来没有发生。这当然不是因为我的拒绝。也许是因为调查已经开始了，在埃弗拉去英足总的听证会指控我的同时，我们不可能去和工会的官员一起坐下来协商。

那场听证会让我的人格留下了污点。埃弗拉以一个无辜受害者的身份从事件中全身而退，而我被定性为有种族歧视，我的名声受到了永久的玷污。

我将永远对利物浦出面为我做辩护心存感激。那时候人们会说："他们为他辩护是因为他是个优秀球员，不这么做的话他们损失很大。"其实并不是的。他们为我辩护是因为他们了解我。他们知道我在更衣室内是个什么样的人，他们知道我和家人在一起时是什么样，他们也知道我在赛场外的样子。

他们了解我，了解我并不是一个有种族歧视的人。

财富

当我在阿贾克斯的时候，有本荷兰杂志发表了一篇文章，说我是荷兰收入最高的球员。不仅这个报道不真实，他们竟还声称我赚着相当于我实际工资两倍的钱。我予以了否认，但你无法去否认媒体上的每一个不实报道，因为那样你将永远在回应，那会把你逼疯。

我在利物浦的时候，有另一篇不实报道称如果我单赛季为俱乐部踢进超过 20 个球，我就会得到一笔巨额奖励。这又是假的。这一次我让俱乐部出面对此进行官方的否认，因为我不想让利物浦球迷们认为："啊，现在他已经进了 20 个球，即使以后不再进球他也不用烦心啦。"

这样的造谣其实没必要，因为足球界关于金钱的事实已经足够惊人。围绕足球比赛发展起来的商业模式将它提升到了另一个高度，不断产生大量的财富，那利润是巨大的。你会问："一个国家怎么会付 300 万欧元让一支球队去踢一场友谊赛？"但其实他们会通过比赛以及围绕这场比赛所发生的一切来收回他们的投资，对于他们来说这是值得的。现在顶尖球员的周薪比贝利和马拉多纳的年薪还多，因为足球在当下是如此的赚钱。

而且只要有人愿意付钱给球员们，就有其他人愿意从他手中夺走。

金钱总是直接向那些进入顶级俱乐部一线队的年轻孩子们涌来，甚至不那么大的俱乐部也是一样。一个 10 多岁的少年突然拥有一笔相对巨额的财产，这会成为一块吸引狐朋狗友的磁石。在你年轻、单纯而且富有的时候，想帮你花掉工资的人永远不会少。

会有些喜欢利用别人的家伙把球员们视作容易得手的目标：他们有

钱，而且往往缺乏足够的教育来让他们知道怎样正确地利用这些钱。那些人还认为足球运动员不在乎自己花了多少或是把钱花在哪里，有时候他们是对的。他们会想："要想向商人、医生或是律师出售一个骗局会很难，但我却可以闭着眼睛把它卖给一个年轻幼稚的足球运动员。"各种各样项目的投资提议都是存在的，球员们会被要求买下一块块将来会有建设产业的土地。一旦你交了钱，就会发现得到建设许可是不可能的，你的钱打了水漂。

有些人会试图亲近你，而你不明白他们为什么要这么做。你估摸着"他觉得我是个好人"，但之后你就会开始怀疑，你甚至开始感到失望。有的人是被名声和财富吸引，并不是因为想和你做朋友。那很伤人，我讨厌那样。他们把你看作一个机遇。你将意识到"他来找我是因为我是个球员，所以他可以提出这样或那样的提议或是来谋利"。你会慢慢习惯，但刚开始你意识不到，在那个阶段你就是个容易得手的目标。这就是足球世界中围绕着你的一部分。

我很幸运，因为当我还小的时候人们就像那样接近过我，所以我懂。那是教训，但我学到了，也行动了。后来这样的话被传开："别接近那个人，他不会参与的。"我觉得现在人们把我看成一个很封闭的人，他们说："要想靠近他很难。"现在人们都不来接近我了，因为他们知道我是什么样的人。我不知道他们是不是被警告过，不过现在有种感觉是，我不是个简单的猎物。这对我来说很好。许多队友在30岁的时候仍然有人在不断地接近他们，试图与他们亲近。如果这仍在他们身上发生，也许只是因为他们更容易接近，或者可能是因为人们听说他们好相处；人们觉得可以找到靠近他们并获取利益的方式。他们知道他们没法对我这么做。

我能看清事实的真相得益于我如此年轻就来到欧洲的经历。我不希望十七八岁的孩子们经历我所经历过的一切。我曾经投资过一些我再也不曾见到回报的项目。有人在你21岁的时候找到你说："如果你现在在这上面投资，三四年之后会得到很好的回报。"你也许已经有队友也在那儿投资了，这是一部分原因：先拉一名球员入伙，然后他们就觉得也能拉到其他人。或者，他们会给你看一段视频，你心想："哇，这真棒，太妙了。"于是我投资了这块地，然后 7 年过去了，我依然在等待……

作为南美洲的一位年轻球员，你最大的难题就是是否要把自己的注册权卖给一个代理人。这是一夕致富的终极方案，但从长远看来，你放弃了在将来的行动中自己决定命运或利益的权利。

作为一个年轻球员，几乎就在一夜之间，你的问题就能从没钱变成拥有太多以你的理智和经验无法去处理的金钱。

在我 12 岁的时候，有来自防卫者和多瑙河（蒙得维的亚另外两家大俱乐部）的经纪人来敲我的门，说要为我提供金钱。我告诉他们我那时候不想跟任何人签合约。威尔逊·皮雷斯和何塞·路易斯·恩斯珀斯托，两位来自民族队的主管，在我还是个刚刚崭露头角的十几岁的年轻人时就给予了我非常大的帮助。他们知道我的家庭困难，知道我的父母分开了，他们还解决了我财政方面的问题。拒绝其他俱乐部为我提供的钱财不是件容易的事，但威尔逊和何塞·路易斯为我提供了强有力的后盾，这意味着我可以说"不"。能有这样的好人在身边，我感到很幸运。

到了我十七八岁，进入民族队一线阵容并且赚的钱多了一些的时候，压力甚至更大了。贪婪的家伙们开始真正围着你转。有一个经纪人曾向当时与我同住的父亲游说，说要给我提供 25000 美元，让我将 20% 的注册权转让给他们。当时我已经跟丹尼尔·丰塞卡有了一个非正式协议，但我们没有签署任何文件。

要回绝那些钱真的很困难。我在民族队每个月赚 4000 比索，相当于 100 英镑。

我记得自己曾想过："哇，25000 美元！我要变富有了。这个我应该签。"

父亲说："那是一大笔钱，路易斯，收下吧。"

但是索菲说："不，不，不。如果你跟丰塞卡都没签过什么，为什么现在又要签约呢？如果你相信丰塞卡，为什么要背叛他？"

于是我放弃了这个机会。我再一次幸运地听取了索菲中肯的忠告，但是要说"不"真的不容易。

在脑海里，我已经开始将现金分配，设想自己会把哪一部分给妈妈，哪一部分给妹妹。我知道它可以改变我们的生活，或者至少我当时是这么想的。

最终你必须把自己的信任交付给某个人，于是当你从小就崇拜的两位前球员来找你的时候，你就更可能去相信他们。丰塞卡和"鸭子"卡洛斯·阿吉莱拉[①]在民族队为我提供了庇护，他们是合伙人。阿吉莱拉和丰塞卡以前是乌拉圭国脚，并且都在意甲踢过球，那是我从小在电视上看着长大的联赛。我已经准备好离开乌拉圭，索菲去了欧洲让这件事更觉迫切。

接管我之后，他们告诉我说我将接受私人意大利语课程，每个月收到给我母亲的食物篮，月收入有100美元，加上我在民族队的所得——这部分我并不指望，因为并不能确保他们每个月都会给我付工资。

后来丰塞卡和阿吉莱拉结束了他们的合作，所以我必须在他们中做出选择。我会遇到他们中一个人对我这样说，另一个对我那样说的情况。我最终决定相信丰塞卡。感觉我有他的绝对支持，这并不是说我跟"鸭子"之间出现了什么问题，我现在每次看到他还是会打招呼。他明白我只是需要在他俩中间选择一个。我从没有真正跟丰塞卡签下什么协议，我也不太清楚为什么。我想我这样对他说过几次："如果我对你说了什么，我就会说话算话。"

但很快我就意识到在丰塞卡手里的所有球员中，我是他付钱最少的一个。我会是最后一个得到新球鞋的人。最终到手的所得我会与家人分享，并能够为我爸爸提供一些支持，因为那时候他正经历一段困难

---

① "鸭子"是阿吉莱拉的外号。

时期。

曾经他和我有许许多多关于未来的承诺。每次见面他都会谈论到会发生这个、会发生那个，而且他很有说服力。他有辆很大的车，而且在意大利生活过。一切看起来都很美好。我曾经跟他照看的其他年轻球员聊过，我们会讨论他的车和房子。相比"我将来有一天也会这样"，我们更会相信如果他拥有那些东西，那他就很成功，他一定有两下子。他是个人物，而你也可以做到。

当我从民族青年队走出来的时候我百分之百归属于民族队，但在乌拉圭，如果你转会，20%的转会费将给予球员。所以如果丰塞卡要从民族队买下我，他就要为我向民族队支付100万美元，其中20万美元应该给我。丰塞卡说我应该拒绝这20万美元，那样他就只用向民族队支付80万美元。因为这样可以给他省下钱，以后就能在我的欧洲第一笔大签约时加上这额外的20万美元。那时候我迫不及待地想去欧洲，所以我的态度是："好吧，不管代价如何，我只想去欧洲。如果你想把这写进我的合同，那很好，我现在并不需要这些。"这辈子我第一次太过于相信他人，而当我意识到错误时，为时已晚。

所有关于经纪人的问题都很复杂。父母们希望通过自己的儿子们来得到应有的一切，于是总是尽可能抓住到手的金钱，但这样他们实际上对孩子未来赚更多钱的能力造成了更大的伤害。我避开了大多数潜在的破坏性交易。我在街头摸爬滚打很长时间，能够觉察出大多数潜伏的陷阱和骗局。

有时候压力同样会来自你自己的家庭。我爱我的父母和兄弟姐妹，愿意帮助他们，但我有约法三章，如果他们自己不努力的话就一切免谈。我们都来自同一个世界，生活中面对的机会都十分有限，你必须努力坚持下去。我也并非天赋异禀。有阵子我跟我父亲起了争执，因为他觉得自己是路易斯·苏亚雷斯的父亲，就不用再工作了。我告诉他："是谁在踢球呢，我还是你？"

我当然会帮助他，因为他是我父亲，但他也要做好自己分内的事。我们为此闹了有一段时间，那糟糕透了，不过我还是设法给他找了份工作。现在他已经干了一年有余，而且乐在其中。我母亲开着一家烘焙店，出售自家产的面包。我有6个兄弟姐妹和一大堆侄子侄女，我只希望他们把我视为他们的兄弟或叔叔，而不是一个足球明星。

拥有一个像我这样的大家庭就意味着总有人会碰到麻烦，但很多家庭问题是不能用钱解决的。你有钱，但仍得面对这个问题。又或者你为他们解决了问题，他们又会带着自己的叔叔啦叔叔的弟兄啦之类遇到麻烦的人，再回头来找你。我听到过针对我的"我兄弟踢足球但是他从不帮助我"这样的指责，但我决不会去帮任何自己不去努力的人。

他们可以指责我小气，但他们内心深处应该会明白我是在帮他们养成一种正确的价值观。如果他们愿意理解和珍视自己所拥有的，我就将提供帮助。这是自尊自重的问题。我有着非常强的职业道德：可能是因为一路走来那些艰苦的努力，那些没完没了的汽车旅行和长途跋涉，那些为了别人眼中理所当然的东西七拼八凑地攒钱的经历。我会对自己的孩子们采取同样的态度。他们能得到我有能力给予的一切，但他们必须懂得尊重生活中事物的价值。

我不会为兄弟或姐妹们去买一幢豪宅，他们不会从出租屋一跃住进庞大的宫殿，因为那不是我们的生活之道，那不是真正的我们。他们不会因此开心或是感觉舒服。他们来自不同的地区。我的家人接受这一点，他们接受我的为人处世方式，但是有些生在足球家庭的人就是不能理解这一点。如果因为家里的儿子或兄弟赚了大钱，在欧洲踢球，一家人就不再工作，我不会尊重他们。

在刚刚准备来欧洲时，我曾对我父亲说他应该停止工作。那是个错误，我后来就感觉后悔。一开始我是这么想："他会过得很舒服。"后来我又觉得："为什么我要对他说那些？"他能因为工作感受到自己的价值，他已经工作了很多年。工作已成为他的一部分，给了他身份和自尊。如果你的父亲不想工作，那就是个问题了。他周围的人会说："那是路易斯·苏亚雷斯的父亲。"但是他有自己的生活，需要实现自己的价值。我不得不对他说："在你珍视自己所有，让你的身份和作为变得有价值之前，我是不会再帮助你了。"要想说服他很困难，但最终我们还是达成了共识。事实上，问题常常不在于我们，而是在我们周围的人。别人会说："你是苏亚雷斯的父亲，你应该这样或那样做。"我作为儿子是可以帮助我的父亲，但不能帮他解决整个人生。他需要重视自身价值，需要自己过好自己的生活。因为如果不这么做，每个人都会用有色眼镜看待他。他们会说："啊，那个人挺阔绰是因为他有个儿子是足球运动员。多舒服的生活啊。"他的自尊和自重应该让他无法接受这种情况的发生。

你永远不能丢掉那份对于自身财富的认知，并应为自己所做的努力感到自豪。我记得在我十一二岁的时候，我哥哥的一个队友来到我家，给我们带了一些二手衣服。我弟弟那时脸上的兴奋依然历历在目。我的家人和朋友永远不会说我随着自己的成功而改变了，因为我没有。你不会看到我买许多光鲜的轿车。如果这是你想要做的，我并不排斥，只是我自己永远无法理解。那不是我的个性。

我开始感到绝望，对自己感到恼怒。后来我进了一脚远射，然后又进了一个角球，接下来又一个，然后又一个。4个进球！简直难以言表。我甚至根本没有发挥得很好，但运气突然就站在了我这边。突然间我变得势不可当。

第6章 罗杰斯革命

在我与布伦丹·罗杰斯第一次真正的、深入的谈话期间，有那么一刻我看着他突然就觉得："他是对的。"我们当时已经聊了一段时间，他在解释希望带给球队的战术，所有事情都已就绪。他讲的所有内容都很有道理，我被彻底说服了。

肯尼离开之后，关于他接班人的各种传闻就开始满天飞。那也会让球员感到烦扰，因为对于正在发生的事，你总是不会比其他人知道得更多：你也从报纸上阅读消息，和球迷们并没有两样。很快布伦丹·罗杰斯就成了最佳人选。他并不是一位"大人物"教头，我对他了解不多，但罗杰斯率领的斯旺西城因为他们极具吸引力的比赛风格而引人注目。他们与众不同，作为一支上赛季刚刚加入英超的升班马，他们尤其令人印象深刻。

2011—2012赛季最后几轮中我们有场比赛是在斯旺西城的客场。后来我在走廊里偶然跟布伦丹打了个照面，他用西班牙语说："你是位非常优秀的球员，祝贺你。"

我记得当时在想："真有意思，斯旺西城的教练会说西班牙语。"

我们之间的第一次对话发生在梅尔伍德基地，就在他正式成为利物浦新主帅之后。谈话时间并不长，就是些典型的欢迎来到俱乐部之类的话。不过他也很想跟我谈话，因为当时正有些迹象表示我可能转投尤文图斯。我当时刚在英超踢了一个半赛季，并不渴望离开。每当一个新教练到来的时候你总希望看看事情会怎样发展，我告诉他，是的，我当然会留在利物浦。

布伦丹用西班牙语和我交流，告诉我给他些时间，给他个机会，而且我会喜欢将来球队的新风格，它会很适合我。他说我们会多打地面战，保持控球率，打攻势足球。我记得他说："在地面上将球从后场向前推进并不算太难，你知道的。"

后来当他详细解释他所说的意思时，我开始发觉一些变化即将发生。简而言之，他的足球理念是这样的：

你的后防线上有 4 位球员，以及一位门将——那时候是"佩佩"雷纳，他很擅长脚下控球。禁区外有两位中后卫，其中一位可以回来拿球。如果他被盯防住了，另一位可以代替他。如果守门员距离中场 30 米，而球员都擅长脚下控球，对手最多就会有两人来对你进行压迫进攻，没有其他人会压上。如果你能很好地传球，并且站位合适，他们就不可能把球从你这边抢走。为什么？因为你人数占优，而且总是会有一个可以传球的空当，让你可以向前场推进。

中后卫留下的空当可以由一名中场来回撤补位，守门员也将成为一个"非守门员"球员，你就这样将球向前转移。

听完后，我被说服了。这看起来如此简单，但以前没有人像这样仔细地给我一步步讲解过。我想："他是对的，有了利物浦的这些球员们，有"佩佩"雷纳的脚下控球能力，他们的确不可能在 30 米区域内从我们脚下夺走控球权。"当然，除非我们自己出现低级失误。

在前几个星期里，这个概念是我们和布伦丹共事的基础思想，是建设新战术的第一块砖。它很有道理，从一开始就让我信服。虽然比赛结果并不尽如人意，我还是可以看到我们正在进步，我很兴奋。布伦丹的哲学是打地面战，保证控球权，并且能够在丢掉控球权时通过压迫对手将它重新夺回来。不要慌乱，不要踢得像我们上赛季那样匆忙，要在恰当的时机抓住空当。

如果说我很兴奋，其他人就有些担心。不，并不是因为关于俱乐部的电视纪录片里那些著名的信封。说起来，我们刚开过那一集的玩笑。不过主教练的执教方式的确起到了作用。

也对那些没有看过纪录片的人讲讲。赛季开始前，刚接手球队不久的布伦丹给我们展示过3个信封，在那之后他很快就将整个队伍凝聚在了一起。他告诉我们每个信封里都有一张纸，上面写着一个在即将到来的赛季中会让球队失望的人的名字。他说，我们的责任是确保自己的名字不在那里面。等到年末，他将打开信封揭晓里面的那些名字。我从没见过哪个主教练这么做，后来不出所料地，很多队员都在讨论这件事。

有一次我们一小圈人坐在一起，格伦·约翰逊走过来，说："我知道谁在那些信封里。我知道全部3张纸上写的内容。"

"谁？什么？"

"'3号'……'何塞'……和'恩里克'。"

我们哄然大笑。

何塞·恩里克抗议道："不，不，不，不，英格兰伙计——我不在那上面，你才在！"

"是的，我看到你了。"

我们最终也没能知道那些信封里写着什么。这很不寻常，我必须承认有那么一刻曾想过："你凭什么在赛季开始前就认为有3个人会让你失望？如果那里面有一个人表现得很好，而你质疑了他，你接下来又该怎么做呢？"

但是对我来说很明确的是，实际上他根本一点儿也不那么想。我确信根本没有什么名字，那只是激励我们的一种方式，是让我们能全力以赴的一个战术。事实上这事很快就被大家抛在脑后了。

我更感兴趣的是我们未来的战术形式，其他人也因为种种原因对此表示在意。那种比赛方式有时可能挺可怕，完成它需要勇气。有的中后卫更希望减少控球时间，不愿意冒犯错误的风险。你能看到有时候中后卫们承受着巨大的压力，很想直接长传出球。但是布伦丹一直坚持着，于是渐渐地，他们也都习惯了，慢慢能够更加自如地带球出击。我们全都适应了。丹尼·阿格和马丁·斯科特尔进步非常大。技术上来说，他们足够好，而且更增加了对自己能力的自信。他们已经变成了更优秀的球员。以前可能会是两脚传球，然后直接大脚开长传，但布伦丹对此做出了改变。为了让新战术起作用，守门员需要像一名"非守门员"球员一样行动，而且从一开始他们就以不同的方式被执教。重复的训练带来了信心。

我们同时也努力练习，去协调重夺控球权的压力。如果你单枪匹马去追逐一个球员，结果往往是徒劳的；集体行动起来的话，那将会非常有效。

这种新风格很适合我。在英格兰这种所有中后卫都高大强壮的地方踢球，那些飞向前场的凌空长传对我来说并不好受，但是一个快速而能释放一侧空当的短传就会很有效。最主要的是，我需要球在脚下，布伦丹明白这一点，而且他也与我一起演练过用来孤立对方后卫的跑位。他自信如果我跟他们一对一，我很可能会胜出。他非常渴望发挥我的能力，我的风格也与他的相符。

他知道我是个非常依靠本能的球员，凭直觉行动。他明白如果让我做一个静止的9号①，等待边翼队员的横传，我将起不到作用。实际上也不是完全没用，但是会差一些——我达不到最佳。他知道我是一个跑动型前锋，很多时候你会在禁区外看到我，不断移动着寻找空当。我不

---

① 9号位球员一般指前锋，特别是传统中锋、球队得分手。这里说一个"静止的9号"表示跑动较少，主要负责靠队友送球来破门得分。

会站在那里充当两位边路球员的横传目标。

当然，安迪·卡罗尔可以胜任。每位教练都有自己对球员的喜好，所以联想到安迪所呈现出的比赛风格，布伦丹不把他纳入计划内也是情理之中的了。

安迪身材高大，力量好，制空能力强。不过我觉得人们对他有误解，其实他的技术也非常出色，可以相当利落地用左脚大力射门，他所能达到的那种力度常常在训练中让我印象深刻。很可惜在我们俩的利物浦处子赛季，伤病减少了我们能够同场战斗的次数。

然而在那种希望让人通过快速摆脱来进入空当，并充斥着短传的比赛中，他却不适合。他想为英格兰队效力，所以足够的比赛机会很重要，这就意味着他需要寻找一种继续前进的方式。最终他以租借形式加盟了西汉姆联。教练对他很坦诚，这总是最好的态度：如果你不会使用某位球员，就告诉他。

查理·亚当也是类似的情况。查理的传球不错，但更适合于那种倾向长传的比赛风格，而布伦丹要的是更短更急的传球，以及更快的速度。乔·阿伦从斯旺西城加盟我们正象征着这种风格的转变。

布伦丹形容乔是"威尔士哈维"，很难说是不是贴切，这可不是一般的评价。不过乔在大约前 10 场比赛中表现得尤其出色，我觉得他的加盟非常成功。经过在斯旺西城的共事，布伦丹非常了解他，乔的头几场表现精彩绝伦。他的带球非常优秀，能够完美地融入球队理念，防守方面也很出众。最重要的是，他总能立刻理解布伦丹对跑位的要求，相比之下杰队和乔丹·亨德森就花了一段时间去适应教练的风格。

随着时间推移，他们也适应了。以乔丹为例，2013—2014 赛季就是证明。乔丹的改变如此巨大。刚开始，也许他是一次想做的事情太多，但他很聪明，而且虽然上场时间不多，他仍在第一年跟着布伦丹学到了东西。接下来的赛季，他已经能够准确地判断并抓住传球机会。他表现从容，更加冷静也更加会动脑子了。他同样也更加理解我和丹尼尔的跑位。快节奏传球的比赛适合他。他也有力回击了那些质疑者（批评、质疑他的人），也许他们激发出了他个性中不为我们所知的一部分。

布伦丹改变了他，改变了我们所有人。

我记得拉法·贝尼特斯时的利物浦，那是一支以强大防守和反击为基础的队伍，所以我不觉得新的利物浦是重拾了历史价值，但很快人们就开始讨论这个。我听到球迷们在谈论"传跑体系"，这是七八十年代那支伟大的利物浦所使用的方式。在我看来，把乔视为"威尔士哈维"意义非同一般。我不会说我们踢得像巴塞罗那，因为当时他们的速度、触球和传球技术实在难以效仿。但是你可以在布伦丹的执教方式上看到一些西班牙风格的影子。他对西班牙很感兴趣，曾经在那里学习过，而他在那里学到的内容就是我们战术风格的核心：不断传球，高位压迫，快速跑位，带球攻入禁区而不是在禁区内等待，由边路向中路进攻。

当然，事情并不是那样的简单。你总会需要适应周围的环境。比如，巴塞罗那踢英国联赛，就不会跟现在一样。在西班牙他们会让你更多地控球。后卫和中场球员们能盘带，一部分是因为他们有这个机会。对手会在中场区域进行压迫，但不会更前了。在英格兰，对手对你的压迫更具侵略性，他们会更多地压着你打。换作巴塞罗那也必须得去适应。同样地，如果把利物浦队放到西班牙联赛里，他们也会不一样。这从西班牙球队和英国球队的比赛里可见一斑：西班牙球队会压迫进攻，但形式不同；英国球队的跑动更多，但少一分明智。总的来说，英格兰球队要少一些秩序。布伦丹就很突出：他进行了杰出的战术部署，而有些对手似乎很少在这方面下功夫。

布伦丹同样也很快证明了自己的应变能力。我们会根据不同的对手做出变化。有时候，如果对手使用单箭头战术，他会在后方安排 3 个而不是 4 个人，让边后卫来打开进攻的宽度和深度。他也明白需要倾听球员的想法，去了解球员乐意做什么。他在这一点上非常在行。

利物浦在布伦丹·罗杰斯手下生机勃勃。我效力的时候他的执教方式让人印象深刻，相信那些我喜欢的、有效的方法会继续被使用。布伦丹所做的一切都是为了让足球技术更完美，以及为下一场比赛或是某个特定目标而做出改变。虽说本来并没有什么特别的指示，但当我周二一踏进训练场，就会明白所有的练习都是根据周末即将到来的比赛而制订的。它可能是一个我们尚且不知道教练用意的小练习，但它永远是为比赛服务。如果在一场训练中圆锥标志筒被放在边路，我们就能很好地领会到周末他会让我们打出宽度。再举一个例子：有一次训练中 4 根大柱子被排成一排，我们进行了三四脚传球的跑位训练，最后一脚传球时一个队员已经跑过了柱子。一般是两位前锋和两位中场配合，传球会是一，二，三，直塞 ①……这并不是被明确告知的，但重复这样的训练往往是因为我们将要面对一个一字排开防守阵型的对手。有了正确的跑位，你就能一对一过人了。

　　他不会整整一周都对球员们详细讲述比赛计划，因为那只会让你崩溃，到头来你就失去了兴趣。如果当你在周二走进训练场时他就已经在告诉大家，对手的左后卫会怎样踢，那到了周五我们应该都快要疯了。所以我们循序渐进地为比赛做准备，然后到了周四或周五，他可能会说"他们这里很弱"或是"他们这个空当比较薄弱"。越到最后他做出的指令就越明确："看，如果他们在这里上抢，你内切的速度比他们要快。""他们总是保持平行站位，你可以跑到他们身后去。"或是："看好那个左后卫——他反应比较慢，会让你在不越位的位置盘带而不上抢。他只会在那眼睁睁看着，不能像其他后卫那样迅速做出反应。"

　　有时候我们训练的内容甚至更明确地聚焦在某位对手身上。当我们再一次面对安迪·卡罗尔的时候，布伦丹已经见过西汉姆联边后卫拿球后大脚斜传找他的打法。所以在训练中我们由马丁·凯利扮演安迪，像他那样去踢。我们设计了模仿对手战术的跑位，然后练习去应对。布伦

---

　　① 这里是从空当直塞过去的意思。

丹并不迷恋于不停地给我们讲述对手，但通过特定的练习，他的信息也会慢慢渗入到我们脑子里。

在进攻端也是一样，根据对手的不同，你会看到我使用不同的跑位。所以，我们备战西汉姆联的那一周，我们知道他们右路的两位后卫——也就是我们左侧——相对比较慢。我们当时练习的其中一种路线，就是在左侧接球，然后让我从对方两名球员中间迅速将球向中路一扣，因为我的速度比他们更快，他们想要足够快地转身会很难。你可能见到我从中路向边路跑动，因为我知道对方的中后卫们不想跟着我移动，但他们又觉得必须这么做。其实布伦丹不会具体去说"他们很慢"，而是让我们去练习跑位：弧线传球拉到边路，停球，转身，回扣，跑动。

在比赛的前一天总会播放一段视频。它会告诉我们对手的打法，以及他们的弱点在哪儿。视频的长度通常是 10 到 15 分钟——我觉得再长可能就会起到反作用了，通过看视频我们知道对手后防什么时候使用线型站位，什么时候区域防守或是采用人盯人战术，以及哪一个边后卫出击最慢。然后布伦丹会说："好，这家伙站得很死，边翼队员可以从这里绕过去，然后前锋像这样跑动……"

我们也总会在比赛头一天练习死球场景。很多英超球队似乎对此准备不足。是的，他们准备好了迎接一个轰入禁区的定位球，但对于让一个球员进入禁区或引领一串新跑位的快速任意球，他们似乎缺乏准备。有很多教练和布伦丹一样在西班牙学习过，他们正在把这种理念带入英国，所以情况正在起变化。不过相比起其他地方，巧妙准备的战术在英格兰还是更容易促使对方球队犯错误。比如，布伦丹执教后头几场比赛中的一场是在主场对阵曼城。曼城打的是区域防守，只有两三个球员在进行一对一盯人。远门柱那边是当时的曼城后卫科洛·图雷。塞巴斯蒂安·科茨当时在禁区里开始朝着球的方向跑动，然后又停了下来，于是图雷就被挡住了，无人盯防的马丁·斯科特尔随即抵达远门柱位置破门得分。

对于前锋来说，还要懂得观察对方的守门员。有的守门员站立不动，有的会出击拿球，这你必须清楚。在利物浦的时候，我会通过看视频了解或是由教练组成员告知下一场的守门员的情况。比如，雨果·洛里斯总是会出击：他在远离门线时动作很快。所以你必须迅速做出反应，不然他会将你压制住。不过这时你将有机会把球挑过他的头顶，因为他已离开球门线。他真的非常出色，虽然有时候过于自信了，但他拥有少见的敏捷程度和反应速度。还有那些总是出击并且两腿伸开的门将，你则可以将球从他双腿下方踢过去。

我总是近距离观察守门员，还会跟我的队友们讨论他们。我一般会知道这些守门员是否喜欢往某一侧进行扑救，知道他们速度是快还是慢，知道是否可以在靠近他们身边时射门或是必须让球远离他们。有些守门员会在你假装要射门的时候就倒地扑救，而其他一些则是不管你怎样做假动作他们也不为所动，所以你必须快速完成射门。守门员们当然也会在赛前观看我的表现，但在比赛中我几乎不会考虑到这一点。这并不是虚张声势或是双重诡计，点球的时候才会是那样的情况。事实上，你在一场比赛中能一次又一次不断设想要怎样完成最后的射门，你可以不断地去分析门将，但当时机来临时你可能不是按事先设想的去做，直觉起了主导作用。那么，你所能做的就是调整好这些思路，通过你的研究结果和你对面前这位门将的了解，在潜意识层面形成一种直觉。

如果说和布伦丹的合作起初很不错，那结果就不那么如意了。我们在第一天以0∶3的比分输给了西布罗姆，虽然开局非常好，但错误让我们付出了代价。前5轮比赛我们一场都没能赢下来。输掉揭幕战的时候，我们就已经在想："这将是场艰难的斗争。"然后是一场对阵曼城的2∶2平局。我们开始1∶0，然后2∶1领先，但是在终场前10分钟我们又被卡洛斯·特维斯进了一球，由于马丁犯了个错误，他们得以扳平比分。在那之后我们又在主场1∶2输给阿森纳，随后曼联在安菲尔德以2∶1战胜了我们。和曼联的比赛中，琼乔·谢尔维在半场即将结束时被罚下场。在那之前我觉得我们的表现占优：我们更具侵略性，不断地进攻。

尽管以 10 人应战，杰队还是在下半场开始的第一分钟时取得进球，为我们赢得了领先。对他来说那是个尤其激动人心的时刻。赛前，博比·查尔顿和伊恩·拉什放飞了 96 个气球，为了纪念希尔斯堡惨案——标志着寻求正义的斗争超越了足球场上的恩怨，将人们团结在一起——而当杰队进球之后他做出指向天空的手势来庆祝，表达对年仅 10 岁就在惨案中丧生的表兄的追思。然而，在场上只有 10 人的情况下，想要保持领先优势是很难的。拉法扳平了比分，而当罗宾·范佩西在临近终场时以点球破门，那感觉就好像意味着他们这一整年都会比我们强。联赛才刚刚进行了 5 周，所以这在情感上是很难让人接受的。我们深切地感到接下来将面对一场场艰难的战役，早期的乐观心态已然有所动摇。

当运气偶尔起到一部分作用的时候，它却并不站在我们这一边。要想说服球员们适应新风格本来就不容易，当比赛结果不好时更是难上加难。曼联那场比赛结束后我们排名第十八位。我们没能赢球，人们开始拿现在的球队与罗伊·霍奇森执教时期做比较。我们踢得不错，风格是好的，但糟糕的结果考验着你对新方法的信心。我充分相信从长远来看我们终究会让一切回到正轨，那种比赛风格，那些分析和努力会收到回报，但怀疑的情绪无可避免地在蔓延。你心想："唉，这将会很困难。"我们的目标是打进欧冠联赛，但它已经在从我们手中溜走，而赛季才刚刚开始。

接下来的赛程拯救了我们。下一个对手，诺维奇。我们在卡罗路球场以 5∶2 赢得了胜利，我完成了帽子戏法，这是我在那里连续完成的第二个帽子戏法。人们说我一定是跟他们有什么过节。有时候你会问自己："为什么我总是在对诺维奇的时候踢出如此漂亮的进球，而不是在对曼城、切尔西或是曼联时？"同一年，我曾看着一记对阿森纳的精彩射门从门柱上弹了回来——那会成为一个反复重现的主题——我立刻想到："如果是对诺维奇这球肯定就进了。"诺维奇门将约翰·拉迪很可能也会想："是啊，你要是面对我估计那球就能进了。"

有一位诺维奇球员曾经在一次交手时跟我说过一些让我捧腹的话："你今天又要对付朋友啦。"他说。

但拉迪是一位优秀的门将，责任不在于他。我面对他的时候很幸运。他曾对我说过："总是你！下一次，你干脆别出现了，好吗？"

当我加盟巴塞罗那的时候，他在推特上开玩笑说自己绝对应该得到一部分转会费。

那的确是运气。我在那场比赛的第二分钟就取得了进球，我甚至没有很好地踢准皮球，于是突然间我就想："好吧，这不一般。今天一切都会很顺利。"就从那一刻开始一切都起了变化，我感到充满信心。我想："好吧，如果那球进了，那就什么球都可以进。"

有时候事情会不如意，但只需要一个非常小的转折就能让你继续前进。在接下来的赛季，2013年12月再次对阵诺维奇时，我前10到15分钟表现得糟糕透了，不断地丢球。某一刻我向一名后卫的方向跑去的时候被绊了一下，跌跌撞撞地又一次丢了球。我对自己说："路易斯，如果你连一个诺维奇后卫都过不了，那今晚就有得受了。"我并不是认为他们不够优秀，只是感觉我不应该如此糟糕。

我开始感到绝望，对自己感到恼怒。后来我进了一脚远射，然后又进了一个角球，接下来又一个，然后又一个。4个进球！简直难以言表。我甚至根本没有发挥得很好，但运气突然就站在了我这边。突然间我变得势不可当。

有些时候，一些势在必得的射门总是不遂人意，前锋们就像疯了似的拼命试图进球，誓要打破这种局面。如果无法进球的状况持续到一定时候，你会想："我到底是怎么了？"你开始寻求解决方案，比如改变一些常规的事情，换上不同的球鞋，或是以一种不同的顺序走上赛场，再或是进行不同的训练。然而最终你会发现问题并不在训练上，你可以在一整周令人满意的训练之后迎来一场比赛，心想："我状态火热。"但你其实并不是。我宁愿一整周都不进球，宁愿将进球全部留到真正比赛的时候。几乎在比赛一开始，你就能知道这场比赛自己能不能发挥好，这是真的。虽然也有些时候得靠教练在中场时把我拉到一边，说些能让我改变一下焦点或比赛节奏的话，或者仅仅是敲个警钟，让我能表现更好："你是怎么了？"

然后，几乎是机缘巧合，一段糟糕的时期戛然而止。我意识到最好的办法是不要强求，低谷便会自然而然地结束。我渐渐懂得了自己需要变得更加冷静。有时候直觉告诉我会有一段困难时期，甚至在其他人真正意识到之前：有时我就是知道。能认识到这一点很有帮助，其实并不需要拼命地去追求目标。最好是把它忘掉，单纯地踢球，享受比赛，而不是享受进球。在我自信的时候，我会尝试在我一般不会射门的地方起脚射门；而在我为进球而挣扎的时候，只要不是百分之百的机会，我就会选择传球。这比只痴迷于进球要好，有时候时机来了，我会想："路易斯，你真走运。"

那场与诺维奇的比赛对我们来说是一个转折点，证明我们在进步，而且从那一刻起，我们的期待增加了。事实上我们接下来的比赛只赢了一场，但也没有输球，而且在此期间我们打平的有埃弗顿（2：2）和切尔西（1：1）。

相比利物浦在主场对阵埃弗顿，我可能更喜欢做客埃弗顿主场的德比战，古迪逊公园球场的氛围会给我力量。球迷距离球场很近，制造着噪声，我喜欢那种与他们针锋相对的感觉。那天我进了球——就是我在大卫·莫耶斯面前"跳水"庆祝的那一个——杰队本以为他能为我助攻一个伤停补时阶段的绝杀。他开出的任意球经由塞巴斯蒂安·科茨头球摆渡，最后由我踢入球网。边裁过了很长时间才举起示意越位的旗子，而当我们意识到的时候，杰队已经向红军球迷们奔跑了 80 码①去庆祝。他当时背对边裁，所以根本不知道进球被判无效。我们很愤怒，但也忍不住笑了。

情况正逐渐好转，不过我们还需要更多。尽管签下了来自罗马的法比奥·博里尼，但球队阵容还不是太够。我知道如果我受伤或是被停赛，没有人能代替我，如果乔·阿伦出现什么状况的话也是一样。我们有苏索和拉希姆·斯特林，但他们都还非常年轻。我们明白，如果某场比赛情况变得复杂了，就没有可以去改变局面的替补队员了，主教练实在没有什么别的人选。这些问题在我们球员之间被讨论着，但我们不需要告诉主教练。他知道的。实际上他也这么说过。他告诉我们 1 月份会有新成员加入，我们只是不知道具体是谁。

丹尼尔·斯图里奇和菲利佩·库蒂尼奥签约的时候我们都很高兴。不仅因为他们很出色，也因为他们都是带着"我们会提供帮助"的态度来的。两人在之前的俱乐部都不是太如意，所以他们都下定决心要在利物浦干出一番事业来证明自己。他们同样对主教练抱有信心和信任。布伦丹直接让他们融入了队伍。

丹尼尔第一次出场是在 1 月份的一场足总杯较量，对手是曼斯菲尔德，他最终破门得分。我们以 2：1 赢下了比赛，我也进了球——用我的手。那完全是个意外，但当时正处在那么一个时期：不管什么事情不对了，一旦是和我扯上关系，似乎就会引起巨大反响。我的手是被球打到的，而不是故意为之。进球之后，我以为它被判无效了。等到我向主裁看过去，发现他正在回头往中线方向走，我才意识到进球是有效的。然后，老实说我当即就想："又来了。"我当时已经预料到人们会对我发起攻击。

他们的主教练保罗·考克斯表示理解，用"本能的"来形容那个手

---

① 码，英制中丈量长度单位，1 码 =3 英尺或 36 英寸 =0.9144 米。

球。他知道我不是故意那么做，还表示如果是他自己的队员进了这样一个球他是会庆祝的。他承认吹掉进球不是我的事，而是裁判员的任务。

有人说我亲吻我的手来庆祝那个进球，实在是落井下石，虽然我一直以来都是用这种方式庆祝的。我记得自己小时候曾经看到球员们拥有标志性的庆祝动作："小虫"克劳迪奥·洛佩斯，马塞洛·萨拉斯，罗纳尔多，或是贝贝托。然后你会想："我以后也想要有属于自己的庆祝方式。"那时候我在荷兰，在阿贾克斯球队旅馆中百无聊赖。我在电话中跟索菲聊天，对她说："你知道吗？我想了一段时间，觉得我需要一个属于我自己的庆祝方式。"拥有我自己的版权。当我还是个孩子的时候我希望像马塞洛·萨拉斯那样庆祝，但我不想模仿任何人。我站在镜子前面心想："我能做什么呢？"然后我开始上下摆动我的手指，思考着："好吧，这也不算太差……"这不是枪手动作，我并不想尝试去当个"神枪手"或是什么，仅仅是手指动作而已。更像一种舞蹈而不是射击动作。索菲说："嗯，我觉得这样可以。"

后来，为了索菲，我开始使用亲吻结婚戒指所在手指的动作。接着德尔菲娜出生了，动作就变成：先亲吻无名指，然后是文着德尔菲娜名字的手腕。有些利物浦球迷发现"德尔菲娜"和"安菲尔德"字母相同，只是顺序不同，所以事情这样发展非常好。虽然我根本没想到：那是单纯的机缘巧合。

本杰明出生之后，我本来并不太想在同一只手腕上并排文上新文身，但我必须为他做点什么，于是我准备文在另一只手腕上。但我又意识到如果他的名字被文在另一只手腕，我每进一球就得花上 5 分钟时间庆祝了，所以我还是把他的名字文在了德尔菲娜这一边。我发誓我在比赛中那么做是因为我的庆祝方式本就如此：我不可能亲吻戒指，然后一只手腕，然后另一只。那样实在有点儿夸张。

这就是我在曼斯菲尔德比赛中如此庆祝的原因，不是因为我刚刚用手进了球。

战胜曼斯菲尔德之后，我们在客场与奥德汉姆战平。那是我第一次被任命为利物浦的队长。事实上，我很吃惊。因为我说不了多少英语，我并不觉得自己是理想人选。当被告之我将担任队长的时候，我找到布伦丹，说我更希望他把队长袖标交给另外的人。我觉得让马丁·斯科特尔来当队长更好，但布伦丹告诉我说教练组已经决定让我来担任，于是我心怀感激地接受了。作为队长，我的第一个任务就是去见马丁，并向他解释事情的过程，我不想让他感觉受到了剥夺，而且说实话，我觉得跟我比起来，他是队长身份的更好人选。他说他不介意。我不是不想当利物浦的队长，只是我不希望显得对其他更有资格的队友不尊重。担任队长是一种荣耀。

在赛场上，是不是队长其实并没有改变太多，但有一些任务是我必须完成的，有些地方也需要改变。在阿贾克斯的时候，我习惯于将袜子穿得很低，而且不扎衣服。但我一当上队长之后，马上就做了改变。我的球衣扎好了，袜子也拉了上来。

这种情况在利物浦得以继续，当然现在也是一样。我还需要带领全队入场，这对一个很迷信的、每次都最后一个进场的人来说有点儿麻烦。

还有一些其他我不知道的工作要做。当时我坐在奥德汉姆的客队更衣室里，戴着耳机听着音乐，助理教练科林·帕斯科走过来说："路易斯，我们该去见裁判了。"你需要进去跟另一队的队长交谈，裁判告诉你需要在什么时间在球员通道内做好准备，以及让你确认你的队友们摘掉他们的珠宝并用胶带将戒指包住。

跟在荷兰不同的是，我不需要做全队讲话或是类似的事情，否则我会尴尬死的。我甚至不知道怎么说（硬币的）"正面"和"反面"。幸运的是，主裁判带了一枚他自己的硬币，其中一侧有个太阳的图案，那是我知道的，于是我就说："太阳。"我真的说不了太多别的了，如果他们开始跟我谈论其他任何内容我就完蛋了。我没那个英语水平，我非常紧张。

比赛真正开始了之后，情况很糟糕，并不是我梦想中担任利物浦队长的样子。当你在杯赛中面对一支低级别联赛的球队，总会有风险，因为很难阻止自己去认为胜利会手到擒来。但之后比赛节奏会比平时慢，我感到自己的状态逐渐冷下来，而同时对手的信心在不断增加。我们以2：3的比分输了。在杯赛中被奥德汉姆淘汰出局是很可怕的。我以队长身份开始了这场比赛，却以失败者的身份结束。

话说回来，总体来看我们是在进步的。新队友们——丹尼尔·斯图里奇和菲利佩·库蒂尼奥——正给球队带来巨大的变化。

菲利佩令人不可思议，他彻底改变了我们。他是那个在控球方面给了我们信心的人，因为他的技术能力如此出众。你知道他不会丢球，知道他能创造出美妙的机会，总能选择恰当的传球。在来到俱乐部后的前几场比赛中他在场上很快就感到疲惫，不得不被替换下场，因为他来自一个身体对抗不是那么强的联赛，而且出场频率不高。但是你立刻就能看出他与众不同。从第一天开始，他就给我们所有人留下了相当深刻的印象。

同时，丹尼尔也正成为我职业生涯中最好的搭档。我看过丹尼尔在切尔西踢球，虽然我甚至不知道他曾经在曼城待过，我也不知道他爸爸曾经也是足球运动员，但我看过他的比赛并且非常喜欢他，我能预见他会起到不小的作用。当我在训练中看到他踢球，我对他的能力越发欣赏。虽然以前就知道他速度快，但他最后一击的方式的确令我震撼。更神奇的是，他每一次射门都进了，每一次。他有才华，而利物浦为他提供了在切尔西得不到的机会和连续的上场时间。他有这份野心，只要被给予了这些，就确保能拿出表现。

我在梅尔伍德第一次跟丹尼尔说话的时候，他让我很惊讶，因为他说："我们俩一起，可以在这里成大事。"一般来说，球员们会觉得一个新签约的队友会来和自己竞争场上位置，我也是这样。我原本以为丹尼尔也是一样。

从一开始丹尼尔就认为是我们俩一起上场战斗。但作为一个新人，像他这样大胆的并不常见，我当时短暂地想过："这家伙为什么对我说这些？"丹尼尔当时完全有理由感到担心，对自己说："路易斯是9号，我在这里也不会得到太多机会，就像在切尔西的时候一样。"他最初很可能这样想过，觉得自己必须得等待机会，而不是一定能跟我搭档。一开始我们并不总是一起出场，但布伦丹希望我们两人都能在阵容中，而且丹尼尔也知道我们需要他的帮助。我们心里都很清楚。

然而，让我们同时出场就需要做出一些改变，刚开始我对此并不是很有把握。布伦丹问我是否可以在一些比赛中踢右边路或者左边路，或者甚至是踢10号位。我当时觉得自己踢10号位主要是为了让我们同时出场变得可能。布伦丹最早提出来的时候，我也有那么一点儿顾虑："等等，我才是9号。"但他向我介绍的方式很聪明，他说："路易斯，我们需要另一个前锋，那样我们就不用只依赖你一个人，而且也能为你创造出更多空间。"我接受了他的说法，并且很快意识到这对我自己和全队都很有帮助。

过程不会永远顺利。当我说"我才是9号"的时候，好吧，一部分问题是我并不真的是。最初布伦丹希望我花更多的时间待在禁区内，但事情并没有像他希望的那样发展，主要是因为我无法总是及时赶到禁区，或是说我无法像他要求的那样将自己的活动范围限制在禁区之内。我不是一个静止不动的球员。他会给我看视频，解释什么样的跑位才是他希望我去做的，我能明白他的需要。但问题是我无法自然地去做到像那样踢球。我不能站在那里等球来。刚开始，我们能一直在禁区里创造机会，但我无法在那里去完成最后一击。

我们其实对此讨论得不多。实际上，我怀疑布伦丹已经有点儿厌倦了一直告诉我他想要我怎样地跑位，怎样地站位，因为我不会改变。不是因为我太顽固或是无视他，也不是因为我自认为比他更懂——虽然球员们的确有这么想的倾向——这只是因为我的比赛就是我自己的比赛，我的天性起到了主导作用。我可能会在禁区内他所希望我站的位置待上 10 到 15 分钟，仔细回想他的指示，但接下来的 25 分钟里，我的本能又会生效，于是我会漂移出来，回到自己原先的位置。他不断地告诉我不要回撤得太深，或是拉边不要跑太偏，因为如果在那么深的位置丢球，就会让球队陷入麻烦。但这对我来说很难。

丹尼尔来了之后踢中路，我则在边路踢了几场比赛。我发现我能对球队有所帮助，而且球队的风格也适合我。但我不能当一个边锋，我仍然有一种向中路移动的倾向。在边翼位置踢两三场比赛还可以，但到了第四场，我就会开始烦躁。我不想一整个赛季都踢这个位置，因为那根本不是我的站位。布伦丹的风格随着他手头的球员而改进着，其中一人便是我。他希望球员能在球场上踢得舒坦，所以在发现我最喜欢从中路向左路移动再回到中路之后，他就找到了一种方法将这一点利用起来，让我得以充分发挥。

布伦丹同样意识到我有时候不会跟紧对方边后卫，也许没能足够快地在防守位置做出反应。于是他寻求了一种平衡，让我和丹尼尔都能自如发挥。有时候，一些决定除了是为创造一种特定的战术结构，也同样是为了让优秀球员能够开心。主教练并不容易。

布伦丹成功地找到了一种方式。当然有些配合需要慢慢磨合得来，但我和丹尼尔也会自然而然地做出不同跑位，最终选择了不同的站位。结果证明，我们能很好地互补。对于后卫来说，如果同时面对对方两名擅长跑动的锋线球员，防守的压力就很大了。如果你有一位像丹尼尔这样跑动出色的锋线搭档，他速度快，把握机会能力强，那就能够为你提供进攻空间；反之亦然。对方主帅会想："你得去盯防苏亚雷斯。"但是那就给丹尼尔留下了空当。他们能选择的办法并不多。

我相信人们会怀疑这种方式是否奏效，他们会想："对啊，他们偶尔会传球给对方，但最后他们还是自私的。"我要告诉你一件事：所有的射手都自私。每一个前锋都是自我主义者——每一个。我不知道任何一个不是这样的例子。但这不是件坏事，也不会成为问题，球队会因此获益。当我说前锋自私，其实情况本应如此。有些时候慷慨的进攻队员恰恰会因为在不应该传球的时候选择传球而浪费掉机会。这关乎球员对赢下比赛的渴望。

当然，也有时候你们会在场上争执，但那是在情绪激动的情况下看待事物方式不同的结果，而你并不总是正确的。有时候，你选择了一次跑位，并大声向队友要球，你确信自己无人盯防。同时，你的持球队友正看着你心想："他正被两人包夹。"这时候无论你对他说点什么，人们都会觉得你们在争吵或是你们关系不和，但事实并不是——那只是因为你觉得你看见了射门机会，而对方没有看到。过后当你再看电视上的重播，发现他是对的。又或者是他会说抱歉，是他做了错误的决定，并解释说他抬头看的时候觉得你被防死了。

也许接下来三四场比赛他每次都传球给你，你琢磨着："今天他倒是传给我了。"当然了，因为每场比赛都不一样，场上形势总在改变，你所处的空间也不相同。他可能会犯错，但他每一次都是依据适当的原因做出决定。你同样可能犯错误。这一次他觉得传球给你是个好选择，上一次他不这么认为，仅此而已。人们可能看到你们交流或是要球，甚至起争执，就此判断你们之间出了问题，但事情并不是这样。

到了2012—2013赛季末，我因为咬了布拉尼斯拉夫·伊万诺维奇而被禁赛错过最后5场比赛，我仍已入账23个联赛进球。那时候我的数据比罗宾·范佩西要强。丹尼尔进了11个球，而他才仅仅加入球队半个赛季。

丹尼尔和我从不讨论谁进的球更多，甚至开玩笑时也不会。我们俩都喜欢进球，但都不痴迷于当一个明星或是最佳射手。所谓的自私是指足球方面的，是关于在比赛中进球的动力，关于追求成功的尝试。从我们俩的情况来看，这并不是为了比谁更强。重要的是我们的比赛方式，帮助球队的意识，而不是为了数据而去积累进球。

效力利物浦期间，我记得唯一一次自己注意到数据记录，是在2013—2014赛季对阵纽卡斯尔的联赛的最后一轮，那场比赛后来成了我在俱乐部的告别战。我知道自己距离欧洲金靴奖就差一两个进球。虽说我并不迷恋于刷进球数，也从不把个人荣誉放在球队利益之前，但那一天，我的确是考虑过这件事。我知道这对于我个人和利物浦队来说都是一份重要的荣誉。我告诉了杰队说，如果出现点球的话，我希望能够主罚。当我们领先的时候，球员们也在示意我们只需要把球控好，但我正好相反。我希望我们保持进攻，继续压上。我当时已兴奋异常，大喊着："不，不，进攻啊！"我希望为自己而进球，不过也希望球队能为此努力。那时候我的确是在为自己着想，但那是唯一一次，在那最后一天。我的个人进球总数从来都不是我整个赛季中奋斗的动力。

如果我仅仅是为了进球而进球，我会从很早之前就向杰队提出让我来主罚点球来追赶纪录了。但我之前从来没有那么做，丹尼尔也是。那个赛季的2月份，我们以4：0领先斯旺西并获得了一个点球。丹尼尔询问杰队是否能让自己主罚——不是因为他想要这个进球，而是因为这是种摆脱厄运重回正轨的好方式。杰队把机会给了他，他点球命中了。这又是一件可以反映出杰拉德是位怎样的队长的低调小事。

至于丹尼尔和我，我们的合作如此奏效，以至于人们开始称我们为"SAS"。听着，我需要坦白一件事：我知道"SAS"是指"斯图里奇和苏亚雷斯"，但我完全不知道真正的SAS指的是什么。

比赛日

在我红军生涯的末期，有些惯例已经根深蒂固了。每一场比赛结束之后，体能师都会到更衣室来分发奶昔。

"路易斯，你要什么味道的？巧克力还是水果？"

他们总是会问，有时候我甚至会回答。

某一天会是，"巧克力"；另一天，"水果"。

但这都没什么差别，它已经变得有点儿像一场游戏：他们知道不管我选择哪种口味，最后都会扔进垃圾箱。在利物浦，奶昔都是特别准备的，其他俱乐部也是一样，我知道巴塞罗那也为球员准备了它们。这些特制的奶昔对我们的赛后恢复有帮助。利物浦的工作人员们一而再、再而三地尝试让我喝下它们，但最终他们还是放弃了。事实上我喝的全是水——很多很多的水。

我在荷兰的时候就开始了这种习惯，然后再也没有停止过。

一部分原因是紧张。在赛前准备的过程中，我总是不断地喝水，手上永远拿着一个水瓶。体能师们简直无法相信我喝了这么多水。比赛之前我能轻易喝下4到5升的水。我还会喝些马黛茶，于是我摄入了大量的液体。比赛进行过程中，我把一切都抛在脑后，但结束之后我就会突然有了上厕所的感觉，于是不停地从厕所跑进跑出。我会在赛后见我的妻子，几乎就在刚刚见到她的那一刻，我就会说："等一下，我需要去趟洗手间。"

然后20分钟过去了，情况变成了"要不了一分钟，我就会去趟洗手间"。

多喝水对于赛后的药检很实用，许多球员需要花很长时间来提供尿样，而我进去之后马上就能出来。

这让索菲很抓狂，队友们也总是嘲笑我——如果我们是在大巴上或者正赶一趟航班，我总是不断地匆忙跑掉去找厕所。他们看着我，心里说道："什么？又来了？"

我不怎么吃东西。利物浦的体能师以及乌拉圭队的工作人员都曾经对我说过："你怎么能喝这么多水，却从来不需要吃东西，还能在比赛中像那样到处跑动？"

如果我们有一场比赛在下午3点，我会在上午9点30分或10点起床，喝掉 1.5 升的马黛茶，然后我会在去往赛场的路上喝那些小瓶装的水，一直到比赛开始：在两个半小时或 3 个小时的时间里，我会喝完整整五六瓶水。除此之外我最不需要的就是一大盘意大利面了。

当我们在午餐时间有比赛时，我就会就着我的马黛茶吃一点儿吐司作为早餐，没别的了。我坐在那里看着球员们在上午 10 点大吃特吃大碗装的意大利面，不知道他们怎能做到如此。如果在下午一两点，那还可以接受，但这是上午 10 点。我是不会碰它的。甚至到了午餐时间，我也很少吃东西：不要意大利面，不要奶昔，只需要水和一点儿沙拉。

体能师、营养师、主教练和教练员们都试过让我多吃点，但对我都不起作用。他们不明白为什么我很少受到肌肉损伤。这违背了科学原理，但对于我来说似乎就有效。我并不反对在赛后来一杯营养丰富的奶昔，如果它能帮助你从比赛中恢复过来。但是每一次我喝时都会觉得不舒服。

对我来说，只需要喝水：赛前喝水，中场喝水，全场结束也喝水。这成了一种固定程序。而体能师还是会过来问："巧克力味还是水果味？"他们永远猜不到我的答案，但却总能知道最后结果会是如何。巴塞罗那的体能教练们可要注意了……

这么多年来我们从未想过能到达如今的位置，拥有夺冠的机会。当时我还不知道，但这已经是我最后的机会了。我们曾如此接近，却以最痛苦的方式错过。曾经机会多么难得，但当我们战平水晶宫后，它从我们的指尖溜走时，我感到迷失，无助而迷失。

第 7 章　如此接近

　　在斯蒂文·杰拉德开始讲话前，我们已经能看到他眼中闪烁着的泪水。我们知道这意味着什么，能感受到这一刻意义重大，纯粹而又真实。杰拉德并没有在演戏。实际上，当他看到电视摄像机时，他曾尝试隐藏自己的脸庞。那是在 2014 年 4 月 13 日，我们刚刚以 3∶2 的比分战胜了曼城队，现在我们真的确信我们可以赢得联赛冠军。杰队把球员们推到一起。我们站在安菲尔德的球场上，肩并着肩，疲惫但又情绪高昂，在震耳欲聋的嘈杂声中聚成一圈。周围的人们都在忘情地庆祝着。在那里杰拉德发表了一次不可思议的演讲。如今回想起那次演讲仍能使我浑身颤抖。

　　这已经不是他的言语第一次打动我了。上一个夏天，我曾经下定决心离开利物浦。是杰拉德的介入帮助我改变了主意。

　　从个人的层面上讲，2012—2013 赛季是一个很棒的赛季，直到对阵切尔西时的那一幕发生。我不知道当时我的脑海里想着什么；在那之后，我的脑袋里一团混乱。

　　我因为禁赛而提前 5 场结束了那个赛季，我觉得我在英格兰的生活即将走到尽头。比起其他人的指责，政客的言论更使人担忧。而如今他们也加入到批判我的行列，我受够了。大卫·卡梅伦称我是"最骇人听闻的典范"。连首相都对你如此评价，看来是时候考虑离开这个国家了。

我觉得我被困在了人群的中央，而人人都把矛头朝向我。所有人都有他们各自的说法，但没有人替我说好话。我感到窒息。我渴望离开。

2013年夏天的离队欲望是多重因素叠加的结果。上一个赛季我们没能打入欧冠；我因为咬了伊万诺维奇而被判10场禁赛，还因此成为了全民头号公敌。我甚至不能带我的小女儿到公园安逸地玩耍。只要我和我的家人出门，我就发觉我们被狗仔队包围了。我相信大部分人都无法忍受如此负面的关注。而这就发生在我的身上，并使我最挚爱的人们对他们的生活感到沮丧。我不是机器人，我有我的感受。而当时我感到烦恼极了。

我早已厌倦看到我的名字总是出现在各种报纸上，早已厌倦诸如"苏亚雷斯这样这样"和"苏亚雷斯那样那样"之类的言论，早已厌倦每个人都在对我和我的行为评头论足。在首相之后，这个队或那个队的教练也开始对我加以评论。我当时就觉得："我无法再忍受下去了，我渴望离开。"我只是渴望离开英格兰。我觉得，离开对于索菲和孩子们以及我自己都是更好的选择。

我意识到我在球队干了一些不正确的事情。我接受了对我的惩罚，道了歉，然而批评声依旧不绝于耳。我找不到出路，甚至已经觉得不可能再回到英格兰继续踢球了。在如此的担忧中，也许离开这个国家是唯一的选择。

此外，我依旧不能踢欧冠。我快27岁了，而我渴望在其他的欧洲顶级联赛征战下一个赛季。我注意到在我的合同中，有一条条款是：如果球队没能获得欧冠资格，而且有俱乐部匹配4000万英镑以上的报价，那么球队将不得不放我离开。因此，我有充足的理由离队；从合同上讲我有权利这么做。如果流言是真的，那么确实有球队对我有意。而寻找合理的下家，则是我的经纪人佩雷·瓜迪奥拉的职责了。这份工作并不简单。我刚刚因为咬人被判处 10 场禁赛，一年前我还被指控为种族歧视者。我认为有的大俱乐部会觉得我会带来麻烦，并损坏球队的形象。有时我会想："不如以我在球场上的表现来评判我吧。"——然而，又一次，咬人事件在球场上发生了。

有好几家俱乐部对我表示出了兴趣，然而正式的报价只有一份——来自阿森纳的 4000 万加 1 英镑。

这并没有使事情变得简单起来，我更加痛苦，更加迷惘，更加不确定，但有一个念头始终萦绕在我的脑海：我必须离开。我渴望离开的是英格兰，但我也同样因为不能踢欧冠而感到沮丧。现在，有一家拥有欧冠资格，但仍在英格兰的球队对我感兴趣。我感到十分困扰，这次转会能解决问题，还是会带来更多问题呢？我不知道该怎么做。我的训练水平因此而下降了，从感性上说，我这样做是不正确的。我希望人们理解我为何希望离开，但人们眼里的我只是一名毫无忠心、见钱眼开的球员，这根本不是事实。

因为阿森纳是对我最感兴趣的俱乐部，我开始思考换一个城市是否会跟换一个国家有同样的效果。我曾告诉自己，球员在伦敦想要隐匿自己很容易，而这也是我想要的。如今我根本不能安心地在街道上走动或者去逛超市，我的家人也感受到了压力。我曾告诉佩雷我不会去英格兰的其他任何一家球队。我已经受到了太多的关注，承受了太多的谩骂诋毁。我和我的家人出门时，会有 3 车的记者跟在后面，回来时就变成了 4 车。如果不能安心地走完一条街道，那么是时候离开这里了。但我也告诉我自己，伦敦这样的大城市或许是一个好选择，一个能隐匿自己、能踢欧冠的选择。我试图说服我自己这份转会也许能奏效。但深入地思考，那里并不是我想去的地方，而且担忧还是很快浮出水面，去阿森纳也许会让事情变得更糟。我依旧在同一个国家，如果我去了阿森纳，我还将面临利物浦球迷对我的攻击，就像他们对其他人所做的一样。我会与那些曾经真正支持我的人树敌，与那些我一直以来很感激的人树敌。

　　我从来不敢认真地去想，如果利物浦接受了阿森纳的报价之后会发生什么。我会成为一名阿森纳球员？我想我会感到后悔的，并不仅仅是因为球队后来的转折——我不知道2013—2014赛季利物浦没有我会达到什么样的高度，也不知道有了我的阿森纳会达到什么样的高度——还因为一旦我身为阿森纳球员看到利物浦的球迷，而他们也看到穿着他们死敌之一的球衣的我，在那种情形下，我想我会感到后悔的。

　　去阿森纳的原因之一是他们有欧冠可踢。我也尝试说服我自己"车到山前必有路"，到时候一切形势都会扭转的。我渴望找到出路，告诉我自己一切都将变好。尽管我不知道具体是什么，但我很清楚我需要做些什么。

　　就在这时，杰拉德介入了。他向我保证如果我能在利物浦多待一年，我们就能在仅仅一年内重回欧冠。他还说，如果我现在就离开利物浦，那就应该加入国外的超级豪门才行。我不应该在充分说服我自己之前就做出行动。如果我要离开，那就应该在正确的赛季，往正确的方向离开。当我在日本，和乌拉圭国家队队友在一起的时候，我们就互发短信交流，后来在梅尔伍德基地也是如此。在赛季前我曾经单独训练，但那是因为我受伤了，否则我会和球队合练的。这不是因为球队要尝试赶我走——杰队对此很清楚。

　　他告诉我要等待。我没有理由错过利物浦一个潜在的重大赛季，错过在禁赛过后报答球迷的机会。在超级豪门抛出橄榄枝之前，我也没有理由离开。和他交流后，我感觉被敲醒了。我开始想："作为一名球员，我如此努力才获得了今天的成果，我不能因为某个愚蠢的、考虑不周的、错误的决定而毁了我的职业生涯。我曾经觉得离队就是最好的选择，如今我很确信并非如此。"

　　足球运动员对此肯定很了解。如果有队员得到了更强大的球队的召唤，那么其他队友会祝贺他，因为这说明他提升了自己。斯蒂文很清楚，我并不是不尊重队友。但他也提醒我，训练中我与以往有所不同了。我接受了他的批评，我认为他是对的。从那以后我决定要比以往更加刻苦训练。

（我的留队）还有一个重要的原因，尽管当时我还没有意识到，但如今我对此非常感激。正如斯蒂文一样，利物浦同样坚持要留下我。从一开始他们就很坚决地表示我哪都不能去。球队从来都没有动摇过。即便在私底下，非正式的报价比阿森纳的高，但球队依旧公开表示无论收到多高的报价，他们都不会放人。

我曾经和球队的主席汤姆·沃尔纳有过一次短信交流。我曾打算前往美国跟球队老板阐述我的处境，但他们的回复是："路易斯，你将会留队。无论是布伦丹还是伊恩·艾尔都说：'你不会离开，我们不打算把你出售。'"

我曾经说过我希望离开，但如今我的留队已经是板上钉钉的事情。我知道接下来的处境可能会很艰难，但我只有一个选择：挺直胸膛昂首前进，训练场上努力训练，静静等待上场机会的到来。我跟利物浦之间从来没有隔阂。我从来不会对抗球迷或者队友。我只是希望我的生活得以改变，摆脱现今的压力和紧张感。

一个月后，我再一次进球了，但夏天的言论依旧困扰着我。我依旧感到不适。我和主教练之间的交流很少——实际上，在9月到10月我俩根本没有交流。对话被压缩至最小的范围内，而且仅限足球。我俩之间的感觉很糟糕。我甚至感到失望。如果我在那个夏天转会了，那就会有很大的不同。

布伦丹曾因为我公开表示渴望离队而称我不尊重队友。我想如果他能当面跟我说那结果会完全不一样。但他公开发表了这番言论。当时我们的交流不多，而他把我置于媒体聚光灯之下让我感到很失望。为何他不直接来找我呢？他也许会反驳称："为何你又要向媒体坦言你要离队而不来找我呢？"这之间的区别在于我公开言论之前他和球队已经知道我的感受。他是第一个知道的。我一直没有把离队的愿望公开，直到我感到失望、困惑，遭遇困境，最后不得不这么做。

布伦丹很清楚一名球员会怎样做。作为教练他也做了同样的事情，渴望晋升和成长。他离开斯旺西，来到了利物浦。

在和伊万诺维奇之间的瓜葛发生之前，我和他的交流更加轻松平常——"家里人怎么样了？""足球之外的事情怎么样了？"但在新赛季前的一两个月，对话主题只有足球。后来关系逐渐缓解。在10月份我们就整件事的来龙去脉进行了一次对话，是时候忘掉它，着眼未来了。那种忘掉过去的一切，专注于为利物浦更好的明天共同努力的感觉又回来了。这真是一种释放。而与球队的一份新约更强调了这份和谐。我很开心，我不希望有争执。如果我要离队，我会在正确的时机，前往正确的球队，这对每个人都好。

在一切都尘埃落定后，我的队友们都很开心。马丁·斯科特尔一直都在捉弄我，说："我会一直等着你在整个更衣室面前道歉的。"

球队从来没有像现在这样看重我对球队的贡献。有一次球队的老板约翰·亨利派了一架私人飞机接送我，以便让我在国家队比赛日后尽快回到球队中来，迎战德比对手埃弗顿，这也说明了球队依旧深爱着我。以前他们从来没有这样款待过任何一名球员，这告诉我，他们真的很看重我，很看重我的能力对于球队复兴的作用。我觉得他们意识到了，在这一切发生后——禁赛，离队愿望，公开不满，以及所有因此而产生的难题——我依旧努力奋斗，表现出色，持续进球。我认为他们很欣赏我的这一点。我也认为他们自始至终都清楚这一点。他们相信把我留在队中是正确的，这就是原因之一：他们知道我从来不会生闷气，或者不付出百分之一百的努力。他们知道一旦我走进球场，我就会为了胜利而付出一切。

知难而退不是我的个性。我记得有一次我和布伦丹说我身体有点儿不适，如果我留队的话我会变得不开心。而他却跟我说："得了吧，我知道你是什么样的人，我知道你的个性。"

之后在酒店的房间里我一直思考着他说的话，我意识到他的意思是什么。他很清楚我希望离队，但如果我留队了，我也不会给他带来任何难题。

这就是为何当前利物浦球员出来指责说我缺乏忠诚心的时候，我感到很受伤。他们理应知道得更多。他们很清楚球员也要把家人的幸福考虑到其中，他们也很清楚我已经感到精疲力尽。如果我通过拒绝比赛，假装受伤或者在比赛中有所保留来强迫球队放人的话，那么——也只有在此时——他们可以说我缺乏忠诚心。那些不愿为队友和球队卖力的球员才是缺乏忠诚，而你永远不可能以此指责我。

我曾经感到困惑，感到受伤，压力重重，甚至有点儿绝望，对前途感到迷茫，各种矛盾的想法充斥在我的脑海。

而如今我很确定加盟利物浦的死敌将会是错误的选择。我会失去那个赛季好不容易找回的幸福，那将会是一笔错误的转会。我会想念成为利物浦之子的荣光，我会让那些照料我、庇护我、了解我的人失望。我将不会有证明自己能克服一切，兑现帮助利物浦重回欧冠赛场的诺言的机会，我将不会让我自己满意。在接下来的一个赛季，场上场下我都感到很开心，很大程度上是因为我选择了留队。我很幸运：我本来会毁掉这一切的。当我跟汤姆·沃尔纳交谈时，他总会感谢我为球队所付出的一切，这对我意义重大。我与他之间互相理解。而我尤其感激他和其他阻止我犯错的人。队长的劝说，球队留下我的决心，以及我自己内心的改变使我最终留了下来。而且，正如布伦丹所知道的，我一直没有违背我的真心，没有做出心存疑虑之事。2013—2014赛季的超常表现使我更加解脱，我很高兴我留了下来，我很高兴我和球迷之间的关系得以保持。即便对于那些最难讨取欢心的球迷，进球将会是最好的解药。我相信他们知道我曾经不开心，如今我希望补偿他们。现在，我们已经蓄势待发。

这就是我们所梦想的；我们很久之前就知道今天会是个大日子。

我记得那是 2014 年 4 月的一个星期天，早上起来我看了一下时间。那个时刻越来越近了。

那一天利物浦城内暗潮涌动。你可以看到它，听到它，感受到它。一切都在为这一刻做着准备，可以说那是定义整个赛季的一刻，不，这一刻的意义甚至高于整个赛季——有些球队支持者告诉我们利物浦已经为了这一刻等待了超过 20 年了。对于我来说，我差点儿离开这里，现在，瞧瞧，我们离至高荣誉如此接近。我们一直在赢球、赢球、赢球，势头越来越旺。我们在联赛中取得了 9 连胜，随着每一场胜利的到来，梦想就变得越来越真。今天再赢一场，然后，忘掉杰拉德允诺的进入前四吧，我们要拿冠军了。

这就是球迷们所感受到的。我在几周前就听到无数次"路易斯，我们要赢得联赛冠军了"。在 3 月底对阵桑德兰的比赛结束后，球队支持者们开始在球队酒店外围的道路或者安菲尔德球场外围并排庆祝。此前在英格兰我从未见过如此的景象。在我们对阵曼城的前一天，当我碰见球迷时，我发觉他们对此更加确信了："我们周日一定会赢下比赛。"

我当时就想："冷静点，还有四五场比赛没打呢。"

球迷们开始高歌："我们将要赢得联赛冠军！我们将要赢得联赛冠军！你们一定要相信我，我们将要赢得联赛冠军！"

别，千万别这么唱。离冠军还远呢。唱点儿别的，拜托了。

但我们都很理解这份激动。我也是一名球迷。我看民族队比赛时的情感就跟他们看利物浦比赛时的情感是一样的，一样的真实，一样的激情。如果我们赢了我会高兴疯的（输了我也会疯的）。此外，我们不仅仅是理解了他们的兴奋，我们甚至被他们的兴奋传染了。这是不可避免的。"现在你要相信我们了吗？"[1] 我们不得不开始相信了。也许，仅仅是也许，我们能赢得联赛冠军。而在我们赢下曼城，还剩余4场比赛后，我真的相信了。

英超冠军近在咫尺。我们向前迈进了一大步。我尽力尝试不去想它，有一种迷信使我们都不敢这么说，至少不会公开说，但我们还会情不自禁地这样想。我们知道对阵曼城的比赛意义重大。

比赛日的早晨，即将驶入安菲尔德球场的球队大巴不得不蠕动前进。上千的球迷自行排成一队，大声高歌，舞动着大旗和围巾，里面还有一些乌拉圭国旗，有些人还燃起了烟火。这使得大巴不得不花费大量的时间才开辟出一条通路来。

在车上，我们都尽力尝试回到自己日常的赛前准备中来，就像对待其他比赛时一样。我经常会带上一个小音箱，这样我们中4到5个人能够共同欣赏西班牙语的甚至是乌拉圭的音乐。我不会放很大声，因为不是所有人都喜欢听。通常有亚戈·阿斯帕斯、库蒂尼奥、卢卡斯和路易斯·阿尔伯托4个人和我一起围着它听。丹尼·阿格会边听边笑，杰拉德坐在很靠后的位置，格伦·约翰逊戴着他的耳机，丹尼尔·斯图里奇也是。另一拨人，分别是约翰·弗拉纳甘、乔·阿伦、马丁·凯利和乔丹·亨德森，他们在自顾自地交谈着。在最前面的是我们的头儿。有时候他们中的一个助教会给我们传来一个带视频的iPad。有时候他们会给我看看对手的定位球，有时候则会给杰拉德展示对方守门员扑点球的习惯。

然而，那一天还是有很大的不同，即便我们尽力尝试保持自己往常的节奏，想要不被车外的景象吸引是不可能的。带着手机的球员们都在

---

① 假想的球迷问话。

拍摄着窗外的盛景。对于大多数的球员来说，看到球迷们如此地支持球队，将会是一种极大的鼓舞。然而对于其他的一些球员，他们会感到害怕，害怕犯错。不过，我们都已经准备好了，我们都很冷静。

终于，我们踏上了绿茵场。在主大门和狭窄的走廊之间的更衣室或多或少都是根据球员们在场上的位置而设计的。比尔·香克利希望在场上位置相近的球员们的关系能够更亲近些。当你穿过那个小门时，从左边数起分别是门将西蒙·米尼奥莱，然后是约翰逊、阿格、斯科特尔、科洛……杰拉德、亨德森、阿伦……摩西、斯图里奇。后卫，中场，前锋。我们都在我们通常的位置，但那一天似乎有点儿不同。

库蒂尼奥在我的身边，我也跟他进行了交流。他仅仅 21 岁，但他已经是一名现象级的球员——在防守球员得以思考之前的一瞬间，他已经完成了传球——但如果他得不到控球权，他会很沮丧的。我告诉他不必为此而紧张。我跟他是好朋友，但我们也会在球场上争执。那天下午，我告诉他，他不需要证明什么，因为他已经是世界上同位置最好的球员之一了。不要分心：放松，专注比赛。

我也和拉希姆·斯特林进行了交流。只要他愿意，拉希姆的一对一将会是世界上最强的。而他才 19 岁。有时候他会用他的速度和一对一技巧去摧毁对手，而他需要学习的仅仅是学会更多地去用二过一而不是单纯的盘带。尽管他的速度很快，但是撞墙式配合的速度有时要比单打独斗快多了。他一直都在进步；像这样的比赛能给他莫大的帮助。杰队和他也有过交流，他也会很认真地听。

我不清楚为何那天我决定跟他交流。我并不把自己看作更衣室里的领袖，但也算是过来人了：当我只有 21 岁时我就在阿贾克斯踢过很重要的比赛，我也已经随乌拉圭队踢过世界杯和美洲杯。我很清楚当一名年长的球员和我这样的年轻球员交流时是什么滋味，这让我感到放松，尤其是在重大的比赛面前，而现在我希望让他们感到放松。事实上我也不会觉得这是一场普通的比赛。我身边的球员们都知道，如果我在球场上控制不住自己的情绪的话，忽略我就好了。因为我跟他们是站在同一边的，我会一如既往地支持他们。我获得过这样的支持，现在我希望他们也能如此。

就在我们走进球员通道前我才跟他们进行了交流。你不会希望在热身前就进行赛前训话的，那会让你太早兴奋起来，浪费掉你的能量。我并不是说他们因为我的讲话才变得兴奋异常——杰队也同样有讲话——但时机真的很重要。在离开更衣室，即将进入球场前的讲话能很好地留在球员们的心里。年轻的时候我在乌拉圭队经历过同样的事情——在走进草场前我得到了迭戈·弗兰或"疯子"阿布鲁的激励，比赛时他们的言语始终留在我的脑海里，这让我觉得我站在了世界之巅。

从3个月前至今，布伦丹·罗杰斯做出了一种很特殊的队内演讲。他和我们的母亲进行了联系，一个一个地联系，让她们写一封信给她们的儿子。每一场比赛都让我们的冠军梦越来越近，而赛前罗杰斯都会挑一封信在大家面前读出来。赛前的最后讲话不是来自主教练，而是来自球员的母亲。

他从来不会告诉我们他读的是谁的母亲的信。他只是把它从头到尾读一遍，然后再读一遍能够感动我们的那一段。

有一名母亲说："从他9岁起，我就一直期盼他能够为利物浦效力。现在，瞧瞧他。"还有一名母亲会说："只要我在利物浦，我就能感受到人们对我儿子的爱。"

有时候讲话会以一个问号结束："这会是谁的母亲呢？"有时候线索会很明显，答案显而易见。如果文章的开头是："当他……的时候他开始在巴西的街头玩球……"或者："从他会走路起，我儿子就梦想成为一名门将……"猜谜游戏很快就结束了。在他读我母亲的信的那天，他是这么开头的："我今天打算用西班牙语说话。"然后我就意识到那可能是我母亲的信。他先用西班牙语读一遍，然后用英语再读了一遍。听到母亲写的信真的很让人感动。而在最后，他再一次读了一遍这句话：

"现在你可以在乌拉圭的每家每户找到利物浦的球衣。"

每一周布伦丹都会采用一次"母亲激励"策略，然后我们一直在赢球，于是他把这个策略继续进行下去。对阵曼城之前，他读了来自菲利佩母亲的信。我们走出球场后，有一个纪念希尔斯堡惨案25周年的默哀仪式。KOP①们用手上的纸片凑成"96，25年"的字样，整个球场一片寂静——不是安静，是死一般的寂静——站在这样的球场中央深深地震撼了我。这种震撼难以言表。我经历过很多次的默哀，但从来没有像这次一样的震撼；某种充满力量的氛围正环绕着我。这份寂静引发了我的思考。我思考着有多少不幸的人们失去了生命，但更值得尊敬的，是那些活着的人们，那些给逝去的挚爱的人们以尊严的人们，那些追求正义的人们。他们值得整个英格兰足球界的尊重和支持；尽管我不清楚在其他地方是否同样如此。

沉默之后，即爆发出一片吼声。我们准备好开始比赛，那一天我们对自己说："为了96个灵魂，为了他们的家人，我们要赢下比赛，向人们展示出什么才是真正的利物浦。我们要为他们赢得联赛冠军。"观众的沉默、爆发和默哀仪式带来的极大责任感相互交杂混合，融成一份强大的精神力量。有的人认为在这样的片刻后开始比赛是很困难的，这会增大你的压力，也会分散你的注意力。但我觉得这反而提高了我的专注力。

赛前我就和菲利佩有过交流，但到了最需要他听见我说的话的时候，他却没有，幸亏他没有。文森特·孔帕尼的解围踢趾了，球滚到了菲利佩的脚下。当时他正面对着球场底线而不是球门，我首先想到的是他会把球传给我。但当我对他大声呼喊的同时，球已经滚进了网窝。之后曾有片刻的停滞，貌似他没反应过来应该怎样庆祝，然后，他就被压在了一群队友的身下。

---

① 利物浦球迷的代称。

那个进球来得正是时候。当时我们踢得并不好，我们正逐渐失去对比赛的控制。在我们取得2∶0领先后，曼城却以2∶2扳平了比分，而且他们比我们有更多的进球机会。我们的第三个进球对他们来说是一次巨大的打击，而且他们也没能对此做出回应。如果比分始终是2∶2的话，凭借他们的出色发挥，对球权的掌控，那么结果将会是完全不同，我想他们很有可能赢下比赛。

对手势头正旺，而菲利佩的进球则给了他们当头一棒。可以看得出他们有点儿怂了。他们开始起长传球，而我们开始收缩防守。那是他们唯一能做的事情了。

我们也并不着急。我曾与萨米尔·纳斯里和大卫·席尔瓦争吵，因为他们想让我快点儿发出任意球，但当我们以3∶2或者2∶1的比分领先，不如就让时间一分一秒地流失掉吧，我们并不需要着急。如果对手因此而着急，那很好。我也发觉他们打算把我激怒，也许希望我被罚下。不过我仅仅跟他们说："不，任意球什么时候开出应该由我来决定，而不是你们。"

我曾经在比赛开始5分钟后就拿到黄牌。曾经我的脾气让人担忧，但现在我能更好地应对这种情况。我很清楚什么情况下我会拿到黄牌。实际上，有时候我需要一张黄牌来使我冷静下来，使我专注于比赛。这一次，我控制住了自己。

对于我来说，菲利佩的进球就是赛季最佳进球。他当时并没有盯着球门，他盯着球门的右侧，但他的射门拿捏得恰到好处。也许从一名球迷或者记者的角度看这并不是什么伟大的进球，但细细品味这其中的技术——这绝不仅仅是简单而已——然后把它置于如此重要的一场比赛之下，我认为这就是赛季最佳。从这个进球的意义，它带来的结果，以及进球本身来看，最佳当之无愧。它让冠军变得唾手可得。

当时我们觉得我们有足够的运气赢得冠军。我们想："如果我们像这样赢球，经受住那样的磨难，这其中肯定是有原因的。"曼城队的孔帕尼在比赛那周受了伤，亚亚·图雷在一次冲撞后受伤离场，我们因此而获益。孔帕尼也许是我在英超中所面对过的最强大的防守者——他是曼城防守的组织者，也是世界上最佳的后卫之一。有的球员说他们希望对方最强大的球员能出场，他们是在说谎。我希望他不能上场比赛，我当然会这么想了。后来，他还是带伤上场了，但我们从他的失误中获益。

赛后，布伦丹的讲话简练而且低调。他对我们近3场以来的努力和成果表示祝贺，告诉我们正是我们的表现使我们到达了现在的位置；尽管压力越来越大，但我们仍能团结一致，并展现出我们的实力。

有些人赛后看到杰拉德把我们都聚到了一起，于是评论说我们太早开始庆祝夺冠了；有谣言说我们觉得我们已经完成任务，我们太过骄傲自满。这是胡说。我对人们的这种说法感到惊奇，因为从电视录音中可以听出，杰拉德说的是："我们再一次起航。"

这支队伍并没有觉得他们已经夺冠了，他们仅仅觉得已经迈出了一大步而已。我们向前迈出一大步，我们让夺冠成为了可能，我们打败了夺冠的直接竞争对手。夺冠的主动权在我们的手里，但我们要做的还有很多。

队长给了我们一个很清晰明了的信息。我们干得非常了不起，但比赛已经过去了，还有下一场等着我们。我们可以有片刻的庆祝，但很快我们就要专注于对阵诺维奇的比赛。

不是"我们已经做到了"，而是"我们再一次起航"。

我们很快就要重新战斗，虽然我们知道冠军离我们不远了。曾有那么一刻我们觉得我们可以赢得冠军。尽管很艰难，但下一周我们还是击败了诺维奇。冠军近在咫尺了。似乎我们赢得冠军是某种宿命。当时我还不知道，接下来的事实将会有多么残酷。

从我在球场站的地方，我可以清楚地看到事件的整个过程。一切都从那次滑倒开始。我看到球从杰队的脚下溜走，而登巴·巴获得了单刀的机会。我所能做的只有祈祷米尼奥莱能够阻止他。不幸的是，这并没有发生。

如果把杰队换作是我的话，我不知道我是否还能坚持比赛。从情感上说，这真的是非常非常的痛苦。在此前的几周，有关他的话题有很多。人们赋予了他太多的期待，人们期望他带领利物浦，带领他的球队，在希尔斯堡惨案 25 周年（他的表哥于那场悲剧中逝世）之际获得20 多年来的第一个联赛冠军。然后就发生了这样的事件。我们的队长，利物浦根正苗红的青训代表作，终生效力一家俱乐部的男人①，土生土长的利物浦人，却很不幸地犯下了致命大错。

从我刚到利物浦开始，杰拉德身上就有一种力量吸引着我。每个人对他都很尊重，包括那些偶尔来参加传球训练的青训学员。传球训练中，把球传丢的人要站在场中央②。我给杰拉德的传球总是有点儿难接，这样他就不得不到中间去了。然而，结果呢？我把球传给他，因为力度太大而他没控制好球，于是我便等着他走到场中央去，而他也在等着我，因为我没把球传好。他从来都不会因此对我不满，只是会平静地微笑着问其中一个学徒："好吧，你来决定——谁该去场地中间呢？"每一次，无一例外，他们都指向我。德高望重即是如此吧。

杰拉德是一名很安静的队长。如果我看到他在怒吼，我就知道他对某件事情很不满意，而他总是对的。他从来不会为此提高他的声调，他不是那种队长，而我很喜欢他的风格，所有的球员都很喜欢他。他不会

---

① 杰拉德已在 2014—2015 赛季末离队前往美国大联盟。

② 译者猜测这里进行的是俗称"猴子抢球"的游戏，游戏者围成一圈互相传球，圈中有人负责断球，被断的人和抢球的人互换位置。

在所有人面前公开嘲笑某人，但如果在半场或者赛后他有跟你交流的话，你可要认真听了，因为他已经想好了该跟你说什么。我很尊敬他，他有一颗冷静的头脑。而且他还是一名极具天赋的球员。上个赛季他在一个不熟悉的位置上踢得很好，但那并没有让我感到惊讶：没有人比他更能阅读比赛了。

不过，他还未曾赢得过联赛冠军。他值得一个联赛冠军。就跟我们一样，杰队开始相信球队可以赢得冠军。但当时，对阵切尔西的那一滑却让冠军以那种方式从他的身边溜走。这很残酷，令人难以接受。我们的成就成为了他的负担；尽管他是球队的精神领袖，球队里最能忍辱负重的人。

我坚信，如果切尔西不是以那种方式进球的话，他们根本不可能得分。而一旦球队在对阵切尔西时落后，扳平甚至赢球几乎是不可能的。

半场时，我们都没能和杰队做很好的交流，毕竟我们也说不出什么话。我们很担忧，或许我们不得不弥补他的失误，为他赢得本场比赛。我们当时真的这么想。他已经为我们付出了太多。在下半场，杰拉德做了所有能帮助球队赢球的工作。整个赛季以来他的射门甚少，然而在下半场他完全变了：他做了很多次射门，期望以此帮助球队扳平。有人说那是因为他非常焦虑，但我不是这么想的，这更多的跟战术有关，这举动很符合逻辑。切尔西后撤得很深，想要击穿他们的防线非常困难，唯一的得分机会就是禁区外的远射了，而杰拉德得到了很多远射的机会。

诚实地说，我们踢得并不好，也没法做出什么可以扭转局势的事情。我们前方有 10 个人参与防守，而且基本都守在禁区。我们尝试过二过一或快速地转移球，期望让对手离开自己的防区，创造出进攻的空间。然而总是会有另一名球员补防过来。当推进的空间都被堵死时，比赛肯定会变得无比艰难。

与此同时，每当我们抬头看钟，都能发现时间正在流逝。

赛前我们都很清楚平局对我们来说是一个不错的结果。然而在安菲尔德的气氛，对阵曼城的胜利都让我们有了一个共同的目标：赢球。虽然我们也很清楚，即便打平我们也可以获得榜首的位置。我们不希望仅仅是保平。虽然最终切尔西确实获得了胜利，但我坚信，他们能进球完全是走运。我们永远不会掉落于"他们不在乎"的思维陷阱中。何塞·穆里尼奥曾说过他们是优先考虑欧冠，在安菲尔德的比赛并不重要。我们听说他打算以替补阵容出战，也看到报纸上说"比赛阵容将会全是年轻人"或"他们打算让利物浦取得胜利"，但我们从来不信，根本不信。杰队曾说过要在对阵诺维奇的比赛中重新起航，我们也很清楚要在对阵切尔西的比赛中发挥出色。我们从不相信他们会把冠军拱手让给我们。虽然他们确实有些常规首发没有登场，但我们也很清楚如果他们想要获得联赛冠军——人们都忘了他们还有夺冠的机会——他们就必须取得胜利。在比分还是平局时，他们就开始浪费时间，这对他们毫无益处，也让我百思不得其解。平局对于我们来说很好，但对他们来说未必如此。

这是一场丑陋的比赛。没有球员喜欢踢像这样的其中一方退守很深的比赛。至少不是如此之深。每位教练都有适合他的球队风格，这我并不介意。我唯一不喜欢的在于他们在比赛一开始就在浪费时间。我问过我自己："为何他们从比赛的第一分钟起就这么做呢？"

我甚至问过他们的其中一名球员。

"你还想让我怎么做呢？如果教练让我们这么做，我们就不得不这么做，"他回应道，"我还能做什么呢？如果我不服从指挥，那么我将不能上场。换作是你，你会怎么做呢？"

从战术上说，有很多球队的风格都偏向防守，然后静待反击的机会。这很正常，没有问题。但问题在于切尔西看上去要把时间都消磨掉，这让我们很沮丧。我想，他们在尝试激怒我们，而我们中计了。"拜托了，快点吧。"我们不应该被牵着鼻子走的。穆里尼奥很清楚：如果你在浪费时间，如果你在比赛伊始就打破常规，对手就会感到沮丧，他们会比以前要更加疯狂，他们会做出任何事来。

对手把我们的常规部署都打乱了。当然，你永远都不会想到发生滑倒这样的意外，而这的确让我们的处境变得十分艰难。不仅是他们，我们也不可能为一名球员的滑倒做好准备。

此前，当胜利一场接着一场地到来时，有人会谈论夺冠的可能性，而我总是会跟他们说："嘘，别提这个，会招来厄运的。"事实上，我从未听过有任何英格兰的球员谈论庆祝或类似的事情，但在说西班牙语的几名球员中会有人想象夺冠之后的场景。我总是会让他们闭嘴。

有时我就是这么迷信。当我还是个八九岁的孩子，还待在乌拉圭的时候，有一次在去比赛的路上我去了一趟商店。找零钱时我得到一枚50分的硬币，然后我把它塞到我的袜子里，硬币从我的腿上滑落到我的脚上。比赛开始了，我依旧能感觉到它在我的脚旁，然后我进了六七个球。我们赢了个9：1。于是在此后的每一周，那枚硬币都待在了我的袜子里，直到有一周我没能进球，我就把硬币取了出来。

另一个故事是关于我总是倾向于最后一个登上球场。如果我没能成为最后一个登场的球员，我就可能会感到紧张甚至发脾气了。在我初到利物浦时，这成为了一个问题，因为"佩佩"雷纳有着同样的迷信，所以我不得不成为倒数第二个出场的。

当时我们都在更衣室的门口徘徊，各自说：

"你先。"

"不，你先。"

他很快就嘟囔着对我说："嘿，伙计，你喜欢成为最后一个登场的，不是吗？"

当我们连续两到三场比赛不胜时，我就跟他商量更换出场次序。我成为了最后一个登场的，看看这是否能扭转我们的运气。如果我们赢球，而且我进球了，我就能拍着胸脯跟雷纳说，因为我最后一个登场，所以我们的运势扭转了。

赛前我甚至不能忍受祝福好运的短信。我的家人很清楚赛前不能给我发短信或者打电话。如果赛前有人给我发祝福好运的短信，而那场比赛我又发挥不佳的话，我认为是他给我带来了厄运。我会告诉他以后不要在比赛日联系我。

然而在对阵诺维奇的赛前——我，当着所有人的面——打破了自己的规矩。我问雷伊·霍顿赛季结束后会发生什么。我们会不会在此进行某种仪式，或者有接待会之类的？

我从来没有提过"当我们赢下冠军"的字眼；我从来都是说"如果我们赢得冠军"。这是行程安排的问题，仅此而已——我需要前往巴塞罗那去探望索菲的家人，然后要回乌拉圭，我需要查看飞机航班的安排。他回答说，是的，应对任何情况的准备都已经做好了，以防万一我们真的夺冠了。据我目前所知，除了我没有人问过他这个问题。

就在那一刹那，我立马后悔提出了这个问题——"该死的，我为什么要这么问？为什么？"我想做的仅仅是找到合适的航班。我懊恼不已，我做了什么？对阵切尔西的比赛让我回想起了这一刻。

对阵切尔西的赛后，我们已经失去了夺冠的主动权，因为即便我们赢下了剩余的两场比赛，如果曼城也赢下他们的，那么他们将很有可能凭借更多的净胜球而夺冠。然而，我们依旧觉得我们还有很大的机会夺冠；我们依旧认为成败与否在于我们自身。

下个月3：3战平水晶宫的比赛所造成的痛苦比败给切尔西所带来的痛苦还要深。也许是因为它发生的过程，也许是因为我们觉得大势已去。

像利物浦这样的球队，毫无疑问是不应该在3：0的时候让这一切发生的。你可以在对阵切尔西、阿森纳、曼城的时候以3球领先再被扳平，但绝不能是水晶宫，绝不能是在这个关键的时刻。我们正在积分榜的顶端，遥遥领先于无欲无求的他们。这一切都是我们的错。

3：0的时候，我们希望进更多的球。当我打进第三球的时候，我跑去球门拿球，希望能继续保持这股劲头。当时我们都被激发出了斗志，我们觉得能打进更多的球。从某种程度上看，追上曼城的净胜球优势并不再是天方夜谭。我们的脑海里只有一件事：进球、进球、进球。球场被一种充满感染力的气氛所笼罩：球迷们尖叫着鼓舞我们继续前进，我们也注意到了这一点。我们感受到这股气氛。当时我们觉得这真的可以做到。

　　几天后我冷静下来再回想，便意识到我们真是太愚蠢了。我们确实有希望在净胜球上追上他们，但这需要一个奇迹。3：0的时候，我们的净胜球是53个，而曼城是56个。即使我们在比赛的最后10分钟内再进3个，我们仍然落后于他们，因为之后我们仅剩一场比赛，而他们还有两场。要想追平他们是一个不可能完成的任务。而平局则彻底葬送掉了我们的冠军。如果我们击败水晶宫，曼城将不得不赢球，而那将会是一股很大的压力。输给切尔西的比赛很糟糕，也许是最致命的，毕竟只要我们在那场保持不败就很有可能夺冠，因为击败水晶宫后我们很有机会在最后一轮主场战胜纽卡斯尔队。但即使输给了切尔西，只要击败水晶宫我们仍有机会，曼城很有可能会在最后3轮丢分，因为他们身上的压力很大。而当战平水晶宫后，我们知道一切都已尘埃落定：不仅仅因为丢了分，而且曼城此时所肩负的压力已经大有不同。即便获得一场平局也无所谓，曼城仍能获得联赛冠军。

　　这就是为何战平水晶宫的伤痛更深。尽管有时候我会觉得宁愿因分数差而丢冠也不愿输在净胜球上。如果积分相同但仍然不能夺冠的话那太奇怪了。应该要有季后赛或决赛来决定谁是冠军。凭什么他们就是冠军呢？因为多几个进球吗？这不合理，不如踢个决赛吧。如果我们因净胜球而丢冠的话，那么痛苦将会更甚。

　　丢冠真的让人心痛。尽管如此，我们仍然有值得骄傲的地方。那就是我们整个赛季的球风：积极进攻。但是，这并不能抚平我们的伤痛。

当水晶宫追至 2：3 的时候，我仍觉得他们不可能扳平。而当他们打进第三球时，我简直想死了。

随着终场哨声响起，我再也控制不住自己的眼泪。我用球衣盖住自己的头，希望从球场上消失。我知道杰队向我走了过来，格伦也是，因为我能感受到他们，听到他们，但我看不见他们。我知道科洛也过来了，他还带着我离开球场。他为我带路，一路上都在安抚我。在塞尔赫斯特公园球场，球员通道在球场的一角；而很不巧我当时在球场对面的另一角。我感觉花了一辈子才到达球员通道；我就像一个盲人一样被引导着。整个路上我都不敢把头伸出我的球衣。科洛一路上都在为我指路，一边还说着："好了，好了，我们就要到了。"我不希望有人拍到我哭泣的场面；眼泪哗哗哗地从我的脸上流下，我不希望被人看到我的这个样子。

我多么希望能够把我的头伸出来，把球衣拉下去。我多么希望说："就是这样，我没有哭。"但我不能。可以说这是虚荣心在作怪。我的足球理念和很多球员的都不一样。大部分人都没有注意到，在我们 3：0战胜曼联的比赛中，进球后的我同样哭了。如果你仔细看照片，你会发现我的双眼是红润的。

我曾试图隐藏起自己的痛苦，但每个人都知道我在球衣里哭泣。你们可以看到我身体的颤抖。

我当时相当激动，如果我在对阵水晶宫后不哭，也许我会以其他方式发泄我的情绪。也许我会干出令我后悔的事来。我控制不住自己，可能会在更衣室里摔东西之类的。我从没有摔过东西，不过我踢过东西，但也很少。

更衣室里一片死寂，没人说一个字，至少在 20 分钟内鸦雀无声。没人离开，没人说话，大家什么都不做。我们就是坐在那儿。

科洛打破了沉默。这是他的个性使然。实际上，肯定有球员想："闭嘴吧。"但他真的是想鼓励我们，我很感激他为我所做的，带我走下球场。能够在那天晚上这么支持我的球员比我想象中的要少。对我来说更重要的是，他不仅在众人面前扶我走下球场，在更衣室内，我仍感到痛苦时，他就站在一边。在球队大巴里，他也在我身旁坐了片刻。他过来看看我怎么样了，尝试开导我。

然而我依旧无法释怀。

下一个星期天，理论上我们还有夺冠的可能。我们并不觉得曼城一定会赢，我们还没有完全放弃，但在内心深处我们知道这已经不可能了。

这么多年来我们从未想过能到达如今的位置，拥有夺冠的机会。当时我还不知道，但这已经是我最后的机会了。我们曾如此接近，却以最痛苦的方式错过。曾经机会多么难得，但当我们战平水晶宫后，它从我们的指尖溜走时，我感到迷失，无助而迷失。

朋友们，偶像们

我很荣幸我在乌拉圭的家里有一件带签名的杰拉德的球衣，它被一些剪报和旧相片包围着。在上面，杰拉德用黑笔写着："致我的最佳队友。"利物浦队史上最重要的球员之一给我这样的赠语让我感觉又惊又喜。当我还是在民族队训练的青少年时，在 PlayStation 游戏机上我曾在我的利物浦队中选择控制他，当我效力格罗宁根和阿贾克斯时，我就看着电视里的他进球。

杰队并不是第一个从我的偶像成为我队友的人。而最好的例子应该是"疯子"塞巴斯蒂安·阿布鲁。曾经我非常仰慕他，而在我进入一线队后，我能够与他一起站在球员通道里。作为一名年轻球员，这种充满渴望的感觉非常棒，然而当时的我还不够自信，因此我的偶像告诉我，我在球队的态度很好，我的个性将会给我带来成功。

"疯子"可以说是引导我的足球教父。他是民族队的传奇，乌拉圭的国脚，是我的偶像和模范。当我还小时他给了我莫大的信心。同时他还很会开玩笑。在我的职业生涯早期的时候，我曾经对抗过一名乌拉圭的国脚"塔塔"阿尔瓦罗·冈萨雷斯，他是"疯子"的好友。对阵他的比赛是我职业生涯最棒的比赛之一，有一个进球至今仍算在我最喜爱的进球之列。当时我接过一个长传，过了一名球员，这时"塔塔"过来要防我，但我向左一扣把他过了，然后就取得了进球。赛后，我到了"疯子"的家，他正要向我祝贺。当时他已经转会至一家墨西哥的俱乐部。"塔塔"冈萨雷斯出现了，此前我并不认识他，比赛中我才认识的。

当他进来时，他看到我然后说："他来这里干吗？"

"疯子"回答说："我带他来，这样你就可以看清他长什么样了。比赛时你看到的只是他的背影。"

作为一名年轻球员突然能够与阿布鲁并肩作战是令人非常惊喜的。我很小的时候就支持民族队，因此能和其最伟大的球员共享一间更衣室是我做梦都不敢想的事情。一开始我只是坐在那儿，一句话也说不出来。他"吸引着"我。我和他的关系很好，尽管我比他要害羞多了，如今我是他其中一名孩子的教父。他教会我如何做人。他教会我还不会的社交技巧。他很乐于交往，所有人都很敬仰他。他是民族队真正的英雄，而他能成为我的好友是足球给予我最好的礼物。

你最崇敬的球员、球队的领袖对你表示欢迎会给你带来很大的不同。我记得我和迭戈·弗兰的第一次并肩作战，那是在我入选乌拉圭国家队的时候。当时他还问我在荷兰的生活怎么样，这一次，乌拉圭足球史上最重要的球员之一在关心我的足球生涯。

与迭戈和"疯子"的相处都是有关如何和队友相处的典范。我很不喜欢看到一线队员欺负从青训队升上来的小球员。在乌拉圭和荷兰这种事屡见不鲜——有的球员仅仅因为自己的名字便觉得自己高人一等。训练时我可能会被一名17岁的小孩困扰，这是当然的了。但这绝不是因为我觉得我可以欺负他，在队内没有高低贵贱。如果有升上一线队的小球员被人欺负了，我可能还会袒护他。不是因为我想做好人好事，而是我认为我该这么做。我和认为可以欺负小球员的球员没有什么可谈的。在乌拉圭我对此就无法忍受，我永远都不会欺负小球员。

我身上很少发生这种事，当它发生了我从来都不会回应。这和我今天看到的不同。年轻人们都会反驳，他们早已准备好了答案。年长的球员当然不喜欢被反驳了，他们在训练时就开始踢他。我目睹过这样的事件。反驳回击并不是解决问题的方法。最好的方式就是保持沉默，但要保证此类事件不再发生。

我是从民族队的青训梯队中被提拔上来的。当时队内的老球员会给我整恶作剧，比如剪掉我的裤子或者扔走我的衣服。当时我的第一部手机还在衣服的一个口袋里。那时的我能有一部手机非常不容易，结果被他们丢出去了。还有的球员会把你的帽子放到炉子上，然后就烧起来了。

我很肯定大部分的此类事件都没再发生，也许是因为年轻人开始反击了。如果这只是开玩笑那无所谓。参加一线队训练的时候他们剃掉了你的头发——好吧，这就是足球的一部分，但当玩笑太过分，变成虐待了，我就不会再忍耐下去。

过去我常常向球员们伸出援手。在阿贾克斯时我曾帮助过新人尼古拉斯·洛德伊罗。每周他都只能枯坐在板凳上，于是我跟时任主教练马丁·约尔提议："给他一点儿上场时间吧。""行，没问题。"马丁回应道。我很清楚，他只要能上场15到20分钟就很满足了。他从乌拉圭远道而来，却不能出场比赛。我能理解他的处境。球队目前踢得很好，他应该感受到他是其中的一分子。而且他也拥有为阿贾克斯出场比赛的实力。我给了他帮助，就像布鲁诺·席尔瓦当年所做的一样。

我签约利物浦后第一个见面的球员是卢卡斯·雷瓦，他是一名真诚的朋友。在利物浦我们有一小群说西班牙语的队友。在场外我们会和各自的妻子或女友一起聚会，一起吃喝玩乐，有时候会打打"大富翁"卡牌游戏。我曾试过作弊吗？是的，我不得不尽可能这么做，不是因为这能给我很大的受益——各位的妻子们、女友们都是出色的谈判专家，我并没有赢过多少次。

但这种足球之外的社交生活往往不是我们所能奢望的。很难去解释为何在足球界交个朋友这么困难，但我想这就是同行的天性。你的队友转眼就会成为你的对手，你不得不与孤独相伴。我用手指就可以数得出我在足球界里真正的、亲密的朋友。从过去到现在我有数不尽的队友，当中不乏好球员，但从中找到真正的朋友却很艰难。当你处境良好时是你最好的朋友，当你处境艰难时对你落井下石，这样的人太多了。

足球会让人际关系变得更加复杂：我们都在相互竞争，不免会产生对抗，以及随之而来的嫉妒心。我不认为妒忌是我的缺点之一，而我也从来不希望我与队友间的私交影响到球队。尽管友情确实会有意无意地影响到你的发挥，影响你阅读比赛的能力。试想一下，你和你的朋友与另一名队友在球场上比赛。如果你的朋友错失了一个好机会，你会想："噢，太可惜了，他本该进球了。"但如果是你的另一名队友错失机会的话，你可能不会这么想。这很自然。有时候你在球场上会情不自禁地受到友情的影响，这会体现在比赛中的各个细节上。我在荷兰和英格兰的经验告诉我，来自荷兰或英格兰的队友和来自阿根廷或乌拉圭的队友不大可能聚成小圈子。球队里的小圈子通常会根据文化和语言而形成，但我不认为这样的小圈子会给球队带来问题。事实上，因为语言也好，其他因素也好，每支球队都会有和你相处得好或不好的球员。

队友并不总能成为朋友，而一旦你在比赛中交上朋友，你们的友谊将会相伴终生。如果他还是你的偶像，那再好不过了。

球迷们从来都是难以置信的。我会想念听到他们歌唱"路易斯·苏亚雷斯，我们没看够"，更会想念当我离开小小的更衣室，走入挂着"这里是安菲尔德"标语牌的狭窄的球员通道时，随时可能听到的《你永远不会独行》——足球史上最伟大的队歌之一。球迷们让我永不独行，我多么希望能给他们留下一个应得的联赛冠军。

第8章　这就是安菲尔德

我在利物浦的最后一个赛季，那个0：2败给切尔西的夜晚可能是我最为苦乐参半的时刻了。当时我要去格罗夫纳之屋酒店领奖。然而，我最想要的奖却已然从我的指尖溜走。

本来这应该是我整个生涯中最值得骄傲的时刻。我本应和我的队长斯蒂文·杰拉德同行，但我不得不独自前往。

上一个夏天我曾坦言渴望离开俱乐部，当我心意不定、踌躇不安时，没有人比杰队给予我更好的意见。正是他而非别人让我改变了主意，决心多留一个赛季。现在我要去领取英格兰职业足球运动员协会（PFA）授予的年度球员奖项。他本应和我一同前往，但他没法面对这一切。我对此完全理解。

当我们在安菲尔德的更衣室时，输给切尔西的抑郁仍未能散去。这是一个忧伤的日子，然而却有一个庆祝典礼摆在眼前。我问他："我们应该穿正装还是便装去呢？"

他回应道："我不会去了。"

我们输掉了一场保平即是目标的比赛，而他又发生了滑倒这样的不幸之事。我并没有因为他的滑倒或者缺席而责怪他。我很理解他，因为我也不想去。

为了典礼的一切都已准备就绪。我们的行李都已装上巴士，和我们一起将被运往机场。鞋被擦得锃亮，西装整齐地挂着。他们准备好把人们送去颁奖典礼，然后把他们全部接回来。我们本应一同前往：杰队、拉希姆、丹尼尔、我和主教练，但最后只有我登上了飞机。

为了表示对给我投了票球员的尊重，我应该出席颁奖典礼。我很高兴我这么做了。实际上，我可以诚实地说，我在英超的最后一个赛季（尽管当时我并不知情）的绝大部分我都很喜欢，包括伴随着的种种非议。这是一个美妙的联赛，拥有很适合我的风格。被表决为最佳球员永远值得我骄傲。

这是一段压抑的旅行。我和布伦丹、几个主管以及索菲几乎都没有出声。那天伊始我们曾满怀期望，现在我们却麻木呆滞。

但当我到达酒店，浏览一个列举了过往获奖者的节目后，我开始感到受宠若惊，而那股"我究竟在做什么"的感觉逐渐消失了。现在我很荣幸能来到这里；很荣幸能和这些在英格兰足球史上留下印迹的球员们身处同一个名单上。

索菲跟我说："想想为什么你会在这里。这是一项很重要的成就，很多球员都渴望取代你的位置。"我想她是对的。许多球员都渴望赢得这个奖项。我给亚亚·图雷投了一票，而最佳年轻球员我投给了卢克·肖，后者最终得票数位列第二，仅次于艾登·阿扎尔——其实他们即便得奖也当之无愧。想到那些放眼整个赛季的所有优秀球员，却依旧把票投给我的人们，我感到非常荣幸。

获奖的球员们通常都会感谢队友，我也一样。但我的态度绝对是真诚的。我想起了赛前杰队跟我的交谈，想起了他是怎样使我相信我们能够重回欧冠行列。托特纳姆队失去了加雷斯·贝尔，我们都知道他正是球队的关键人物。他们确实引进了替代的球员们，但让其适应英超需要时间。我们也知道如果阿森纳没有签下新球员的话只会原地踏步，而我们可以与之一战。曼联刚换新教练。不容置疑的是，曼城和切尔西肯定会在积分榜前列，但其余竞争对手与我们都在伯仲之间。

当然，即便是杰队也没有想到本赛季我们的发挥会如此出色。我们的目标是前四，而我们做到了。上个赛季我们还排名第七，如今却仅仅因过去 19 场比赛中输掉的唯一一场而痛失冠军。在希尔斯堡惨案 25 周年之际，我们离冠军是如此之近。

赛季在我们还能从头再来的希望中结束了。对于俱乐部来说，能重回久违了的欧冠感觉很棒。我了解到有的球员感到些许不开心，因为他们的出场时间太少，有的甚至考虑离队。我曾经和他们中的几个交流过，告诫他们现在是离队的最坏时机，尤其是对于那些长留利物浦，陪伴利物浦经历了艰难岁月的球员们来说。当年利物浦仅仅能排名第七或第八，无欲无求。回到欧冠后球队将会有更多的轮换，比赛将会更多，而球员们不可能打满每一场比赛。我当时没有考虑到的是离队的竟然是我。

我希望我出色的老队友们能继续引领着球队前进。上赛季的痛失冠军将会是很好的助推器。尽管利物浦有着风光的过去，但这几年没法打欧冠的事实使球队很难吸引到好球员。上个赛季我们错失了穆罕默德·萨拉赫和威廉，他们双双去了切尔西。但如今欧冠资格回来了，再加上辉煌的历史底蕴，球队的吸引力比以往任何时候都强。

球队是时候重新上路了，上赛季超预期的成就已经没有了意义。错失联赛冠军固然令人扼腕叹息，但"要是我们赢下这场"或"如果此刻我能进球"之类的想法毫无帮助。因为如果你能说到做到的话，那你也得每一场都做得到才行。回想一下上赛季对阵斯托克城的首场比赛，如果米尼奥莱没有扑出那个点球，我们根本不可能在 8 个月后如此瞩目。或者说，如果桑德兰没有赢下切尔西，逼平曼城，那我们也不用考虑联赛冠军了。但我们确实在争冠军，我们一路奋斗到底。

当有人问我："如果你能出战所有比赛呢？"我通常都会回答："我

们会凭借净胜球赢下冠军。"赛季的头3场比赛中，我们会分别以3场1∶0赢下斯托克城、阿斯顿维拉和曼联。当然，我在开玩笑罢了。这些"如果"和"但是"不会产生结论。赛季初的禁赛期间我不得不作壁上观，这固然很艰难，但我们赢下了绝大多数的比赛，球队也踢得很好。我不认为结果会发生很大的改变。一名球员能帮助赢下一场或几场比赛，但想要赢得冠军需要整个球队的努力。利物浦是一支团队。我的队友们拿下了那些比赛，赢得了至关重要的分数。而如今没有我他们同样能做到。

在赛季的最后一场比赛后，全队所有人，包括职员及其家人都会被邀请聚餐。布伦丹发表了一份演讲，恭喜我们本赛季所取得的成就。他说，我们都应为所做的一切感到骄傲，尽管我们都曾很痛苦。在体育界有人会告诉你：第一是最棒的，第二什么也不是。但当你从什么也不是上升到第二那就不一样了。

乌拉圭队主帅"大师"奥斯卡·塔巴雷斯曾多次告诫我："胜利并不总指赢得锦标，过程同样是目标。"除此之外，我们也达成了赛季初的目标。我们很清楚自己的成就，那便是利物浦重夺欧冠资格。从这个角度上说，本赛季很成功。

当我前去参加世界杯的时候，斯特林和亨德森也应该会在那儿。他们的表现是本赛季我们出色发挥的又一证明。去年有人批评他们的表现不够好，但如今他们双双挤进了前往巴西世界杯的英格兰队阵容里。我清楚地记得，当他们入选名单后，我祝贺了他们。他们值得我的祝贺，因为他们不仅是好球员，还有着好品质。我由衷地为他们感到开心。

格伦·约翰逊和丹尼尔·斯图里奇应该也会在圣保罗等着我。因为英格兰和乌拉圭被分到了同一个小组。这就给了我一个和杰队交换球衣的机会，正是他承诺下赛季球队会重回欧冠，并以此劝说我多留一个赛季。他做的和他说的一样棒，甚至险些帮助我们夺冠。

布伦丹在最后一场联赛的球队演讲强调了我们要用正确的方式向球

迷们告别。我们做到了。在安菲尔德以 2∶1 击败了纽卡斯尔后，我们环绕球场一圈，向球迷们致意。这是洋溢着满满成就感的一圈，但如果我当时知道这是我在球队的最后一刻的话，这其中的情感还会更多。

本赛季我进了 31 个球，并以此拿下了金靴奖。而利物浦的球迷们送给我的另一只靴子也有着特殊的意义——KOP 心目中的赛季最佳球员，即"金桑巴"。这是我第二次赢得这个奖项。球迷们从来都是难以置信的。我会想念听到他们歌唱"路易斯·苏亚雷斯，我们没看够"，更会想念当我离开小小的更衣室，走入挂着"这里是安菲尔德"标语牌的狭窄的球员通道时，随时可能听到的《你永远不会独行》——足球史上最伟大的队歌之一。球迷们让我永不独行，我多么希望能给他们留下一个应得的联赛冠军。

管理

我能理解主教练们。

但仅仅是有时候。

他们的工作一定很艰难，整整一周都在为一场比赛做着准备，即便输球也没有时间感到辛酸，抚平伤痛，甚至逃避也不行，向家人倾诉也不行。赢球了也同样没有时间去庆祝。主教练必须马上开始为下一场比赛做准备，要观看录像，制订计划，为球队找到最佳取胜方式而努力。

在比赛之间球员通常会有 3 到 4 天的时间用以放松、冷静、集中注意力……或者抱怨主教练。球员们经常会谈论教练。关于教练我们什么都谈。但之后，我们就会想："不、不，我怎么会这么说他呢？这根本不是真的。"我们对教练的说法不一，有时甚至会诋毁教练，真的。通常这会在球员过于激动时发生，你会很想教练下课。之后细细回想，就会觉得："我怎么会这么说他呢？"不过有时候，我们会变得很冷漠。

主教练下课了，而我们还会继续前进。

　　主教练不得不处理这些事情。他们不得不既要使球员们开心，又要提升球队的水平。球员们有时候看到教练的决定会想："为什么教练要把他放入阵中呢？"球员们从来不会和教练谈这个，但他们会这么想。试想一下你是主帅：如果你有两名踢同样位置的球员，他们都能进球，其中一名受伤了而另一名替代他的球员源源不断地进球，当伤员归队后，你该怎么做？伤员仅仅是因为受伤而缺阵，这不是他的错，他曾经也很能进球。你现在有两名好球员。你必须找到一个调和他们两人的办法。也许你需要调整整个球队的战术以适应他们两人。一名主教练肯定会这么想："我不得不把另一个人移出阵容来给他留位置……那前者肯定会不高兴的。"

　　这真的不简单。我非常肯定以后绝不会去当教练。我相信，那个让我想退出一切的时刻会到来的。足球界的环境非常复杂。在球员生涯结束时我将会脱离足球，我想我很难再回到足球界中来。如果要继续投身于足球事业，一个人会不得不被比赛、（也许有难以相处的）经纪人、永无止境的竞争包围着，无论是物质上还是精神上都会受到巨大的关注和压力。更糟糕的是，主教练不得不处理这一切，把握好微妙的平衡。我想我退役后会远离这一切，至少会尝试这么做。我已经是一名顾家的人了，绷紧每一根神经的生活会杀了我的。我宁愿和我的家人在一起。在这么多年的跑旅途、住酒店、打比赛后，我不希望再经历一遍。如果有位朋友成为了主教练并希望我能担任助教或别的职务，我可能会考虑一下的。然而人们却说助教才是球队的大脑……

但那是英格兰。对我来说那就是决定性的一战，世界杯里最重要的一战。我们除了赢球别无选择。我目睹着球队 0：1 输给哥斯达黎加。本场对手是英格兰，我的英格兰。我一直期盼着这一刻，我对此魂牵梦绕了很久。我需要这场对决。

第 9 章　英格兰，我的英格兰

　　62 岁的沃尔特·费雷拉在 2014 年 1 月被确诊罹患霍奇金淋巴瘤，因此他不得不放弃他所热爱的事业。化疗耗光了他的精力和头发。2014 年夏天，尽管要前往巴西世界杯，他却依旧与癌症搏斗着。他在最近一次化疗结束后仅仅两周，6 月 9 日便随我们一同前往巴西。在登机的 6 天前他的医生还坚持不同意他的此趟出行。其实他的病症尚未完全痊愈，在巴西他需要继续接受治疗。实际上，在我们的首场比赛前一天，验血结果表明他的红细胞含量很低。那是很艰难的一段日子，但他还是挺过来了。而且，比起担心他自己，他更担心我。

　　人们已记不清沃尔特在民族队担任理疗师多少年了。10 年前我就和他进行了第一次见面。队里所有球员都在他的指导下进行康复，他绝对是独一无二的。他被誉为"圣手"。沃尔特为国家队服务了超过 1/4 个世纪。因为癌症，他已不再是国家队的正式职员了，但他还是登上了飞机。所有人都很高兴能看到他。他为我而来，而因为他，我能来。

　　赛季结束后我的膝盖半月板被诊断出有伤，我当时只想着一件事：我希望沃尔特能帮助我。我不忍去想会错过世界杯，他也不会让我失望。从一开始他就在进行我的治疗工作，直到有一天，世界杯将近，我问他："沃尔特，你会跟我一起去吗？因为如果你不来，我也不想去了。我相信你。没有你，我不确定我能否做到。"

他为此考虑了一会儿，然后他答应了。

手术当天相当不可思议。巧合的是，给我主刀的外科医生恰恰是恩佐·弗朗西斯的兄弟，前者是乌拉圭历史上最伟大的球员之一。医生说手术很成功，但我还是感到担忧和恐惧。距离世界杯开始不到一个月了。我坐着轮椅被推出医院，外面有很多人：我们不得不从人群中挤出一条道才能钻进救护车。家外面同样有很多人——球迷们、好心人们还有记者们。他们和他们的摄像机在寒风中等待着我。他们是否觉得我会出来接受采访呢？我不确定。

2014年世界杯对于乌拉圭的意义重大，影响深远，然而也让人担忧。从利物浦乘飞机过来后，世界杯给我的感觉更加真实，它掩盖了其余的一切。旗帜和标语铺天盖地，每一个电视台都有世界杯的专题节目，每个广告也是如此，每个人都在谈论球队的命运，世界杯使每个人都沉溺其中。我们都关注着巴西，与此同时我们的整个国家都在享受着当年那个美妙的时刻——1950年的世界杯决赛，乌拉圭在巴西主场战胜东道主夺冠。如今每个人都梦想着再一次完成这个壮举。那段历史将永存人们的心中，即便是对于那些太过年轻以至于根本没有这部分记忆的年轻人来说也是如此。似乎这份记忆是与生俱来的。我们也很清楚：我们身上有能使他们担忧的某些特质，也许他们也对那段记忆挥之不去。在蒙得维的亚的巴西大街，他们改变了街道的序号使得每一栋楼都编号为1950。

乌拉圭等这一刻超过50年了。所有人似乎只谈论这个话题，以及我的伤病。似乎我就是使这一刻到来的核心，每天都有不同的故事。我好像在一直听着各种有关半月板的故事。自从我受伤后，每个人都是医生或理疗师。每个人貌似都在给我进行诊断或者预测。有传闻说我整个膝盖都受损了，包括十字韧带。这说法很蠢，真的。人们对我的期望很高，媒体也渴望及时了解我的进展。我们不得不远离摄像头。否则也许有一天他们会说："今天他开始慢跑但他看起来不太对劲儿。"结果第二天就会变成："苏亚雷斯可以跑了！"这会使我们徒增压力，还会带来不好的影响。

我见到有报道称我曾告诉一些利物浦球员我会在对阵英格兰的比赛中出场，而我并没有说过那样的话。我说的仅仅是："到时再见。"人们似乎迷上了解读我的每一个举动。

有一天，我前往康普列霍斯列斯第——位于蒙得维的亚外的一个小村庄——乌拉圭队的集训地，去和其他队员们一起吃饭。我当时还没有和他们合练，但我希望成为队伍的一员。我感到被孤立，因此希望和他们一起待一会儿，同时也可放松彼此的身心。结果第二天就有报纸上刊登了我到达营地的照片，称我能"正常行走"。但那张照片是两年以前拍的。他们并没有看到我，否则他们会发现我还是在一瘸一拐地走路。

所有人都有同样的疑问："苏亚雷斯能挺过来吗？"我也问着我自己同样的问题。当时我并没有意识到，表面上我很坚强，其实内心的压力在日益增大。

期望越大，责任越大——球员们都很清楚，他们的支持者们认为球队能赢下世界杯。然而我们在比赛时依旧很沉着、踏实，我们相信自己能有出色的表现。2010 年在南非的时候我们曾离冠军如此之近，而在 4 年后，我们的队伍更强；我们不希望只有 4 年前的辉煌，我们希望今年能够名垂青史，这是一个独一无二的机会。4 年前的骨干依旧在队里，而且队里的感觉是我以前从未体验过的。我们队里天才云集，世界杯赛场上我们可以击败所有队伍。一切都感觉良好，除了我的膝盖。

乌拉圭国家队在蛰伏了很多年后，由塔巴雷斯改变了一切。"大师"在 2006 年的时候接手球队。他撰写了一份乌拉圭的足球报告，这成为了我们的发展蓝图，足协和球员们都很"虔诚"地遵循着他的要求。塔巴雷斯彻底地改变了一切——从青训系统一路到成年队。他值得在乌拉圭的足球历史中拥有自己的专属篇章。他使一切都步入正轨，和助教们系统化地组织起乌拉圭的足球，并为后人铺好了前进的道路。这不仅仅针对于成年队；你也可以看到他在 U17 和 U20 青年队所取得的成功，他们分别在 2009 年和 2013 年打进青年世界杯的决赛。他带来的不仅仅是一个足球发展计划，更像是一种哲学，一种理念。

2010 年他带领着我们进入了世界杯四强，并在第二年夺得了历史性意义的美洲杯冠军。在 2014 年的巴西，似乎到了他收获成果的时候了。

"大师"不喜欢散漫的纪律，他总是对我们的言行举止和赛场表现要求严格，这也是他带来的改变之一。塔巴雷斯并不希望我们失去独一无二的斗志，但他希望我们能够控制好它，利用好它。他很强调控制的重要性。多年来，乌拉圭总是因为球员因过激行为被罚下而遭受损失，塔巴雷斯并不喜欢这样——当他对什么事物不喜欢的时候他就会说出来。他就是这么直接，坦诚，一针见血。

随着我们逐渐学会如何理解他的理念，我们也学会了如何为人处世，如何比赛竞争。他跟我们总是相处得很棒；他知道我们想要的，也会永远地支持我们。他的工作成效也体现在了我的职业生涯里；他对我非常、非常重要；他曾指导过我，也曾为我辩护。所以让他失望会使我非常难过。

这本应是我们的时刻，本应是我的时刻。考虑到我的年龄、人们对我的期望和上赛季我在利物浦的表现，我很清楚这是属于我的世界杯。因此在对阵意大利的赛后是我最痛苦的时刻之一：这本应是我们的时刻，但一切都已尘埃落定。对我咬吉奥吉奥·基耶利尼的禁赛判决发下来后，整支队伍的精神都被磨灭了。他们感到沉沦。没人会这么说，但这是事实。我们对此都很沮丧、很痛苦，而不仅仅是我。如果那仅仅是5 到 10 场比赛的禁赛，还可以接受。基于此事件造成的严重不良影响，我被责令离开球队，离开世界杯，队员们都感到很受伤，我也一样，我不得不独自离开他们。世界杯还有剩余的比赛，但他们所有人都在谈论我。

我被遣送回国，回到蒙得维的亚，然后就看到了电视直播的塔巴雷斯的发布会，他声明将会辞去在国际足联执行委员会的职务，以此来声援我。在对阵意大利的比赛后，我感到非常郁闷。我还感到震惊，以至于说不出话来，悲伤笼罩着我。我看着他的发布会，又一次抑制不住，泪水流了下来。我不敢相信他竟为了我做出如此举动。那是一次赛前新闻发布会，而他谈论的只有我，他在为我辩护。这让我为之心碎。看看他对我的爱，再看看我都干了些什么，我心如刀割。他的支持让我感激涕零，我对自己的行为感到无比懊恼。

我的队友们同样很支持我。我给他们都写了信，感谢他们的支持，但我实在没有什么可以说的。我还走出了我家的阳台，感谢那些自发聚在一起支持我的人。有些人认为我不该这么做，这会使我处在关注的中心。但我的初衷与此完全相反。那是一个寒冷的冬天，而他们已经等待了许久。我希望能感谢他们，但我最希望的是他们能忘掉我，继续支持球队：为他们的前进而庆祝，而不是为我的离队而惋惜。我走出来祈求他们回家，然后把我忘掉。乌拉圭还有一场对阵哥伦比亚的淘汰赛要打，而巴西则会在之后等待着我们。64年后，再一次在巴西面对巴西队。但我的旅途已经结束了，我为此懊恼不已。

没有队友责怪我，然而他们肯定会问："为何你要这么干呢？"看上去乌拉圭所有人都支持我，但有的人依旧把乌拉圭被淘汰归咎于我，这让我很痛苦。我早已心力交瘁。这种说法对我的队友来说很不公平，每一个了解我的人都清楚我为了这届世界杯付出了多少。我渴望参加世界杯，我深爱着乌拉圭，为此我不惜拿自己的职业生涯冒险。我可能会使膝盖的伤势更糟；我可能会为此修养4到5个月。如果伤势恶化了，没人知道后果会如何。即便我的膝盖恢复进展不错，我也不知道明天它又会出什么差错。如果它肿起来了，那么一切都完了。

表面上，我对世界杯的准备一直都是在乐观向上的状态下进行的。

手术后我一次也没哭。我曾担保能在世界杯中亮相，而有了沃尔特的帮助，我的底气更足了。我把眼泪隐藏到了背后，不让人发现。我妻子说从来没看到过这么坚强的我。我曾告诉自己，我不得不这么坚强。膝盖的伤病不仅仅是生理上的问题——当然这是最重要的一方面，它同样在考验着你的心理。如果你在想"噢，不，我没法挺过去了"，"我坚持不下去了"，"这真疼"，"它不会好起来了"，那么事情将会变得更加困难。从一开始我的目标就很明确：无论是在身体上还是心灵上，我都要保持强大。

当我还是一个十二三岁的孩子的时候，有一辆汽车碾过了我的脚。我的第五跖骨受了伤而我却没有意识到。人们用石膏把它固定住，但我还是去操场玩了。当他们把石膏取下的时候，发现我的整个脚后跟都和石膏固定架错位了。医生们对此很焦虑。然而一周后，我依旧去参加了一场激烈的比赛。我曾受过各种各样的伤，但我都会坚持比赛，即使我很痛苦。在比赛的时候我很少会注意到疼痛。我可以说是坚不可摧，我不会为任何人而停下来。无论如何，我都渴望踢球。沃尔特说我不是正常人。主持我手术的医生和与我交谈的巴塞罗那医生都说我的伤通常需要2个月才能好。但在手术过后的4个星期后，我就在对阵英格兰的比赛中登场了。

最初的几天，我只能坐在家里，不敢给膝盖一点儿负担。我甚至不能抱起孩子们跟他们玩。他们总是在围着我转，我只能把腿垫在坐垫上，这看上去很滑稽。但很快我们就开始康复训练，这很痛苦。我的目标就是世界杯和英格兰。这对我来说意味着一切。

康复的关键在于快速强化股四头肌，为此我需要达到自己的极限。有的设备就放在了家里，康复24小时都在进行着。沃尔特给了我信心，驱散了恐惧。我对行走的每一步都很担心，但他强迫我这么做。如果我说对接下来要做的感到害怕，他就会说："扔掉那些拐杖……走起来！"

"不行，沃尔特……"

"克服它！"

他会刺激我，鞭策我。他强迫我走出下一步。他还让我早早扔掉了拐杖，而我被迫走出的每一步都使我相信这是可行的。

有一天他曾说过："不不，你的股四头肌状况很好……比昨天要好。你能做到的。"

而在几天后他却坦承："实话告诉你，上周你的股四头肌情况不容乐观。该死的。"

"但你说过……"

"我这么说是为了激励你，让你敢于继续下去。你的肌肉曾经很糟糕。但现在它们棒极了。"

每天的早晨和下午，索菲和我都会前往他在普拉多的家。沃尔特的病情很重，已经不能离开家了。然而他依旧和我一起在为我的康复而工作。每天都是 3 个疗程，每天都以同样的方式开始，也以同样的方式结束：我的膝盖上敷着一个大冰袋。

利物浦的医生们说："不要强行促使它康复，谨慎点，放轻松……你这样会给以后带来隐患的。"

沃尔特却回答说："没关系，继续吧。"

而当世界杯的时候利物浦的医生们来探访我时，我的膝盖的良好状态、活动范围以及它没有肿起来的事实让他们惊讶不已。他们对我们已做的康复工作，我们给膝盖施加的压力感到难以置信。医生们一直在关注着康复的进展，接收 X 光图以及训练计划，但他们当然会感到担忧，也从来没有想到进展会如此顺利。沃尔特的工作让人不可思议，他创造了奇迹。

每天索菲都和卡门一起度过。卡门是沃尔特的妻子。卡门经常说这份活儿对沃尔特也有好处：他有了一个目标，使他忘掉了和自己的疾病做斗争。他的病情也在变好，我们一同战斗。"和路易斯在一起他变得更坚强。"卡门如是说。

沃尔特也会和我聊聊天。我也曾询问过他的病情。他曾有一头长发，过去什么都吃。现在，他很难吃下任何东西，而他的大部分头发都掉光了。但他的状况也在变好，对此他从未动摇过。沃尔特很倔强，甚至一根筋。他最擅长帮助人们康复，如今他也在帮助自己。当那个时刻到来时，他来到了巴西。我一直在想："路易斯，沃尔特还在与他自己的病痛搏斗着，而他来到了巴西，就是为了你。"

他总是很乐观。

每天我都会问："沃尔特，我能赶上世界杯吗？"

"当然，不信走着瞧。"

到达巴西时，海关官员把我们 120 公斤的至爱甜咖啡——"牛奶酱"全部没收了，这是一个不吉的征兆。乌拉圭的第一场比赛临近结束时，征兆应验了。当时我们正落后于哥斯达黎加，我越来越紧张。我差一点儿就要跟第四官员说要把自己换上场了。静观比赛让人很难受。我感觉世界杯正从我们的指尖溜走，而这场比赛正是人们所说"将会很轻松"的一场。我坚持认为凡事都不会轻松，但我从未预想过会如此艰难：如果我们不能赢下本场，就不得不击败英格兰和意大利以取得晋级。这是两大超级强队。我们队似乎突然就被宣判了死刑。我们一定要尽力避免这种情况。我已经自发前去热身了，恨不得立马跟板凳席上的教练说："'大师'，我要上场了。"我极度渴望上场比赛。然而"大师"却有别的想法。

尽管当时我很着急，但我知道我不会上场了。塔巴雷斯曾告诉我他没打算把我放在替补席上。最后我能进入比赛阵容大名单是因为他觉得我的名字能够威慑住哥斯达黎加，同时也能帮助我尽快融入这个远离了一个月之久的团队中来。但是，我还没有准备好。说实话，我还没有准备好在 5 分钟内改变比赛。他没有把我派上场是在帮助我。尽管膝盖的状态很好，我也强化了自己的股四头肌，但这还不够。我和队友们有些许的训练，但对抗程度很低。我很清楚，如果我在对阵哥斯达黎加的比赛中上场会使事情变得更糟。也许我会伤害到我自己。我的状态还不够好。别说哥斯达黎加，对阵英格兰时我的状态也不算好。

但那是英格兰。对我来说那就是决定性的一战，世界杯里最重要的一战。我们除了赢球别无选择。我目睹着球队 0：1 输给哥斯达黎加。本场对手是英格兰，我的英格兰。我一直期盼着这一刻，我对此魂牵梦绕了很久。我需要这场对决。我很了解英格兰的球员，他们也很了解我。他们的一家报纸封面写着："伤好得慢点儿，路易斯。"我知道他们很崇敬我，甚至害怕我。自从联赛的末轮对阵纽卡斯尔后，一个月以来我都没有打过一场有对抗性的比赛，现在我要对阵英格兰。似乎对我的激励还不够，罗伊·霍奇森赛前发表评论说我还不算世界级，除非我在世界杯上证明这点。说的好像我在英超，在 2010 年世界杯，在 2011 年美洲杯的证明还不够似的。

我不会称这是"复仇"，但他的言论着实刺激了我，让我变得更加坚决。我需要证明自己。赛后我回应说："这就是我对那些怀疑我的人的回应。"我从没想过要成为救世主。但考虑到我们的形势：到了被淘汰的边缘，面临着英格兰的挑战，我想："现在我需要承担起一切。"

赛前的两天，我的膝盖又开始疼了。那是源于内部的疼痛，但跟半月板不在同一个位置，而是在"鹅掌"筋的地方。我在训练时感到疼痛，但我渴望比赛，我决定坚持下去。遇到困境的我感到害怕，我害怕这一切努力都白费了。我尝试忘掉疼痛然后睡觉，但第二天疼痛感还在。我曾在酒店和妻子通话，当我坐在浴室时我觉得它又疼了。

"待会儿我再打给你。"我说完就把电话挂了，然后直接去找沃尔特。

"帮帮忙，沃尔特。这很疼，我明天还得比赛。"

他给了我一份止痛剂，说："没关系，明天你就会好起来的。"

但第二天膝盖依旧有痛感。他又给我注射了一份止痛剂。然而，热身时我依旧觉得疼。

"沃尔特……"

这一次，他不再给我注射。他给我膝盖涂了一些药膏，涂得很用力。

"不疼了，不疼了。"他边说边搓着我的膝盖。

但还是疼。

我很害怕，慌了神儿。半月板和筋骨的疼痛都让我很害怕。但那是对阵英格兰，我不能缺席的比赛，我只有相信沃尔特。

比赛一开始我就感到很奇怪。我感觉到英格兰的防线有我们可以击穿的弱点，尽管我从未预想过这点。我和加里·卡希尔以及菲尔·贾吉尔卡对决过很多次，通常发挥都不错。我相信我能给他们制造麻烦。但我从来没有像今天这样如此受到尊敬。也许他们觉得我状态不好，但我觉得这远远不止于尊敬了。在英超他们从未让我如此舒服地接球转身过。似乎他们变得异常谨慎。如果是在另一场比赛，他们肯定紧贴着我的后背。我不住地想："这太诡异了，他们给我这么大的发挥空间。"我猜他们很担心，随着比赛的进行，我状态越来越好。

我们队踢得很好，信心越来越强，然后就迎来了进球。当球从右方飞来时，我稍稍后撤，然后把球顶入乔·哈特把守的大门。当球进入网窝时，我跑向了替补席。我没计划此事，我甚至没想过这么庆祝。但随着肾上腺素的上涌，回想起我和沃尔特所经历的一切，我就这么干了。他当时刚离开替补席，给后卫们递水，没看到我正朝他扑来。尽管病魔缠身，但他还是给了我一切，我紧紧抓住他，抱住他，指着他把他介绍给人群。

第二球来得很奇怪。英格兰在第七十分钟扳平了，我以为我们不可能赢球了。我艰难地挣扎着，没法跑动。双重影响下，我瞄了一眼板凳席，考虑过被替换下场，但突然一个意外阻止了我。身心俱疲的我尚处在越位的位置上，想着："我们要输了，一切都结束了。"我们并没有创造出得分机会。突然，球就越过了杰拉德的头，飞到了我的身前。

我觉得自己跑不动了，但那一刻我还是跑了起来。我唯一要做的就是闭上眼睛，把球轰向球门。我很惊讶它竟然进了。我就是把它射了出去，并没有多想。老实说，当时我甚至不相信它进了。一切记忆都模糊了，没法形容。有个记者给了我一张照片，拍摄了我的膝盖，我挥舞的双臂，以及围着我的巨大球场。我甚至不敢相信我做到了。下半场我曾抬头看了一眼坐在高处的家人，现在我再次抬头看着他们。每个人都陷入了疯狂。索菲后来告诉我，看了一个赛季乔丹、格伦、拉希姆、丹尼尔和杰队比赛的德尔菲问她："妈妈，为什么利物浦输了人们还这么高兴？"

"不，不，"她母亲回答，"你爸爸赢了。乌拉圭赢了。"

我很同情杰队。找到我的那球正是越过了他的头，赛后我没法和他或者格伦交流。我们在利物浦同甘共苦。杰队很清楚，这将是他最后一届世界杯了。这不是好的告别方式，这本身就很残忍，更糟糕的是他还有两次类似的经历。这不是他应得的。上半场结束后我和格伦交换了球衣，但全场比赛结束后我没有和任何人交换球衣。我后来把球衣分别给了乔丹·亨德森和杰队，在他们沮丧的时候显然不是换球衣的好时机。我跟他们没有太多对话，是我让他们蒙羞了，但这就是比赛。当然，我很享受击败英格兰，尤其在我经历了这一切后。不过我还是很同情他们。

我真的很喜欢英格兰足球。但英格兰又一次早早地从世界杯铩羽而归，这引发了大争论。赛后算账开始了。有的人说这是因为英格兰的足球资源匮乏造成的，我对此大笑不已。如果连处于"第一世界"的英格兰，人才济济的英格兰，设备齐全的英格兰，资金充足的英格兰都算资源欠缺的话，那其余的我们算什么？那乌拉圭算什么？

我想原因在别的地方。我不敢说我看透了答案，但从旁观者的角度审视比赛，我能发现一些别人没能发现的东西。我认为冬歇期的缺少对英格兰足球的影响很大。我理解圣诞节节目和新年节目的特别之处，但在1月之后能有15到20天的休息期能带来很多好处。与此相反的是，额外的杯赛把日程都挤满了。

除了英格兰的比赛密度，另外不得不考虑的一点还有比赛的强度。如果你把德甲、西甲和英超的比赛强度做个对比，你就会发现英格兰联赛更加激烈。外籍球员尤其能感受到这一点。这是英格兰球队在欧洲所遇到的困境的根本所在。就我个人意见而言，受影响的不仅仅是国家队，欧冠也是。

我目睹了拜仁和皇马赢下欧冠的比赛，我想你也能从中看到休赛期的影响。他们能有15天的休整期，为下半赛季做好充足的准备。这给了球员们休息、探访家人的机会；球员们的双腿和大脑得到了休息，回到球队时他们会迫不及待地想要比赛。你也看到了我们上赛季的表现：利物浦的争冠某种程度上从无欧战比赛中获了益。我们没有冬歇期，但我们少了欧战比赛，得以焕然一新。如果英格兰球队能够有15天的休息——我意识到这不可能发生，但我还是希望——那么他们能有所不同，能在欧洲赛场有更好的表现，包括国家队。

英格兰的球员没有得到和其他人同样的休息机会。球员们喜欢比赛和竞争，有时我们并不觉得停止比赛能有多大的帮助；而从外界看，球迷们也并不总是理解球员们所经受的压力。尽管如此，但毫无止境的竞争会让球员筋疲力尽，球员们需要2到3天的休息，远离压力。当他们到达世界杯赛场时，早已累坏了。

当然，对我来说，原因则有所不同，但我也很累。当时的我同样身心俱疲，但斗志高昂。我从来没有过战胜英格兰的体验。我很感激沃尔特。他在为他的生命，为他的健康，跟可怕的病魔搏斗着。感谢上帝，现在他已克服了癌症，但当时的他仍未完全康复。比赛前一天他还需要注射治疗。在更衣室，我深深地拥抱他，紧紧不放手。"多亏了你，沃尔特，多亏了你……"这也是我第一次看到他流泪。

在足协有人认识他超过 25 年了。这也是他们第一次看到他哭了。他是一名坚强的人，能看到他百感交集、泪流满面并不是常有的事。他为我冒了很大风险；他给予了我一切。感谢有你，沃尔特。

我们坐在一起——我膝盖上还敷着冰块——我们聊起了比赛。

"你真的是只野兽，你根本没有注意到，打进第二球的时候，你的腿已经……"他说，然后他开始做手势，手舞足蹈，"当你射门时，你都倒地了。你已经站不稳了，你的情况很糟糕。"

他是对的。当我重看那个进球时，我看到我整个膝盖都甩出去了。之后我和球队的合练很少。索菲说我"彻底疯了"，我没意识到我是在拿我的世界杯旅途做赌注。现在一切努力都没有白费。我甚至觉得从英格兰身上赢回了某些东西，比如，英格兰的人们比以前更喜欢我了，而不是更讨厌我。我想他们很尊重我为伤愈回到赛场所做的努力，欣赏我的两个进球。如果是另一个人而不是我经历了我在英格兰所经历的一切的话，我不确定他是否会嘲笑、挖苦英格兰。但我没有。不过，我没法否认这个时刻很特殊，使我百感交集。

队友们一起引领着球队前进，包括我。赛前，我曾跟尼古拉斯·洛德伊罗说："我梦想击败英格兰，并且进他们一球。"

"别太拼了……你的膝盖……"

"但这是我梦寐以求的。"

这就像电影情节一般神奇。

比赛结束了，但旅程还没有结束，还有比赛等着我们。索菲是对的，沃尔特也是对的。我们已经击败了英格兰，但赛前我们的信心还不是很足。而在比赛后，我们从未如此信心十足。对阵英格兰，击败他们，带伤打入两球，我所冒的风险因此显得更加真实，更加明了。我曾经很心慌，压力让人喘不过气来。我能挺过去吗？如果出了差错怎么办？利物浦会想杀了我的。我的软骨怎么样了？我充分相信沃尔特，没有他我也没法参加比赛，但我的担忧在不可避免地积累着。伤愈复出后的第一步显得无比艰难。然而，对手是英格兰，我们不得不取胜。赛前的恐惧和紧张在赛后并没有一扫而空。这本应是一种释放、一种解脱，然而并不是。两个进球，一场胜利并没有使我放松下来。相反，我的压力越来越大。

在世界杯，你没法逃避；在旅途结束前一切都没有结束。赢下英格兰并没有使人放下心来，依旧使人彻夜难眠，茫然四顾。两天后我们就要对阵意大利，我们还得赢。我们不得不赢，否则前面的一切努力、一切牺牲都白费了。人总是希望得到更多。乌拉圭总是希望走得更远，我也一样。

我肩上依旧扛着重任和压力。我要对阵意大利了。这比英格兰更难踢，球队的死刑宣判依旧悬而未决。我没时间去思考、去呼吸。我希望能躲在隔绝一切的密室里，但我不能。已经没时间了，我想这就是在对阵意大利的比赛中压倒我的最后一根稻草。我感到压力很大，然而我却没法把它卸下。

我跟专家们谈过这点，我跟他们说我没机会也没动力向他人倾诉，释放压力，我甚至不能大吼大喊以排解压力。我不得不独自工作，极度渴望回归已远离许久的队伍。我身边有沃尔特和索菲，但我甚至没和他们说过话。压力不断积压着，我需要排解它们，但我不能，或者说做不到，积累的压力使我变得糟透了。

在赛前的几天，甚至整个月我都没法向任何人倾诉我脑海里的东西，我脑中充斥着只与我有关的种种事情，"苏亚雷斯这样，苏亚雷斯那样"，这个赛季，这次伤病，这份担忧，日复一日的康复练习，能否晋级世界杯，乌拉圭对世界杯的期盼，人们对我的期盼，输给哥斯达黎加，板凳上的无助，对阵英格兰，梅开二度，我的膝盖，我的心情，还有两天后对阵意大利，成者为王败者为寇……时间一分一秒地流逝，好不容易有了机会，布冯却做出了扑救……然后那件事就发生了。

尾声：小胡同

当我 7 岁的时候，我的梦想之乡是一条穿过我家后方的小巷，坐落在蒙得维的亚的商业区附近。小巷的一头儿是一棵柠檬树，那是在我们搬到祖父的单层小屋的几年以前他种下的，当时我的父母前往大城市寻找工作。小巷的另一头儿是当地女子监狱雄伟的灰墙，还有布满尖刺的钢丝和炮塔。在隶属于监狱的孩子们的家和我们的房子附近成排的小商铺之间，有一条颠簸的碎石小道，那便是我们的临时球场。

"小胡同"，我们都这么叫它，宽度足以当我们的球场，但却没法让车辆通行。远离在阿蒂加斯大道飞驰的车辆的嘈杂和废气，虽然比不上我在 6 岁前待过的萨尔托的开阔田野，但这里着实是我们远离蒙得维的亚无止境喧嚣的一片净土。这里也是另一种贸易的理想位置，当夜幕降临时路过这里的人们会购买大麻或者可卡因；他们不是在吸毒就是在酗酒。这里是那种你不希望闯进来的地方，但它就坐落于我家后门外，我从早到晚都待在那里，踢足球。

长大一些后我留意到了这里的毒品和酒精。大麻的气味从探访监狱的人群中飘散开来。他们中有的也许在往里面走私货物，有的甚至企图帮助犯人越狱——几年来发生了好几起越狱事件，有少数的还成功了。

我的大哥哥保罗比我大 6 岁，在小胡同和他的朋友们一起踢球，于是我也会加入他们。那里比较狭窄，而我则是其中最小的一个。我哥哥的朋友们刚看到我时都会让着我，因为我个子最小，但很快他们就发现我什么都不怕，而且有着远高于"对球队有帮助"的水平。他们对我能这么好地控制身体感到很惊讶——或挺起胸膛，或低下头颅，或冲进大朋友们中间，或做弹墙配合，我从来不会被吓倒，眼睛永远盯着球，为胜利拼搏，寸土不让。

如果人数足够多，我们就会把从柠檬树到监狱的整条小巷都包揽进来。于是乎，球就在小卖部的百叶窗和孩子们家门外的带刺高墙之间不断来回穿梭。如果人数少了点，我们就会把球场旋转 90 度，横跨小巷，把球射向小胡同两边的涂鸦。两端的墙上都涂有球门。

我想念在萨尔托的草地上光脚踢球的日子。那时我们住在巴拉圭街道，每家人的前门都是大开着的，每天你都可以和朋友们享受新鲜空气。和蒙得维的亚相比，萨尔托算是个小村子。人与人之间都相互认识。4 岁的时候，在我叔叔（即我父亲的弟弟）的引导下，我在一个叫拉科鲁尼亚阿蒂加斯的小乡村开始接触儿童足球。球场在一个军事基地里，我父亲曾短暂地当过兵，他也在那儿踢过球。他是一名坚忍的左后卫，踢赢过很多对手，但他也能用他的左脚很好地护球。因为我父亲不得不去找工作，我的家人被迫搬到蒙得维的亚，当时我的父母和我的兄弟姐妹们都离开了，只有我留在了祖父母家，因为我叔叔希望我参加锦标赛。这是一个很好的借口。我无论如何都不想离开家。我喜欢和朋友们一起踢球。有一段时间我拒绝离开萨尔托。6 岁时我就进入青春叛逆期了。最后，我带着小镇的名字离开了——很多老朋友依旧会称我"萨尔托先生"。

从田野来到小胡同让人很难接受，这使我变得坚强。输球时我会号啕大哭，我的脚总是伤痕累累，因为我不得不穿着便宜的凉鞋踢球，我只有一双运动鞋，而我要穿着它上学。

穿过从我们"球场"附近的我家旧房子延伸出来的路，是"黑头目"奥布杜里奥·瓦雷拉曾住过的地方。"黑头目"在他的黄金年龄担任了乌拉圭队的队长，并在巴西的马拉卡纳球场赢下了1950年世界杯。他住在那里时我还只是一个在后马路跑来跑去的孩子。我的偶像并不是他，相比之下要更现代些，但这并不是因为我太小而对他不了解。

我们曾经给自己的比赛套上解说："现在是弗朗西斯拿球，传给了鲁本·索萨，后者又把球回传给弗朗西斯。"我拥有的第一双球鞋是阿迪达斯的弗朗西斯——1997年我母亲送给我的生日礼物，当时弗朗西斯正要退役而我刚满10岁。当时我每一次进球都会喊出偶像的名字。而我的第一个足球模范，是阿根廷的中锋加布里埃尔·巴蒂斯图塔。"巴——蒂斯——图——塔！"

如果我们不能在街上踢，那我们会在室内踢。有时我们会被遣送到自己的房间里，准备关灯睡觉，但我们会把报纸塞进袜子里，当成球来踢。这样我们就可以练习凌空抽射，或者，拿床做缓冲垫的话，还能练习头球冲顶。后来床被我们玩坏了。我们对踢球的渴望冲破了一切的阻碍。

我们还会玩一种自制的桌上足球：拿染上队伍颜色的瓶盖当球员，拿旧鞋盒当球门。如果我们不听话，妈妈会把我们的游戏道具扔掉。但我们会再凑出一套来，这一次，球员是用折纸做的，纽扣当球。

如果我们既没在踢球，又没在玩桌上足球，那我们肯定是在看球。1994年的世界杯决赛是我第一场有印象的比赛。比赛双方是意大利队和巴西队，罗伯托·巴乔罚丢了个点球。我记得罗马里奥和贝贝托用著名的"摇篮舞"庆祝。1997年的U20世界杯决赛，乌拉圭将在马来西亚对阵阿根廷。尽管只是U20，我们仍对乌拉圭能打进决赛非常自豪。早上5点我们都爬起来了，准备看看法比安·科埃略、塞萨尔·佩莱格林、马塞洛·萨拉耶塔和尼古拉斯·奥利维拉是怎么和阿根廷斗智斗勇的。我完全能理解球迷们对这项运动的感受，因为我只需要回想起这一时刻，那种感受就会重新涌进我的脑海。

离开萨尔托也不尽是坏事。每个人都有自己支持的球队，而我支持的则是民族队。乌拉圭的两家最成功的球队——他们垄断了这里的足球——是民族队和佩纳罗尔队，而我们家因此分为了两个阵营。有说法说佩纳罗尔队由铁路工人组成，而民族队则由业界精英们组成，不过我没看出这点。尽管我的弟弟马克西会不同意，但民族队确实是国内最大的俱乐部。马克西支持佩纳罗尔队，他比我小一岁，我俩形影不离。我们从早到晚都在争论足球，而我们的母亲则勉强成为大多数争论的仲裁者。比赛日的争斗最为激烈，他想看佩纳罗尔队的比赛，我想看民族队的。最终的妥协是一天看佩纳罗尔队，另一天看民族队。但我从来都不会乖乖服从。

我会说："为何我要忍受着看我不想看的佩纳罗尔队的比赛呢？"

"噢，如果你想看民族队比赛，那你就得陪你弟弟看看佩纳罗尔队。"

无论哪次，我看佩纳罗尔队比赛时总会非常安静。我想别人肯定不知道，极不情愿地陪着弟弟看比赛的我竟然会是一个民族队球迷，不过他们有几次机会发现了这一点。我记得有一场比赛，佩纳罗尔队正在城市的百年纪念球场争夺解放者杯。球场就像一个巨大的水泥制成的碗，曾举办过 1930 年的首届世界杯。我当时正在极力掩饰自己，但仍渴望找个洞钻进去。我被佩纳罗尔的球迷们包围着，我在那儿的唯一原因就是接下来有民族队的比赛。直到我进入球场，我才意识到我穿着民族队的球袜。

佩纳罗尔队进球了，当时我身边坐着一个小胖墩儿，另一边则是我的弟弟和母亲。我母亲也是佩纳罗尔队的球迷。佩纳罗尔队进球后每一个人都跳了起来，欢声歌唱，除了我。坐在我一旁的小胖墩儿问我："你怎么不庆祝？佩纳罗尔领先了。"我只好也开始蹦跶起来，当时我那个知道真相的弟弟尽全力没使自己笑出声来。他知道我最不情愿的就是为佩纳罗尔夺得解放者杯而庆祝了，尤其是现在我的民族队袜子公然于世的时候。真是郁闷透顶。

还有类似的故事发生过。我们曾被叫去当球童，母亲跟我们说："行，没问题——你们都可以去当球童，但要一周跟你弟弟去佩纳罗尔，另一周再去民族队。"

我在乌雷塔的小球衣跟佩纳罗尔的黄黑条纹衫很像，所以我就穿这一件，这样我就不用穿佩纳罗尔的球衣了。我唯一想穿的球衣只有民族队的蓝白战袍。

后来我和他都进入了民族队的青训系统后，我弟弟的境遇就变糟了，我以比他更狠的方式嘲笑他。有一次，在去学校的路上，我在一个公园里找到了一个民族队的队旗，于是在操场我当着他的朋友的面把它交给我的弟弟。他尽自己的一切表示自己百分之百支持佩纳罗尔。但他正在为另外一支球队效力，显然他所说的是不可能的。

在两家对决的时候，我会有兄弟姐妹为丢球而哭泣，而他耳边肯定会有为每个进球而怒吼庆祝的调皮鬼。如果你的球队输球了，那么你别想静下来了。我父亲鲁道夫，我的哥哥保罗和一个姐妹吉安瓦娜支持民族队，而我的另一个姐妹莱蒂西亚支持佩纳罗尔。所以我们家 4 个人支持民族队，3 个人支持佩纳罗尔。我最小的弟弟迭戈受到了双方阵营的百般拉拢和威逼，但我们阵营总能获得胜利，所以他也支持民族队了。

马克西和我并不总在对立阵营。我 7 岁的时候，我叔叔在乌雷塔队给我找了一个位置，而马克西 6 岁时也加入了进来。乌拉圭足球的成功很大程度上归功于足球启蒙教育——5 到 13 岁的男孩子们踢着激烈的 6 人足球赛，其球场尺寸是正式球场的 1/3 大小左右。乍看之下，这套青少年足球体系跟其他地区的没什么两样，但在欧洲，这个年龄段他们更鼓励无对抗的运动方式。乌拉圭的则迥然不同。这里有更多的身体对抗，父母和教练们都很认真地对待赛事，因为他们觉得如此激烈的比赛已经不仅仅是用有趣可以形容的了，有的甚至认为这其中有危险隐患。在小小的年纪，孩子们就被灌输以勇猛、积极、进取的信条，这也使我在街头学到的理念进一步强化——为了胜利不惜一切代价。

乌雷塔有一个整洁的封闭球场，其一端是一个有 3 排坐席的看台。现在他们的草地绿意葱茏。但在我和我弟弟各种滑铲的那些个下午，那里还是不可饶恕的碎石场地。如果有车钱，我们就会坐 10 分钟的公共汽车过去，没钱我们就只有走上半个钟头的路程了，但我们极少这么做。

我依旧记得大家并排行走在前往乌雷塔球场的路上；或在蒙得维的亚阴冷的小胡同里带球变向；或走过 15 个街区前往火车站的那些日子。当我结束在乌雷塔 U9 级青年队的旅程时，我的一个队友的父亲马丁·皮雷斯邀请我去民族青少年队踢球。乌雷塔不愿意放我离队，这是我的第一次转会战争。

这其实真的很蠢。乌雷塔留下年轻前锋的能力很弱。他们仅仅是一家街区球队，而乌拉圭最大的俱乐部——我的最爱——正在召唤我。这是我不可错过的机会。但乌雷塔坚称不会放我走。我记得最后的谈判大概是这样的：

"我无论如何都要走了。"

"如果你走的话你得把所有的球衣还回来。"

"你当然能拿回你的球衣，我要去民族队了。"

我弟弟也去了民族队，所以我们的路程从前往乌雷塔的 30 分钟步行，变成了前往 3 届解放者杯得主的球场训练的 40 分钟车程。训练在晚上 7 点半开始，但我们 5 点的时候就从学校出门了。因为在 6 点前公交车是免费的，只要我们穿着校服就行。所以为了省巴士钱，我们会提早一小时出发，9 点半训练结束的时候则会搭我朋友的父亲的顺风车回家。

每个夏天我依旧会回到萨尔托参加家乡的锦标赛。回到家乡我的大城市口音被嘲笑了，就像 6 岁时我因为萨尔托的口音被蒙得维的亚的人嘲笑一样。

回到这里总是很棒，但我开始展现自己的光芒了，也许我是相同年龄段中能力最强的球员。

我的叔叔塞尔吉奥·苏亚雷斯在我 4 岁的时候就让我参与激烈的球赛。他教会我怎么正确地踢球，让我在很小的时候就开始参加比赛。锦标赛在 12 月进行，正值我的假期，我会跑到我祖父的房子里度假。但当我 11 岁的时候，我被告知不能参加锦标赛了。我效力于民族队，我们还是冠军。我是他们之中最出色的球员之一，锦标赛的组织者们担心我会破坏萨尔托锦标赛的平衡性。

如果我不能参赛，那我也不用每年都回萨尔托了，这意味着我生命的一个阶段的终结。因为太出色而不能参赛使我很沮丧，但同时也有积极的一面。这是一个信号，我第一次这么想："他们害怕我，这意味着我很出色。"

11 岁在民族队踢球的时候，我的脾气很糟糕，我很容易被激怒，如果不能进球我还会哭。有几场比赛我从不传球，仅仅因为我的一个队友进球了，而我没有。在一个谁也不给我帮助的环境下，我得到了成长。有所求必先有所予。在乌拉圭这样的国家，有非常穷的人；有不得不工作、凑在一起谋生的穷人；有一般的工人；还有富人。我生活在第二种人中间。我的父母和兄弟姐妹什么都干，什么都卖，这样才得以生存下去。这从来不简单。

我在很早的时候就意识到了努力的重要性，以及一切成就都来自于拼搏奋斗。你不得不抓住每一个可能的机会，无论它有多么渺茫。一旦抓住机会，就全力以赴，永不放手。

除了努力，专注也很重要——我经常都只专注于一件事，这给了我很大的帮助。要有一颗顽强的心，光靠天赋永远都不够。

作为球员，马克西做得比我更好。尽管比我小一岁，但他跟我在同一个年龄段踢球。他技术上很有天赋。但他在交友上出了问题。我成功走上了正轨，而他没有。父母离异给我们很大的打击，我最大的哥哥也离开了家，和他的伙伴一起住，后来他在萨尔瓦多和危地马拉踢过球。这让我们觉得家庭破裂了，我们在同一个街区里搬来搬去，从来没有安定过。我们跟父亲住一会儿，然后又跟母亲住一会儿。

我从没得到过什么实质性的机会能够坐下来和父母谈心，谈话通常都像这样："听着，儿子，长大了你就要学会自己衡量。""要这样做。""永远不要忘记你来自哪里。"

父母的离异使有的兄弟姐妹也离开了这个家庭。我母亲整天都在工作，我父亲也要工作。所以很难从他们身上学到如何为人处世，如何应对快速成长，如何面对成功。当我还是个孩子的时候我很喜欢这样的对话。我并不是幸运儿，但这份不幸造就了我。我想我的兄弟姐妹们，至少他们中的几个曾有过这样的对话。不过与其关心这个我还不如好好照料我自己。当我在堕落的悬崖边缘的时候，我迎来了索菲。

我在民族队有过闪光的时刻，但我依旧在努力进步，从各级青年队中稳步攀升。马克西则撞了墙，因为他的狐朋狗友，他堕落了，没再提升自己。他知道，我们全家都知道，他比我优秀。如果他能更专注、更具上进心，他能取得进步的。相反，他宁愿去迪斯科舞厅，或者和他的朋友一起消失个三五天，当时他才 14 岁。

作为他的哥哥，我努力帮助他，跟他谈话，但我们都只是孩子。我尽我所能地劝说他，但他还是只听他朋友的，不听我的。现在，马克西又重新踢球了，他的境遇还不错。他没有毁掉自己，但他毁了光明的前程。他知道保持努力的重要性。他知道我是怎么成功的。我相信他会为我的成就而骄傲。因为他很清楚我们所共渡的难关，很清楚我不得不做到的坚强。

你可以揶揄我说我是一个职业生涯中不断流泪的"坚强"男人。我并不羞于承认这是事实——我经常哭。从小到大我都是这样。在丢失联赛冠军后，我会边走下球场边流泪；在坦言希望离队和发觉离队只会使我和我家人的境遇变得更糟后，我会因为我的两难境地而流泪；不得不在早上 7：30 起床，然后赶往酒店听着律师们讨论一个不可回避而且会毁誉终生的判决时，我也会流泪。

当阿贾克斯的球迷和我道别时我会流泪。我永远也没法理解为何杰米·卡拉格在和安菲尔德道别，告别自己的球员生涯的时候没有流泪。拜托，一滴也好啊。我在阿贾克斯就待过 3 个赛季，当他们在阿姆斯特丹球场和我道别时，我哭了 10 到 15 分钟。卡拉格在利物浦待了一辈子，现在他要退役了，道别时却不流一滴眼泪。或许道别仪式需要再大点吧，要一个大屏幕，展示他在俱乐部最辉煌的时刻。我希望当杰拉德退役的时候，他能得到最完整的道别仪式。

我希望能在利物浦踢一场告别赛，毫无疑问，我会再一次泪洒赛场。我是一个多愁善感的人。索菲和我结婚时的婚礼词让我十分感动："人生苦短。命中注定，我属于你。"后来我把这句话文到了我的背上。我愿意把我的所有进球都献给我最爱的人，以至于我的庆祝动作比进球过程还久。我大腿上还有一处文身："乌拉圭：美洲冠军"，上面还有我们在 2011 年夺冠的日期。每一个子女的名字都文在了我身上，还有一处写着"索菲"。

给我文上儿子的名字"本杰明"的文身师，也是把婚礼词文在我背上的家伙。他是利物浦的忠实球迷，希望我能帮他文一个文身。我觉得他疯了，但他还是在身上找到了一小块没有文身的位置。

"在这儿文吧。"

我想我需要先画个草图，然后用墨覆上去，大概就这样吧。

"直接文就行。"他说。没有草图，没有练习，我要直接用针头在他的肉上刻字。于是我照他说的做了。一个 L，一个 S，然后是一个 7。索菲用她的手机记录了整个过程，刻得还不算太坏。

我本来很乐意文上一个纪念利物浦在 2013—2014 赛季夺冠的文身，但那并没有发生。我不介意我走出塞尔赫斯特公园球场的照片成为永久的纪念。很大程度上讲这很合适，它体现了这对我有多大的意义，我们曾经多么接近创造伟业。

但我知道，并不是所有人都这么看待我。非利物浦球迷还会记得咬人事件，以及埃弗拉的指控。

恩仇都随时间消散了。另一方面，获得2014年记者投票的赛季最佳球员很特别，而球员投票的奖项意义更加重大。2014年世界杯之前，鲁尼曾夸奖我，他说喜欢我的踢球风格。他的意见对我有影响，他清楚在球场上应该有什么表现；他清楚如何处理压力，如何处理他人的期望，如何处理别人对你每一个动作的细致入微的解读。在巴西的事件会再一次影响人们对我的评价。但我会向人们证明，我会凤凰涅槃。我会为此而努力。

我希望人们能从球员的角度看待我。我的各种做过和没做过的事情都成为了批判我的证据。但我永远会从挫折中爬起来，继续奋斗，继续我的工作，我热爱的工作。

我知道这一次，我的回归将会在诺坎普的98000名观众的见证下进行——从小胡同，我一路走来，而这可能是我走得最远的一次。

2014年10月

致谢

　　我要感谢索菲、德尔菲娜和本杰明，他们陪伴我度过了这次旅程。他们是我的一切。我还要感谢那些无论状况好坏都一直支持我的朋友们、家人们、队友们、职员们和球迷们。我的一生都有他们的相伴，他们也值得在此书中留下印迹。太多的人为我付出了太多，我一直很感激他们为我所做的一切。我同样感谢那些付出了时间和努力来帮助我讲述自己故事的人。我努力阐述着自己的真实情感。没有他们，这一切都不可能实现。再一次感谢所有人，谢谢你们。

图片来源

第 1 页　Barrington Coombs/EMPICS Sport.

第 2 页　Claire Venables.

第 3 页　MARCELO HERNANDEZ/AP/Press Association Images.

第 4 页（上图）MARCELO HERNANDEZ/AP/Press Association Images.（下图）VI Images/Press Association Images.

第 5 页　Fred Rotgans/VI Images/Press Association Images.

第 6 页　（上图）Dennis F Beek/VI Images/Press Association Images.（下图）VI Images/Press Association Images.

第 7 页　BAS CZERWINSKI/AP/Press Association Images.

第 8 页　（上图）VI Images/Press Association Images.（下图）Ivan Sekretarev/AP/Press Association Images.

第 9 页　Getty Images.

第 10 页　Hassan Ammar/AP/Press Association Images.

第 11 页　（上图）VI Images/Press Association Images.（下图）Peter Byrne/PA Archive/Press Association Images.

第 12 页　AFP/Getty Images.

第 13 页 （上图）Gabriel Piko/PikoPress/Press Association Images. （下图）Liverpool FC via Getty Images.

第 14，15 页 （跨页图）Tim Hales/AP/Press Association Images.

第 16 页 （上图）AFP/Getty Images.（下图）Getty Images.

第 17 页 Getty Images.

第 18 页 （上图）Peter Byrne/PA Archive/Press Association Images. （下图）AFP/Getty Images.

第 19 页 courtesy of Luis Suárez.

第 20，21 页 （跨页图）Peter Byrne/PA Wire/Press Association Images.

第 22 页 courtesy of Luis Suárez.

第 23 页 （上图）courtesy of Luis Suárez.（下图）SIMON BELLIS/ LANDOV/Press Association Images.

第 24 页 （上图）Getty Images.（下图）Matt Dunham/AP/Press Association Images.

第 25 页 AFP/Getty Images.

第 26，27 页 （跨页图）Getty Images.

第 28 页 （上图）Paolo Aguilar/EFE/Press Association Images. （下图）Laurent Gillieron/AP/Press Association Images.

第 29 页 Getty Images.

第 30 页 Getty Images.